中華古籍保護計劃

成　果

《書目題跋叢書》工作委員會

主　任：熊遠明

委　員：吴　格　張志清　陳紅彦　俞國林　蘇品紅　李國慶

劉　冰　劉　薔　羅　琳

《書目題跋叢書》編輯委員會

主　編：吴　格　張志清

副主編：陳紅彦　俞國林　蘇品紅

常務編委：鄭小悠　劉　明

編　委：陳先行　杜澤遜　眭　駿　孫　彦

書目題跋叢書

目治偶抄
四部寓眼録
四部寓眼録補遺
兩浙地志録

〔清〕周廣業 撰
趙文友 點校
張志清 審定

中華書局

圖書在版編目(CIP)數據

目治偶抄/(清)周廣業撰;趙文友點校. 四部寓眼録/(清)周廣業撰;趙文友點校. 四部寓眼録補遺/(清)周廣業撰;趙文友點校. —北京:中華書局,2021.12
(書目題跋叢書)
本書與"兩浙地志録"合訂
ISBN 978-7-101-15462-7

Ⅰ.①目…②四…③四… Ⅱ.①周…②趙… Ⅲ.私人藏書-圖書目録-中國-清代 Ⅳ.Z842.49

中國版本圖書館 CIP 數據核字(2021)第 253867 號

責任編輯:劉 明 孟念慈

書目題跋叢書

目治偶抄 四部寓眼録 四部寓眼録補遺 兩浙地志録

〔清〕周廣業 撰

趙文友 點校

張志清 審定

*

中 華 書 局 出 版 發 行

(北京市豐臺區太平橋西里 38 號 100073)

http://www.zhbc.com.cn

E-mail:zhbc@zhbc.com.cn

北京瑞古冠中印刷廠印刷

*

850×1168 毫米 1/32 · 13½印張 · 2 插頁 · 205 千字

2021 年 12 月北京第 1 版 2021 年 12 月北京第 1 次印刷

印數:1-2000 册 定價:78.00 元

ISBN 978-7-101-15462-7

《書目題跋叢書》編纂説明

中華民族夙有重視藏書及編製書目的優良傳統，並以「辨章學術，考鏡源流」作爲目録編製的宗旨。

漢唐以來，公私藏書未嘗中斷，目録體制隨之發展，門類齊全，蔚爲大觀。延及清代，至於晚近，書目題跋之編撰益爲流行，著作稱盛。歷代藏家多爲飽學之士，竭力搜采之外，躬親傳鈔、校勘、編目、題跋諸事，遂使圖書與目録，如驂之靳，相輔而行。時過景遷，典籍或有逸散，完璧難求，而書目題跋既存，不僅令專門學者得徵文考獻之助，亦使後學獲初窺問學門徑之便。由是觀之，書目建設對於中華古籍繼絶存亡、保存維護，厥功至偉。

上世紀五十年代，古典文學出版社、中華書局等曾出版歷代書目題跋數十種，因當年印數較少，日久年深，漸難滿足學界需索。本世紀初，目録學著作整理研究之風復興，上海古籍出版社、中華書局分别編纂《中國歷代書目題跋叢書》及《書目題跋叢書》，已整理出版書目題跋類著作近百種。書目題跋的整理出版，不但對傳統學術研究裨益良多，與此同時，又在當前的古籍普查登記、保護研究等領域發揮了重要作用。

二〇一六年，經《中國歷代書目題跋叢書》第四輯主編、復旦大學吴格教授提議，由國家古籍保護中心聯合中華書局及復旦大學，全面梳理歷代目録學著作（尤其是未刊稿鈔本），整理目録學典籍，將其作爲調查中國古籍存藏狀況，優化古籍編目，提高整理人才素質的重要項目，納入中華古籍保護計劃框架。項目使用「書目題跋叢書」名稱，由國家古籍保護中心統籌管理，吴格、張志清兩位先生分司審訂，中華書局承擔出版。入選著作以國家圖書館所藏書目文獻爲基礎，徵及各地圖書館及私人藏本，邀請同道分任整理點校工作。出版采用繁體直排，力求宜用。

整理舛譌不當處，敬期讀者不吝指教，俾便遵改。

《書目題跋叢書》編委會

二〇一九年五月

整理説明

周廣業（一七三〇—一七九八）字勤補，號耕厓，浙江海寧人。清乾隆四十八年（一七八三）舉人，兩次會試不第。曾任安徽廣德州復初書院山長，並預修《廣德州志》。周氏交游甚廣，與周春、吴騫、陳鱣、朱珪、盧文弨、王鳴盛、汪輝祖、鮑廷博等人交誼深厚，尤與同鄉吴騫、陳鱣過從最密，故《清儒學案》將三人同列入《周耕厓學案》。

周氏篤嗜典籍，邃於經史，吴騫《周耕厓孝廉傳》稱其「於書無所不窺，凡十四經、二十四史以及九流百氏，靡不溯流討源，鈎沉索隱」。周氏著述頗豐，有《孟子四考》《經史避名彙考》《讀易纂略》《讀相臺五經隨筆》《季漢官爵考》《文昌通紀》《關帝徵信編》等凡二十餘種。因無力付梓，除《孟子四考》等少數幾種刊行外，其餘多以稿鈔本流傳。張之洞《國朝著述諸家姓名略》將周廣業列入經學家、史學家兩類，足見其在乾嘉考據學林中占有一席之地。除研究經史外，周氏亦諳於目録校勘之學，所著《目治偶抄》《四部寓眼録》《四部寓眼録補遺》《兩浙地志録》等書即爲有關目録版本方面的著作。

《目治偶抄》四卷，作於乾隆二十九年（一七六四）至四十年（一七七五），自序云：「家乏藏弆，都從人借觀，慮有遺忘，偶得即疏記之，間亦標識書名，時用省覽，欣然獨笑。自甲申迄今，積十餘稔，類而録之，署曰《目治偶抄》。凡前人已道者概不之贅，書名非典古珍貴及有裨實用者亦汰之。」該目大致以經、史、子、集分類，後附志類十三種，對所見書一一提要之，並多有考證。該書未有刊本，目前所知抄本六部，分藏國家圖書館、北京大學圖書館、上海圖書館和浙江圖書館。其中國家圖書館藏四部：一部著録爲周氏種松書塾抄本（索書號：A02579），三册，緑格，每半葉十行，行二十字，左右雙邊；一部著録爲清抄本（索書號：15578，以下簡稱清抄甲本），一册，無格，每半葉十行，行二十字，鈐有「長樂鄭振鐸西諦藏書」「長樂鄭氏藏書之印」印，爲鄭振鐸舊藏；另一部亦著録爲清抄本（索書號：目41/845，以下簡稱清抄乙本），二册，無格，每半葉九行，行十九字，小字雙行同；第四部著録爲民國海昌費寅復齋抄本（索書號：目41/845.1），三册，烏絲欄，鈐有「復齋校讀古籍印記」「費寅之章」諸印，行格字數與種松書塾本一致。經核對，種松書塾抄本中校改之處皆由清抄本和復齋抄本承襲，但各抄本中尚偶有改而未盡甚或致誤之處，亦間有對種松書塾抄本錯漏之處校正者，基本可斷定各抄本均源出於種松書塾抄本。本次整理以國家圖書館藏清抄甲本爲底本，以周氏種松書塾抄本爲通校本，以清抄乙本和復齋抄本爲參校本。

《四部寓眼録》二卷，作於乾隆四十九年（一七八四）夏至五十年（一七八五）冬。此時周廣業會試下第，受友人之邀留京，入四庫館參與分校續寫《四庫全書》，故該書所録大抵爲周氏經眼四庫館藏及友人惠借之書。此録在清代未有刊本，上海圖書館和香港大學馮平山圖書館藏有稿本，浙江圖書館藏有張宗祥鐵如意館抄本。目前通行本爲民國二十二年（一九三三）上虞羅振常蟫隱廬鉛印《四部寓眼録》二卷，此本版心下題「萬潔齋校刊」，每半葉十二行，行三十一字，小字雙行同，黑口，四周單邊，分上、下二卷，按四部分類，卷上爲經部，卷下爲史、子、集部，著録之書凡經部六十九種、史部十四種、子部十五種、集部四十四種，各部之下無小類。張宗祥《鐵如意館手鈔書目録》認爲該録雖載宋元刊本不多，但考訂書之源流、學術授受極詳。本次整理以國家圖書館藏民國二十二年蟫隱廬鉛印本爲底本（索書號：目17/8562）。

《四部寓眼録補遺》一卷，原名《知不足齋叢書提要》，乃周氏取鮑廷博知不足齋所刊書，隨閱隨記以成，類似於書跋，僅至《知不足齋叢書》前十八集而止，共二十五種，其中對《古文孝經孔氏傳》《客杭日記》《農書》《萬柳溪邊舊語》《鬼董》《武林舊事》《錢塘先賢傳贊》諸書均有考訂或辨正。民國二十五年（一九三六），蟫隱廬據民國間抄本石印，後彙編入《邈園叢書》。本次整理即以國家圖書館藏民國二十五年石印本爲底本（索書號：目17/8562-2）。

《兩浙地志録》一卷，吴騫《周耕厓孝廉傳》稱之爲《兩浙地名録》，乃周氏所見歷代浙江省方志目録提要彙編。正文共收浙省通志三種，另收杭、嘉、湖、寧、紹、台、金、衢、嚴、温、處等府州縣志書六十八種，每種書均列纂修人及剞劂時代，並詳述其内容，後附他省方志十七種，被視爲我國區域性方志目録之濫觴。該書現存抄本三部，分藏國家圖書館和浙江圖書館。其中浙江圖書館藏清周氏種松書塾抄本一册（索書號：善2191），國家圖書館藏抄本兩部：一部著録爲清抄本（索書號：15579），每半葉十行，行二十字，小字雙行同，無格，鈐有「長樂鄭振鐸西諦藏書」「長樂鄭氏藏書之印」印；一部著録爲民國間海昌費寅復齋抄本（索書號：目131.24/846），一册，烏絲欄，行格字數與清抄本一致，白口，左右雙邊，鈐有「費寅之章」「復齋校讀古籍印記」。本次整理以國家圖書館藏清抄本爲底本，以費寅復齋抄本爲通校本。

周氏《蓬廬文鈔》卷四收録書跋、書後三十六篇，除《目治偶抄引》《自書四部寓眼録後》兩篇已收入前文外，此次摘録其中三十四篇，整理爲「補遺一」，所據底本爲《續修四庫全書》影印民國二十九年（一九四〇）燕京大學圖書館排印本（第一四四九册）。周氏題跋散見諸書者，此次共輯得十篇，整理編入「補遺二」。

已故版本目録學家鄭炳純先生，一九八五年二月在所藏蟫隱廬本《四部寓眼録》封面上題寫跋文，記述在一九八二年時，爲撰寫《記周廣業〈經史避名彙考〉》一文，自己曾從雷夢水先生借觀《四部寓眼録》一書。一九八四年路過杭州一家書店，見架上排列數十本之多，未即買，後托好友嚴寶善先生購寄。鄭先生當時已擬將《四部寓眼録》與《目治偶抄》彙參，整理成《周耕厓讀書記》，惜未及完成。故此次周廣業書目跋文的彙集整理出版，亦是了却了鄭先生未竟之夙願。

周氏題跋引文多與原書文字有異，此次整理僅對影響原文閲讀者進行校改，並在校勘記中説明，其餘一般保持原貌。參校所用之書，如《後漢書》《北史》《舊唐書》《新唐書》《舊五代史》《金史》《元史》《文獻通考》《元和姓纂》《太平寰宇記》《北夢瑣言》《酉陽雜俎校箋》《全上古三代秦漢三國六朝文》等，均爲通行的中華書局點校或影印本；《續博物誌疏証》，爲鳳凰出版社點校本；《全宋文》，爲上海辭書出版社、安徽教育出版社整理本；《宋代序跋全編》，爲齊魯書社整理本。底本中出現的避諱字，如改「玄」作「元」、「胤」作「允」、「弘」作「宏」之類，或缺末筆者，均回改本字或添末筆，不再一一出校。

限於水平，疏誤難免，祈盼方家指正。

國家圖書館趙文友

二〇二一年十月

目録

目治偶抄卷二

史類

附録

目治偶抄卷三

子類

典故類

地理類

小學類

四部寓眼録

四部寓眼録卷上

集部

四部寓眼録補遺

四部寓眼録補遺

兩浙地志録

補遺

補遺一

補遺二

目治偶抄

目治偶抄引

余性嗜書，雖衣食於犇走，未之或廢也。家乏藏弆，都從人借觀，慮有遺忘，偶得即疏記之，間亦標識書名，時用省覽，欣然獨笑。自甲申迄今，積十餘稔，類而録之，署曰「目治偶抄」。凡前人已道者概不之贅，書名非典古珍貴及有裨實用者亦汰之。千金享帚，望而知爲寠陋矣。何晏注《論語》，訓「徼」爲「抄」，謂抄人之意以爲己有。余非不惡之，而見聞淺鄙，容有出自心裁，仍未免襲前人唾餘者，故名之曰「偶抄」。偶者，或然之詞。乙未重九前二日，耕厓周廣業。

目治偶抄卷一

海寧周廣業耕厓

經類

十三經注疏共三百四十四卷

明季虞山毛鳳苞子晉雕本，所稱汲古閣本也。《易》九卷，上下經魏王弼注，上下《繫》以下三卷晉韓康伯注，康伯者，輔嗣門人也。《尚書》二十卷，漢孔氏傳。《毛詩》二十四卷，漢鄭氏箋。以上三書皆唐孔穎達等作正義。《周禮》四十二卷，《儀禮》十七卷，皆鄭氏注，唐賈公彦正義。《禮記》七十卷，鄭氏注，孔穎達正義。《春秋公羊傳》二十八卷，漢何休學。《穀梁傳》二十卷，晉范寧集解，唐楊士勛疏。《左氏傳》六十卷，晉杜氏集解，唐孔穎達正義。《孝經》九卷。《爾雅》十一卷，晉郭璞注，宋邢昺疏。《論語》二十卷，魏何晏集解，宋邢昺正義。《孟子》十四卷，漢趙氏注、宋孫奭正義。統題名曰「注疏」，惟《易》稱「兼義」，《論》《孟》於注疏下加「經解」二字爲異。《孝經》不著注疏人名，而題「宋邢昺較」。考《唐·藝文志》「今上《孝經制旨》一卷」，注「玄宗」；又「元行沖《御注孝經疏》二卷」；「孔穎達《孝經義疏》」注，「卷亡」，今本注即明皇所製，《御注孝經》有石刻，係八分書。而疏則宋邢昺，取元疏翼之，故謂之較。邢《序》稱「剪截元疏，旁引諸書」是也。本號「講義」，《崇文總目》及晁氏《讀書志》均作《正義》三卷。《公羊》亦不題作疏者何人，《崇文總目》云：「《春秋公羊傳疏》不著撰人名氏，援證淺局，出於近代，世或云徐彦撰，皇朝邢昺等奉詔是正，今太學傳授，以補《春秋》三家之旨。」陳振孫《書録解題》云：「《廣川藏書志》云世傳徐彦，不知何代，意在貞元、長慶後也。」今觀是書，凡唐諱皆直書不避，疑是五代及後蜀時人。而襄二十九年閽戕餘祭，《疏》有云「備在《孝經疏》」，則是邢昺等是正無疑也。《孟子疏》，朱子謂是邵武士人假作，其援證更淺局，於《公羊疏》題爲孫宣公者，非也。疏之名起於六朝，初稱義疏、講疏，至梁顧彪《尚書疏》始專以疏稱，唐儒釋經惟楊士勛《穀梁疏》稱疏，載《唐·藝文志》。其注、疏合稱始於邢昺，《孝經講義序》所謂「奧旨微言，已備解於注疏」也。注之名則古矣，康成諸經皆曰注，惟《毛詩》曰箋，意謂《毛傳》已明，特表白而記識之耳。孔氏稱傳，《釋文》謂：「傳即注也，以傳述爲義。」何休稱學者，張華謂休謙詞，言出於師，理有固然。竊意與顔嚴之學、泠任之學同例，乃其門人所題，本曰「何氏學」，以注家有二何，故名以别之。疏不著撰人，稱集解者，何晏、杜、范三家，言集諸家之解經者以成書，不敢言注也。穎達之《正義》言自所輯之外皆旁義也，今與《論》《孟》等皆改稱疏。孔氏名安國，鄭氏字康成，趙氏名岐，其注本名章句，蓋歷漢、晉、唐、宋，南北諸儒之説悉薈萃於此，實治經家大綱領也。毛氏刻此書越十二年始竣，每經末頁皆有篆書以識年月，《周禮》《爾雅》最先付梓，後署云「皇明崇禎改元，歲在著雍執徐，古虞毛氏繡鐫」，《孝經》以下以次告竣。自《詩》《易》以後，「由」字皆缺筆作「出」，「校」字作「挍」，或作「較」，以避上名。《詩》成於三年，《易》成於四年，明末避諱，崇禎三年定制。其紙墨雖不及十七史之蠲潔，而字畫脱誤絶少，識者謂較勘精良，較舊本及國學本爲完善。王氏從楊少司馬家買得，余因窺涉其大畧焉。鳳苞後改名晉，爲洌甫澄之子，晉有次子名扆，嘗得元人標點五經善本，寧都魏禧嘗爲作記云。

《隋書·經籍志·經》録「《周易》十卷」，注云「魏尚書郎王弼注六十四卦六卷，韓康伯注《繫辭》以下三卷，王弼又撰《易畧例》一卷」；「《周易繫辭》二卷」，注云「晉太常韓康伯注」，是一書而兩見也。但先云三卷，後云二卷，不同，豈康伯《注》原有兩本耶？《新唐書·藝文志》易類「王弼《注》七卷」，又「王弼、韓康伯《注》十卷」，是輔嗣《注》亦一書兩見也。但不復言王有《畧例》，則以《畧例》合并爲注而曰七卷矣。又《隋志》「《周易義疏》十九卷」，注云「《宋明帝集羣臣講易義疏》二十卷」，《唐志》則改爲「宋明帝注《易義疏》二十卷」。又《隋志》「《易講疏》三十卷」，注「陳諮議參軍張機撰」，《唐志》作「張譏」。以《陳書·儒林傳》攷之，張譏字直言，作《周易義》三十卷，是《隋志》誤也。又《隋志》「《周易釋序義》三卷、《開題義》十卷」，注「梁蕃撰」；「《易文句》二十卷」，注「梁有《擬周易義疏》二十卷」。《唐志》直云梁蕃《文句義疏》二十卷，而《開題義》作《開題論序疏》。此類甚多，即《易》一書已然，昔人所由有「看前不看後，見名不見書」之譏也。

《漢書·藝文志》「《周易》十二篇」，顔師古云：「上下經及十翼，故十二篇。」孔穎達云：「十翼，謂《上彖》《下彖》《上象》《下象》《上繫》《下繫》《文言》《説卦》《序卦》《雜卦》。」廣業按：上下經文王所作，上下《彖》《象》周公作，《繫辭》以下皆孔子作，三聖之書先後秩然，自費直始亂之。錢一本曰：費本畫一全卦，繫以彖辭，再畫本卦，繫以爻辭，又畫覆卦，繫以用九用六之辭，後以二「傳」字加《彖傳》之首。鄭康成本省去費本六爻之畫，又省覆卦用九用六覆卦之畫，移上下體於卦畫之下；又移初九至用九爻位之文，加之爻辭之上；又合《彖傳》《象傳》於經，加「彖曰」「象曰」字。王弼本同鄭，但移《文言》附《乾》《坤》二卦之後，加「文言曰」字，以孔子贊爻之詞本以釋經，乃各附當爻，每爻加「象曰」字，歷代因之，是爲今《易》。宋呂大防依《漢志》，更定爲經二卷、《傳》十卷，晁説之釐爲八卷，呂祖謙復定爲十二卷，一以古爲斷，是爲古《易》。朱子作《本義》，是用祖謙古本。明初取士，兼用程《傳》、朱《義》，然洪武所頒五經，程、朱仍各自爲書。至永樂中脩《大全》，乃以本傳附程《傳》之後，而朱子所定卷帙悉被割裂淆亂，且削其「彖上傳」「彖下傳」等字，而猶存其注，又依程《傳》添入「彖曰」「象曰」「文言曰」字。闈中據以命題，大率上經一，下經一，兩《繫》一，《説卦》《序卦》《雜卦》一，或以大小《象辭》、《爻辭》居《彖辭》前，是子先父也。或以《彖傳》《文言》居《彖辭》前，是臣先君也，舛誤甚矣。五經《易》居首，他經命題各依次序，獨《易》不然。我朝經學昌明，聖祖御纂《周易折中》，命儒臣遵朱子舊本而次以程《傳》，附以《集説》，書成，頒發天下學宫，於是學者始得復見古《易》，循誦習傳，幾六十年所，而闈中經題不免仍蹈故轍，此則主試事者習焉不察故也。十三經以《易》爲冠，故因閲注疏而畧論之。

經義考三百卷

國朝秀水朱彝尊纂。是考於十三經外，增《大戴禮》爲十四經，凡羽翼經傳者，自漢迄今，無不詳載，分注「存」「佚」「未見」，太史自刊其半，德州盧雅雨見曾續刻之，始爲完書。條分件繫，本末釐然，治經家一鉅觀也。但名曰「經義」，而「擬經」十三卷所收太濫，恐啟後儒僭妄之心。且亦自亂其例，如《太元》《潛虛》之類，謂之擬經可也，孔衍《漢尚書》、袁暐《獻帝春秋》之類實皆稗野，《晏子春秋》《吕氏春秋》等則直諸子之流。劉知幾嘗謂孔衍《漢尚書》《後漢尚書》《漢魏尚書》、王卲《隋書》，其義例雖準《尚書》，觀其體製，乃似《孔氏家語》、臨川《世説》。《春秋》者，年有四時，錯舉以爲所記之名，晏子、虞卿、吕氏、陸賈其書篇本無年月，而亦謂之「春秋」，蓋有異於此者也。章俊卿《山堂考索別集》論擬《春秋》者，自虞卿以下皆庸庸碌碌，皆未知夫子不得已之心者。王應麟《玉海·藝文·續春秋》亦以晏子、吕氏等，而其序固云「屬辭比事，不與《春秋》相似，非史策之正也」。觀劉氏之言，則此數書之不可擬經明矣。如謂同於經名便可爲經，則漢、晉以下史文皆號爲書，《漢官威儀》《列朝禮志》亦淵源三禮，其可槩録乎？夫混正史於經猶爲不可，況以稗野諸子爲經也？廣業好讀史，嘗欲倣《經義考》例作《史籍考》，而見聞寡陋，又以都養不暇，及誠欲爲之，恐《獻帝春秋》以下諸書，太史不得復有之矣。

周易畧例一卷

晉王弼撰，唐邢璹注并序。此書《宋史·藝文志》三卷，名《周易畧例疏》；《紹興闕書目》二卷，名《周易畧例正義》；朱氏《經義攷》曰止存一卷。據陳振孫云：「蜀本《略例》有璹所注，止篇著『略例』二字，文與此同，餘皆不然。」今本係明新安程榮所校刻，「辨位章」後有「畧例下」三字，程注云舊本如此，則知原分上下二卷也，但文與蜀本不知何如耳？

周易説翼

明高陵吕柟著。柟字仲木，號涇野，諸經皆有説翼。

易經會通十二卷

明汪邦柱砥之、汪柟楚餘同輯。此本爲舉業而設，然網羅百家，貫通六十四卦，能使《易》義隱者顯，幽者達，是其能事也。其師江陰繆西谿先生諱昌期。寔訂正之。二汪，休寧人。

周易集解十七卷

唐李鼎祚著，德州盧氏刊本。余於盧匏廬齋見之。案：何喬遠云：「周藩鎮國中尉睦㮮，字灌甫，號西亭，覃精經學，尤邃《易》《春秋》。《易》初主王弼，後取鄭玄，謂鄭學莫備於唐李鼎祚，刻其《集解》以傳，自爲序，多所發明。高陵吕柟與講《易》東陂之上，驚曰：『輔嗣流也。』新鄭高拱爲相，問《易》大義云何？對曰：『大《易》之旨，以退爲宗。』

易傳

北魏關朗著。朗字子明，河東人。

周易古占法

宋江寧程迥著。迥字可大，號沙隨。此與《易傳》俱於聶許齋見之。

索易臆説二卷

國朝江寧吴啓昆宥函著。説凡二十三篇，首上下篇説，云他經分篇皆從孔子删定，而《易》卦之分上下乃文王所自定。上經首《乾》《坤》，終《坎》《離》，此以天地水火包絡乎陰陽而自爲一家；下經首《咸》《恒》，終《既濟》《未濟》，此以男女情事該括乎世變而自爲一氣。故孔子《序卦傳》，於下篇重提另敘，與上篇似不相蒙，一從天地萬物説起，經以天地爲乾坤；一從男女説起，經以夫婦爲咸卦〔一〕。宗旨了然，界眼明白，則知上下分篇由來已久，孔子直贊之而已。廣案：孔子嘗言二篇之策萬有一千五百二十，則上下經之定自文王，固無可疑，至上經首《乾》《坤》，終《坎》《離》，下經首《咸》，終《既濟》《未濟》，則一家一氣之説似未足盡之。蓋《易》之爲書，不外陰陽，而陰陽有體有用，上經言其體，故舉二氣之對待者，乾爲天，純陽；坤爲地，純陰；坎水，陰中之陽；離火，陽中之陰也。下經言其用，故舉二氣之流行者，艮男兑女爲咸，陰陽之交也；水在火上既濟，亦陰陽之交也。火在水上未濟，則陰陽之别，惟别而後交可長也。天地氣化之始，夫婦形化之始，水火則氣化形化者，皆資之以養，故皆終以水火也。孔子序卦，上下經皆冠以天地萬物，明夫婦雖萬物中一小天地，猶不可以夫婦配天地也。終不及水火者，其理易知，不待言宣，故祇就卦名取義焉。

〔一〕「夫」，原誤作「天」，今據種松書塾抄本改。

易林

漢焦贛著。贛字延壽，其書專言占驗。案崔篆亦有《易林》，《後漢書·儒林傳》「崔駰以家林筮之[一]，謂之不吉」，李賢注云：「崔篆所作《易林》也。」

〔一〕「駰」，原誤作「駟」，今據《後漢書》卷七十九上《孔僖傳》改。

附　周易序爻一卷

此先叔祖近墅先生未成之書也。先生諱思，字樂天，績學工文[一]，晚年尤邃於《易》。嘗謂卦爻辭皆聖人所繫，六十四卦遞相承受，孔子作《序卦》，以明其始終離合皆有至當不易之理，實與卦象相發。惟三百八十四爻亦然，由初而二、而三、而四、而五、而六，所謂原始要終、辨物撰德、同功異位者，祇畧舉其例，而每卦六爻，諦觀之，各有次序，繫辭象占於是乎取之，非若《易林》之臆測，可以互換假借也。歷來諸儒未有見及此者，因作《序爻》。上經屬稿，至《謙卦》而病卒，聞者惜之。

〔二〕「績」，原誤作「續」，今據種松書塾抄本改。

子貢詩傳一卷申公培詩説一卷

朱氏《經義考》辯二書甚詳，謂嘉靖中出自鄞人豐坊家，烏程凌濛始合刻之，目之曰「聖門傳詩嫡冢」。疑是道生僞撰。諸城王士禄則云道生作《詩傳》，尋有妄人依傍之，別撰《詩説》。廣業案：二説皆非也。兩書實海鹽王文禄世廉所作，姚士粦《見只編》云：「王沂陽先生家多藏書，所萃《丘陵學山》中有《子貢詩傳》《申培詩説》，皆出其手。」胡震亨《海鹽圖經》亦云：「《學山》首帙申培、子貢兩書其所借撰。」沂陽，文禄別號，嘉靖十年辛卯科舉人，博學好古，乃胡、姚二君之鄉先輩也，語必不誣。且王與豐雖同時人，王當在前，則爲王撰無疑。但不知何由得歸豐氏，意者沂陽無子，歿後書帙散落人間，而道生好事，遂攘有之耳。《圖經》載天啟三年知縣樊維城祭沂陽墓文曰：「或謂先生之精神惟在其書，乃訪求遺書，又希有能遍讀之者，良由名達天朝，允絶聖世，幾於雷電六丁搜挾以去，悵然有惘於心者久之。」觀此，則其著述爲他人所有久矣。今所傳《丘陵學山》署「王完輯」，首帙無此二書，是二書先爲坊所得而完復全據之，其事益明。凌濛本既行世，秀水屠隆、錢唐胡文焕先後刻《漢魏叢書》，毛晉《津逮祕書》，竝首録之，然合爲一編，亦始王不始凌也。二書於《大雅》《小雅》「雅」皆作「疋」，此見《説文》，不爲杜撰，而《經義考》載陳宏緒《詩説跋》，謂其改「雅」爲「正」，非也。《津逮祕書》自作「疋」，胡氏《叢書》傳作「疋」，《詩説》作「正」。

春秋經傳集解

杜元凱自爲序，云：「《春秋》始於魯隱公者，周平王，東周之始王也，隱公，讓國之賢君也。考乎其時則相接，言乎其位則列國，本乎其始則周公之祚胤也。若平王能祈天永命，治開中興，隱公能弘宣祖業，光啓王室，則西周之美可尋，文武之迹不墜。是故因其曆數，附其行事，采國之舊〔一〕，以會成王義，垂法將來。」廣案：此説未然也。《史記·十二諸侯表》周平王元年當魯孝公之三十七年，平王三年當魯惠公之元年，平王四十九年當隱公元年，徐廣曰：「歲在己未。」則其時之相接者，莫如惠公，不得爲隱也。且隱既讓國矣，攝位行權，菟裘將老，可深責以弘宣祖業、光啟王室乎？蓋《春秋》二百四十二年，以三桓爲終始，三桓盛而魯以弱，三桓微而魯以削，故爲魯夫人之手文天之啟桓也，名友之手文天之啟三桓也。雖曰天啟，而人事之失更有甚焉。宋女本爲隱公娶也，惠公奪而有之，既而以妾爲夫人，以嬖子匹嫡，事見《史記·魯世家》。是不君不父也。桓公用羽父之譖，譖而弑隱公，是不弟不臣也。隱之奉桓，名爲成父之志，實則遂君之非。且既欲奉桓，乃不立爲君，而但立爲太子，即云年少，寧不可循委裘負扆之家法者，而猶攝爲君，會盟征伐，儼然名列諸侯，致小人得以行間，身不善終，而成其弟弑君之罪，是亦不子不臣也，不得謂之賢君也。自桓公弑逆，卒亦見僇於齊，夫人外淫不再傳，而子般見賊，僖叔、慶父相繼夷滅，君臣兄弟之禍亟矣。三桓雖賢能間出，而潛侈日甚，政在私門，蓋此自幽、懿見弑，夷宫皿主以來，至此而彝倫幾斁矣。是倡亂者桓，始禍者隱也。孔子筆削，特托始於此，所謂成《春秋》而亂臣賊子懼也。此意惟左氏深知之，故其《傳》先經起義，首敘元妃繼室，正其名，明隱公之本當立也，繼敘仲子之歸、桓公之生、隱公之奉，明桓公之立天爲之，實人爲之也，魯之爲魯以此始，將以此終也。元凱所云何迂遠之甚乎？沈括《筆談》云：「啖、趙於《纂例》於隱公下注云：『惠公二年，平王東遷。』若爾，則《春秋》自合始隱。然與《史記》不同，不知啖氏得於何書？又石端集一紀年書，敘東遷亦在惠公二年，云出一史傳中，遽檢未得，終未見的據。」廣案：啖、趙所説當亦因杜氏「其時相接」而附會之，未必別有本也。

〔一〕「國」，《全上古三代秦漢三國六朝文·全晉文卷四十三》杜預《春秋左氏傳序》作「周」。

韓詩外傳□□卷

漢燕人韓嬰撰。嬰，文帝時博士，景帝時爲常山王太傅，推詩人之意，作《外傳》數萬言，其語頗與齊、魯異，然其歸一也。嬰嘗作《易傳》，亦以授人，燕、趙間好傳其《詩》，故《易》不甚著，惟韓氏自傳之。孝宣時涿郡韓生，其後也，以《易》徵侍中殿中，其所授《易》，即先太傅所傳，謂《詩》不如《易》深，故專傳之，説見《合璧事類》。今人但知韓《詩》，更不知有韓氏《易》矣。《漢書·蓋寬饒傳》引《韓氏易傳》「五帝官天下，三王家天下，家以傳子，官以傳賢。若四時之運，功成者去」，此韓氏《易》也。

四書狐白解

塾中收得村嫗夾線書一本，題云「伯雝趙鳴陽先生《四書狐白解》」，此其下《孟》也。斷句爲注，每章後載諸儒論説一二條，其人爲周季侯、王宇泰、李卓吾、楊復所、鄒臣虎、顧涇陽輩，而伯雝之言亦附焉。文甚平淺，惟《于田章》載一説，孫奕《示兒編》遍考載籍，「艾」字竝無美好之説，即《曲禮》「五十曰艾」，《魯頌》「耆而艾」，《荀子》「耆艾」，皆謂老也，初無一言以爲幼而美，陳晉之改「艾」爲「女」，不經甚矣。原《孟子》之意，即《荀子》「妻子具而孝衰於親」之意，「人少」當音去聲，「慕少」當音上聲，「艾」讀如「夜未艾」之「艾」，「艾」之爲言止也，謂人知好色，則慕親之心稍止也。此説似有理。伯雝名未詳，當是明末人，其書不見《經義考》。又收得一本，半爲《尚書傳翼》，起《大誥》，訖《君奭》，爲周翼第八卷，是爲明萬曆間平湖陸開仲鍵所作，凡十卷。陳懿典稱其博而不泛，深而不僻，今觀其書，信然，惜未覩其全也。半爲《六經纂要》，分門别目，此其人倫門也，不知撰人，《經義考》亦無此書。

檀弓考工輯註四卷

明海寧陳與郊曠野著。○自爲合序，大旨謂二書皆先漢文字，宜彙爲一編，因輯注疏及諸家之説，各上下二卷。余按：《檀弓》本《戴記》之首篇也，其書皆記禮之變，變而不復，禮必亡，記者懼之，故首此篇，梁何胤所謂「《檀弓》兩卷，皆言物始」是也。唐人以《曲禮》有「毋不敬」一言，取以壓卷，失小戴本意矣。《考工記》本單行，以補《冬官》，如蛇添足。

目治偶抄卷二

海寧周廣業耕厓

史類

史記一百三十卷

漢司馬遷撰，唐司馬貞索隱，張守節正義。○汲古閣本無《正義》，吴興凌稚隆刻《評林》有之，校刊二本爲善。本朝乾隆四年校刊二十二史尤精，《正義》增多數條〔一〕，爲武英殿本，有小司馬《補三皇本紀》一卷。先君子珍藏《史記》一本，係柯雲公評選，《始皇本紀》《項羽本紀》《孝文本紀》、《封禪》《河渠》《平準》三書計六篇，用硃筆批閲。批《始皇本紀》云：「此與《項羽紀》《封禪》《天官》是史公極大得意之文，歸、唐選本往往摘《始皇本紀》而全去《天官》，真有明制藝學究貽笑千古事也。若鍾惺《文歸》所摘諸《史記》，又奴才不足較矣。或曰開倆於真西山，夫西山道學有餘，可得謂之知文耶？《正宗》一選宋儒之蛇足，足嘔也。」批《項羽紀》云：「此余第六番手筆也。每閱一過，必有尋不到之美。後人要讀《史記》，須先將此一篇熟讀參透。不惜數年心思，參得此篇透，餘自不煩言而解也，於他古人文字更如燭照數計矣。」前五篇評閱，一存葛師《乾古文正集》本中，一爲符又魯取去，與《治安策》竝存渠處，一存徐冢宰家，一在楊宸傳兄處，一則失去，不復記其地。又有第七番手筆，存趙涵玉兄公郎處，并《封禪》一篇附記之。公，郡庠生，博學好古，讀書一目十數行，所存評定詩古文甚多，惜皆不全，惟是本每篇細批，密密作蠅頭字，蓋公最愜意之文也。《項羽紀》評，先君子嘗謄入《山曉閣古文選》本。

〔一〕「條」，上，原衍「多」字，今據種松書塾抄本删。

漢書一百二十卷

汲古閣本。吴興凌氏《評林》皆校訂詳明，善本也。漢班固著，唐顔師古注。案：注家前乎顔者十數，内有臣瓚者，宋裴駰《史記集解敘》云「《漢書音義》稱臣瓚者莫知姓氏」，今直云瓚，曰《索隱》謂即傅瓚，劉孝標以爲于瓚，非也。于瓚，晉穆帝時大將軍，誅死，無注《漢書》事。傅瓚與荀勗同校《穆天子傳》，當在西晉之世。廣謂于、傅二人皆非也。酈道元注《水經》，河水及巨洋水竝引薛瓚《漢書集注》，如此數處，皆作薛瓚，此最明白可據。後閱羅泌《路史·發揮》，亦斷爲薛瓚，并云瓚有集注《漢書》，極博通，乃知古人已有先得我心者。中引《汲冢》古文，知是晉人，何裴駰不之知，而小司馬等更相揣測如此耶？《太平御覽》引《後秦記》，有薛瓚爲姚襄參軍，使晉，與桓温語，未知即其人否？

後漢書共一百三十卷《文獻通考》「一百二十卷」

宋范蔚宗撰，唐章懷太子賢注。內志三十卷，晉司馬彪撰，梁劉昭注。汲古本。十帝紀分十二卷，八志分三十卷，八十列傳分八十八卷，總爲百三十卷。昭所注名爲補注，其《地理志》以本志舊注進爲大字，而昭注作細字，《百官志》亦升彪原注爲大字，加「本注曰」以別之，昭所補亦作細字。陳仁錫太史本附宋劉攽《證注》，卷數亦同。朱竹垞跋云：「陳振孫言宋孫宣公奭校勘官書，以昭所注司馬氏《志》入范氏《書》中，然昭自序有云借舊志注以補之，則不自奭始也。」廣案：《梁書·劉昭傳》云「昭集《後漢》同異以注范蔚宗《書》，世稱博悉」，又云「集注《後漢》一百八十卷」，無注司馬氏《書》明文。《隋書·經籍志》：「《續漢書》八十三卷，司馬彪撰。《後漢書》九十七卷，范曄撰。《後漢書》一百二十五卷，范曄本，梁剡令劉昭注。」《唐書·藝文志》所載馬、范二書，卷帙與《隋志》同。《新書》云范曄《後漢書》九十二卷，又《論贊》五卷，共九十七卷，是同《隋志》也。《舊書》止《後漢書論贊》五卷。別有劉昭補注《後漢書》五十八卷，《舊書》同。劉熙注范氏《後漢書》一百二十二卷，《舊書》無。章懷太子賢注《後漢書》一百卷，以上《玉海》所引同。二志互異。據《隋志》昭注爲范本，與《梁書》合，《唐志》亦無昭補注司馬本明文，至陳氏《書録》始別白之，曰：「《志》三十卷，司馬紹統撰，劉宣卿補注。」由是人知昭有注司馬氏《書》矣。今合諸史所記卷帙核之，《隋志》注范氏本較本傳少五十五卷，若并《唐志》補注計之，又多三卷，劉熙漢人，不當注范，又不見於《隋志》，「熙」必「昭」字之訛。蓋昭注范《書》寔百二十二卷，注司馬《書》五十八卷，其數適得一百八十也。昭自序《續漢書注》，云「范曄良史，誠誇衆氏，序或未周，志遂全闕」，則因注范而及司馬情事，顯然二注在梁世本自并行，故本傳亦不復別言之耳。注范本隋世尚存，自李注出而劉注遂廢，注司馬本宋時亦止存其半而已。又按：《後漢書·皇后紀》云皇女之封，其職銜品秩具在《百官志》，注引沈約《謝儼傳》曰：「范曄所撰十志，一皆託儼所撰〔一〕。儼搜撰垂畢，遇范敗，悉蠟以覆車，宋文帝命丹陽尹徐湛之就儼尋求，已不復得，一代以爲恨。」然則范《書》非本無志也，石林葉氏乃譏其竟不作志，豈其然乎？唐釋道宣《廣弘明集·歸正篇》引《後漢書·郊祀志》一則，小注出范曄《漢書》，其文曰「佛者，漢言覺也，將以覺悟羣生也」云云，爲今《續漢書》所無，且但有《祭祀志》無《郊祀志》，不知其何所據也。○歐陽詢《藝文類聚》引《續漢書》甚多。

〔一〕「託」，原誤作「純」，今據《後漢書》卷十下《獻穆曹皇后》改。

三國志六十五卷

晉陳壽撰，宋裴松之注，《魏書》三十卷，《蜀書》十五卷，《吴書》二十卷。是書初成，荀勗、張華皆盛稱之，有「竝遷雙固」之目，乃其進退予奪，全在命意措筆間，非熟讀精思則未易得。蓋以漢爲正統，固名正言順，而晉受魏禪，勢不得不假以虚名。帝主紀傳，虚名也；正閏繼簒，實録也。梁武强作解事，見其篇首列魏，遂敕羣臣撰通史，以吴、蜀二主入世家。劉眗《唐·經籍志》以魏志入正史〔一〕，以蜀、吴志入霸僞史，盲人指路，失之彌遠。至宋儒更唱爲寇蜀之説，後之附和者曰賤曰悖，曰私曰陋，詬之惟恐不至。究其所指摘者，仍在篇次稱謂，於作者本旨寔未嘗窺涉也。昔王輔嗣注《易》，輒笑鄭康成曰：「老奴無意。」夜見鄭，責之曰：「君年少，何以穿文鑿句而妄譏誚老子耶！」極有忿色，少時，遇厲疾卒。然則輕詆古人，輔嗣且不可，況在餘子？余故詳辨之《季漢書》後。若《晉書》「髡父」云云，朱竹垞太史論之備矣。○汲古閣本依宋板重刻，明季馮大司成重録南雍本，裴注皆另行大字，頗覺醒目。然孔平仲《雜説》有云：「觀《魏文本紀》注細字數板。」則裴注字小，自宋然矣。

〔一〕「魏志」，原誤作「魏眗唐經籍志」，今據種松書塾抄本改。

後漢紀

晉袁宏彦伯撰。表弟崔秋谷曰：「凡陳氏已載者，此皆從畧，正史家分道揚鑣之法。」

明板與荀悦《漢紀》合刻，齋中有之。

補漢兵志一卷

宋永嘉錢文子文季撰。前有陳元粹序，後有王大昌跋，皆其門人也。乾隆己丑，秀水盛君百二取朱竹垞太史所録虞山錢氏本校刊之，有太史原跋。余嘗見《文獻通考·兵考》所載兩漢制，惟南北軍略具始末，餘皆不能詳，頗疑馬氏於錢氏書未及寓目。今觀盛君跋，云貴與《經籍考》列其書於諸子兵家之中，又「志」作「制」，蓋據《書録解題》採取，實未見其書，斯言得之矣。注中引《後漢志》數則，今見司馬紹統《續漢書》八志中，似宜依李賢《後漢書注》，稱爲《續漢志》也。至《通考》所載，此書亦有未及者，參觀竝録，斯稱完書矣。

後漢書年表

宋熊方撰。思陵朝進呈，表見竹垞太史跋中。是書知不足齋有之，崔秋谷嘗就抄其

「漢壽亭侯封爵」一條寄余，「壽」上脱去「漢」字。又云：「亡歸劉備叛，是時孝愍雖在，天下非漢有也。」歸劉爲叛，必且以從操爲義矣。宋人誤讀《國志》，多有此病。然東京常憲賴以參稽，洵是不刊之作。

季漢書六十卷

明歙縣謝陛少連撰。是書從知不足齋借觀，擬書其後云：右《季漢書》若干卷，天都謝氏取陳氏《三國志》及裴《注》、范氏《後漢書》〔一〕，稍加竄易成之，以獻帝、昭烈後帝爲本紀，漢諸臣爲内傳，曹、孫爲世家，曹、孫諸臣爲外傳，袁紹等爲載記，田豐等爲雜傳，使人展卷即知正統所在，可謂有志之士矣。顧其間多可議者，季漢之名始見《蜀志》，後主追謚諸葛忠武詔云「建殊功於季漢」，楊戲有《季漢輔臣贊》，乃專屬蜀中君臣，非兼指東京，不當割《范書·獻帝紀》以弁首。宋蕭常《續後漢書》四十卷，起昭烈章武，盡少帝炎興，而列吴、魏於載記，載在《文獻通考》，此法良可師也。「孝獻」係曹丕所謚，當改書「愍」。崔鴻《十六國春秋》抄《前趙録》，載劉淵即漢王位，令曰：「孝愍委棄萬乘，昭烈播越岷蜀。」

僭國之詞尚嚴正不苟如此，乃假袁、范之説，謂獻帝被篡未被弑，謚愍爲虚名，實淆矣。至其自序，痛詆陳氏，阿司馬繼統之旨，夷獻以帝曹操，貶漢爲蜀，從而寇之。又作《正論》，云壽作《魏武紀》，以漢獻帝年號盡屬之於其下，甚矣其悖也。又云壽帝魏寇蜀固可恨，而其所以最可恨者，以貶漢爲蜀，此在陋識豎儒未曾讀史者則可，少連此書純以陳《志》爲藍本，自云積數十年始成，易稿者數，宜於陳氏《志》早已成誦，而其言乃若此，將賴其末而遺其本耶？抑習其文尚昧其義也？今試取蜀、魏二書合觀之，《武紀》雖首書太祖武皇帝，而自建安元年十月後僅稱曰公、曰王，進爵册命冠以天子，末書謚武王，文、明以下尤簡嚴，《注》所引諸夸大語概從删削，末不書謚，是名紀而體寔傳，表年繫事，《史》《漢》盡然，非夷獻帝操也。《先主傳》始終稱先主，其後大書即皇帝位，具載勸進告天之文，末書謚昭烈皇帝，是名傳而體實紀。三書惟昭烈書告天即位之文，其奉爲正統甚明。其變帝稱主，固非得已，然先主寔即先帝。《史記·蒙恬傳》：蒙毅封，二世使者曰：「臣不能得先主之意。」又曰：「先主之舉用，太子數年之積也。」蒙恬亦曰：「大忘先主。」是稱始皇爲先主。又王嬰諫二世曰：「主顧一旦棄之。」是稱二世爲主。漢人稱君亦都曰主上，主即帝也，豈必帝之尊而主之卑乎？且如魏三少帝之廢由臣子，皆降稱王公，而後主獨不書安樂公，吴孫權以下直斥其名，而蜀必稱主，其非寇之益明。其敘世系也，於操則曰：「漢相國參之後，桓帝世曹騰爲中常侍，養子嵩，莫能審其生出本末。嵩生太祖。」於昭烈則曰：「漢景帝子中山靖王勝後，子貞，封涿縣陸城侯，因家焉。祖雄，父弘，世仕州郡。」夫曹之先，操自謂振鐸後，蔣濟謂族出自邾，高堂隆云舜後，獨陳氏揭爲漢相後裔、宦官養子，與漢帝世裔相對，名分自定。又於操言：「少機警，有權數，而任俠放蕩，不治行業，故世人未之奇，惟橋玄許其能安亂。年二十，舉孝廉，爲郎。」於昭烈言：「少孤，與母販屨織席爲業。舍南生桑樹，非凡，或謂當出貴人，先主自言必當乘此羽葆蓋車。年十五，母使行學，師事盧植，同宗劉元起知其非常人，身長七尺五寸，垂手下膝，顧自見耳。少語言，善下人，喜怒不形於色。好交結豪俠，年少爭附之。中山大商張世平等異之，多金，由是得合徒衆。靈帝末，舉義兵，討黄巾賊有功，除安喜尉，是其發跡之始。」又霄壤如是。其下歷敘仁暴順逆、正譎繼篡，往往彼此遥對。其評魏武，首言：「漢末大亂，雄豪竝起，而袁紹虎眎四州，彊盛莫敵，太祖運籌演謀，鞭撻宇内，擥申、韓之法術，該韓、白之奇策。」末云：「可謂非常之人，超世之傑。」評先主曰：「弘毅寬厚，知人待士，有高祖之風，英雄之器。及舉國托孤於諸葛亮，而心神無貳，誠君臣之至公，古今之盛軌也。」史筆褒貶明了極矣。少連試正襟讀之，息心思之，果何者爲帝，何者爲寇乎？至以漢爲蜀，特書名爲然耳。《志》中固皆稱漢，蓋昭烈之當稱漢，五尺皆知之，豈陳氏獨昧此義？特以後帝之滅，雖在魏世，實司馬氏父子主之，當時出師告捷，自必云滅蜀，不云滅漢矣。《吴志·孫權傳》注引《江表傳》曰：「權云：『前所以名西爲蜀者，以漢帝尚存故耳。今漢已廢，自可名爲漢中王也。』」《吴志》黄龍元年，權與陳震盟詞曰：「今日漢、吴既盟之後，戮力一心，同討魏賊。若有害漢，則吴伐之，若有害吴，則漢伐之。」此改稱漢之明證。據此，則可見孫氏自黄龍以前亦稱爲蜀，何況魏晉非貶由陳氏也。夫朝論既皆呼蜀，陳氏遽正其稱曰漢，而於《魏書》下題曰「漢書」，是明斥祖宗爲篡逆矣。爲人臣子可乎？不可！常璩《紀李勢事》十卷，初名《漢書》，後入晉祕閣，改爲《蜀李書》，亦此志也。若夫篇次前後亦具有深意，如董卓、袁紹、袁術、劉表、吕布等，皆不逞之徒也，則繼《魏書》帝紀後，使以類從。劉焉爲魯恭王後裔，而昭烈取益，寔因劉璋，故居《蜀書》之首。以史例推之，《魏書》列前，猶《史記》之《項羽本紀》，《蜀書》終於楊戲諸贊，即《漢書》之序傳，《吴書》置末，即《漢書》之《王莽傳》也。謝氏乃以劉焉同於劉虞、劉表爲内傳，繫帝紀後，又以袁、董諸雄或爲漢賊，或爲漢臣，與曹氏無關，别爲載記，此於史法失之遠矣。總之，陳氏書竝未有誤，所待正後賢者，衹此稱謂間耳。朱子《綱目》已改定之，儘可無事更張，否則亦必深明陳氏書法如朱竹垞所云而後可也。朱有《陳壽論》，極稱爲良史。又有《書趙居信蜀漢本末後》一則，謂趙不知陳氏本心，見《曝書亭集》中。乃自宋蕭常以來，李杞有《改脩三國志》，見《宋史·藝文志》。翁仲山有《蜀漢書》，見《劉後村集》。胡氏名從聖，平陽人。有《季漢正義》，見《林霽集》，有序。朱黼《三國紀年》，葉適爲序，元郝經、張樞皆有《續後漢書》，趙居信《蜀漢本末》，明正德間劉瑞有《改定三國志》，見《四川總志》。動以帝魏寇蜀爲辭，而謝氏詆之尤力。聞《季漢書》告成，其友醵金賀之，布席金齊王孫第，四方之士會者百人，選六院麗人沙飄飄等侑酒，是當時竟莫有悟其失者。余因卒讀而抗論之，非敢故爲呰議，亦欲使讀史者潛心玩索，勿苟泥成見而以輕議古人耳。

此篇向擬附刻於《關帝徵信編·考辨門》本傳訛異篇之後，以爲擅改正史者儆，繼而中止，後乃并本傳訛異及追謚壯繆二篇去之，追謚篇稿數易，今所刊乃最後本也。張樞字子長，婺之金華人，取《三國志》撰漢本紀、列傳〔二〕，附以魏、吴載記，爲《續後漢書》七十二卷〔三〕。臨川危素稱其立義精確，可備勸講，朝廷取寘宣文閣。見《元史》。

〔一〕「范」下，原衍「本」字，今據種松書塾抄本删。

〔二〕「漢」，原誤作「謹」，今據《元史》卷一百九十九《張樞傳》改。清抄乙本无「漢」字。

〔三〕「二」，清抄乙本、《元史》卷一百九十九《張樞傳》作「三」。

晉書一百卷

紀傳七十卷，載記三十卷，唐臨淄房喬玄齡輯。《晉書》先有何承天、崔鴻等十八家，唐貞觀中詔玄齡與許敬宗、褚遂良之徒删輯之，事例屬李播，天文、律曆屬李淳風，掌故屬于志寧，紀傳屬顔師古、孔穎達輩，而宣、武二紀，陸機、王羲之傳則稱制，以敘論之，合爲百卷。明嘉靖間刊於南監，萬曆間吴郡周文學若年得宋祕閣本重刻，未竟而卒，丁進士孟嘉續完之，王世貞作序。又有吴仲虚刊本，江夏黄汝亨敘。是本則錢塘鍾人傑瑞光所刻也，前有題詞，并載王、黄二序。王序云是書之失在雜采輕信，然讀之，其事若新，其人猶有生氣，以擬陳、范則有間，庸渠出《唐史》下哉？黄序議論風發，謂其書簪聚羣材，璀璨一代，全部用硃筆點讀，間有評騭，其跋目録後云：「戊申二月讀南監板《晉書》，每苦訛字，不可句讀。適三月初三日從書客買得此本，三月十六日讀監本訖，十七日看此本，至四月廿三日復讀一過，然隨看隨忘，不甚記憶。所謂塵務經心，天分有限，其信然耶！羡門記，戊申清和廿八日書。」又標《宣紀》首頁上格云：「二漢三國之後，此史與南北史皆不可不讀之書，唐以後索然無味矣。時辛亥六月十七日看畢，偶紀此。」廣案：羡門者，海鹽彭太史諱孫遹字也。太史於順治己亥成進士，年二十九以誤籍里居，康熙己未薦舉博學宏詞，入翰林。戊申歲太史年已三十有九，而八旬之間讀史兩過，越三年又讀一過，前輩功課整密如此，猶自謂絀於天分，記憶不牢，真所謂知不足能自强者。余愚魯，萬不及前輩，《晉史》雖經流覽，茫無所得。因憶梁劉孝綽子諒，字求信，博悉晉世故事，時號「皮裹晉書」，爲題一絶曰：「百篇史事費梳爬，況復何崔十八家。羡殺彭城劉記室，晉書皮裹到今誇。」

○鍾人傑較「較」作「教」，蓋避明諱。

增補晉書

明秀水蔣之翹楚穉輯。楚穉隱居射襄城，布衣終老，以《晉書》繁瑣，撏撦不合史裁，爲删汰十之三四。謂宣武及身未篡，本紀不當稱帝，脩自唐臣，尤非所宜，故二紀中「帝」字悉改從生前封爵，而稱魏帝爲天子者悉改爲帝。又謂《晉書》不當避唐諱，凡遇「泉」「獸」「人」「代」等字悉從其本，間亦掇採他書以補闕漏，其改補之字較小於原文以别之，用意甚勤。先生所刻尚有《楚辭》《韓柳文集》，又輯《檇李詩乘》四十卷。朱竹垞云先生無子，書籍散佚無餘，是本余從陸甥紹言借觀，記其大略如此。《韓集》余有之，《柳集》嘗見之，《詩乘》，未全覯。

宋書一百卷

梁武康沈約休文撰，汲古閣本。

南齊書五十九卷録一卷

梁蘭陵蕭子顯景陽撰。案：《顔氏家訓·雜藝篇》云：「蕭子雲每嘆曰：『吾著《齊書》，勒成一典，文義弘義，自謂可觀；唯以筆迹得名，亦異事也。』」今考《梁書·蕭子恪傳》，子顯撰《齊書》六十卷，子雲著《晉書》一百十卷，不言子雲著《齊書》，但顔、蕭同時人，説應不誤。《隋書·經籍志》子雲《晉書》僅存十一卷，而子顯《晉書草》三十卷，《太平御覽》引《晉史草》又作子雲，意兩人竝從事晉、齊之史。自子顯《齊書》表上祕府〔一〕，後遂無言及子雲之書者，故當時既嘆爲異事，而後世亦不傳之耳。

〔一〕「子」，原誤作「了」，今據種松書塾抄本改。

梁書五十六卷

唐萬年姚思廉撰。思廉本名簡，以字行，或曰字簡之。父察，陳吏部尚書，嘗修梁、陳二史，未就。隋煬帝時，思廉表請續修，貞觀三年詔與魏徵同撰。史稱其集謝炅、顧野王諸家以成二書，今考《隋志》，祇載謝《書》四十九卷及許亨《梁史》五十三卷，而顧《書》亡矣。又云《梁書》帝紀七卷，姚察撰，今止六卷，蓋思廉更定之。

陳書三十六卷

唐萬年姚思廉撰。

魏書一百三十卷

北齊魏收伯起撰。魏史稱全書者，收及魏澹、張太素、裴安時數家，今所存唯收書而已。汲古閣本。第三卷《太宗紀》後有宋劉攽等識，云收書《太宗紀》亡，史舘舊本上有白籤，言此卷是魏澹史。案《隋書·澹傳》稱澹諱皇帝名，書太子字，諸國君皆書曰卒，今此卷書例不同，疑有殘缺脱誤。廣考此卷，泰常七年書封皇子燾爲太平王，燾字佛釐，司馬德文、李暠等書卒，義例正與澹合，何攽等指爲不同，豈當時史舘所有尚非此本耶？又收書《天象志》第三、第四卷已亡，今此所有，攽等以爲《唐·經籍志》有張太素《魏書》百卷，故世疑爲太素書志。《崇文總目》有張太素《魏書天文志》二卷，今亦亡。惟昭文館有史館舊本《魏書》，志第三卷題張太素撰，太素唐人，故諱「世」、「民」等字。廣考此二卷，小注中多引《宋志》《梁志》，及「魏收以爲」云云，第四卷又以「丙寅」爲「景寅」，此爲唐人之書無疑。但太素所撰《後魏書》百卷，《天文志》未成，其從孫一行續成之，見《舊唐書·僧一行傳》中，則此二卷是一行撰，宋史館舊本所題亦屬未考。元李謙思《文獻通考序》云：「志天文者乃太素之姪一行。」又與《舊書》小異。

北齊書五十卷

唐安平李百藥重規撰。《唐·藝文志》：張太素有《北齊書》二十卷。

後周書五十卷

唐華原令狐德棻撰。一汲古閣本，一爲萬曆十六年戊子南國子祭酒趙士賢重刊本。趙有書後一篇，前有宋臣燾等序。唐初修輯諸史，實德棻首發其議，謂近代無正史，梁、陳、齊典籍猶可據，周、隋事多捐脱，宜論次各爲一史。高祖然之，令蕭瑀等主魏，顔師古等主梁，裴矩等主齊，竇璡等主陳，陳叔達、庾儉及德棻主周，歷年不成，罷之。貞觀三年，復詔撰定，議者以魏有魏收、魏澹二家書爲已詳，惟五家史當立。德棻更與岑文本、崔仁師次周史，李百藥次齊史，姚思廉次梁、陳二史，魏徵次隋史，房玄齡總監修撰之。後修晉書，預柬十八人〔一〕，類例多德棻所定，蓋史臣之先進，莫德棻若也。乃其所著書，評者每病其文而不寔，雅而無檢。明趙祭酒士賢，言當時柳虬、牛弘等所撰《周紀》，或務累清言，或未適俗義，而德棻不能旁考遠引，止於潤色二家，故所紀多失寔。且宇文一代之事，雜見於王邵《齊志》及蔡允恭《後梁春秋》等書，何以采摭不及？然則練達如德棻而不免遺議，史固可易言哉？牛弘《周書》十八卷，見《隋志》。柳虬見本傳，劉知幾嘗稱其「獨步關右」云。

〔一〕「預柬」，清抄乙本作「復加」。

隋書八十五卷

紀傳五十五卷、志三十卷，唐曲成魏徵玄成撰。徵等所撰，紀傳也，十志則于志寧等脩，長孫無忌等上之，先後詔藏秘閣，二書别行。《五代史志》，《舊唐書》高宗顯慶元年五月己卯，「太尉長孫無忌進史官所撰梁、陳、周、齊、隋《五代史志》五十卷」〔一〕，故《通鑑》引之，稱《五代志》，其篇第入《隋書》不知始何時。汲古本依宋版，十志繫帝紀之後、后妃之前則由來亦久，今人無知有《五代志》者矣。

〔一〕「五十」，清抄乙本、《舊唐書》卷四《高宗本紀》作「三十」。

南史八十卷北史百卷

唐相州李延壽撰，成於顯慶中。《南史》起宋永初元年，訖陳正明三年，《北史》起魏登國二年，訖隋義寧二年，綜覈八代，貫穿諸家，洵史林也。汲古未開雕時，婁東張天如溥嘗合刻二史，序稱其失有三：「競述災祥，謊讖繁猥，失一。宋、魏二志，博洽多聞，隋志典寔，欲駕遷、固而悉舍不録，失二。沈、蕭諸贊，各有特筆，而捃摭成篇，郭、向不辨，失三。余於八書恨多，二史恨少，擬統同其事，更加筆削，上則取材前言，自成一書，志、傳、紀、表諸體咸具，是非之際，陽秋屹如。次則仿裴注《三國》，南北爲綱，八書爲緯，分明第補，眉列其下，庶文獻竝存，繁重無困。而揣摩久之，未敢遽斷，因先梓二史以傳。」

廣案：張序甚善，寔其言，必成佳史。余嘗取八書二史參觀之，二史舛誤非一，宋以前本不甚重，故《舊書》止言頗行于世，至《新書》始譽其遠過本書，學者趨易，爭取讀之，遂束八史于高閣，雖名士，有終身未覯者。而司馬公直謂李氏書敘事簡徑，可亞陳壽，則不敢知也。

唐書二百卷

晉歸義劉煦日輝撰。本紀二十卷、志三十卷、傳百五十卷，俗名《舊唐書》，明萬曆間督學南畿聞人詮邦正重刊。○《古今姓氏書辨證》：「涿州歸義劉氏，幽府左司馬乘，生幽州巡官因。因生耀遠，晉司空平章事，修《舊唐史》，行於世。」則煦又字耀遠也。《十七史商榷》云《舊史》作耀遠，元戈直注《貞觀政要》同，又引呂夏卿《唐書直筆新例》，稱爲劉警。

此書記載詳確，不失六朝人史法。宋、歐二公重修之書惟務減省，不顧事宜，如刊削帝紀詔令，乖記言之義，裁割遷授官名，非傳信之道，讀之輒令人氣沮，劉書無此病也。尤異者，歐公作《五代史·劉昫傳》竝不及作《唐書》事，且甚譏其爲相不識典故，并日輝之字亦畧之，詎稱信史？文人相輕，猶小病也。今二十二史既專取《新書》，俗儒遂無讀此書者，可嘆也。○《宋史·雜臣傳》有：「張昭字潛夫，世居濮州范縣。博通史事，仕晉至禮部尚書，兼史舘修撰。開運二年秋，成《唐書》二百卷，加金紫。」此人卒於宋世，何以書反不傳？《宋志》亦佚其名，可怪也。○張昭，《玉海》引《中興書目》作史官張昭遠，與昫同撰。

唐書二百七十卷

紀十卷、志五十六卷、表二十二卷、傳百六十卷，宋宋祁、歐陽脩撰。嘉祐初，曾公亮表上此書，云其事則增於前，其文則省於舊，兩言括盡二公得力處。然敘事好簡略其辭，故其事多鬱而不明，劉安世已論其弊矣。至於勇效前言，怯書今語，雖係昔賢通病，以云傳信，終不其然。安世謂新、舊二史各有短長，未易優劣，斯爲持平之論。

五代史七十四卷

内十國世家、四夷共十四卷，宋廬陵歐陽脩永叔撰，徐無黨注，陳師錫序。此史舊有薛居正修者，歐書出而薛《史》遂廢，近聞尚有其本，惜未之見。

宋史四百九十六卷

内紀四十七卷、志百六十二卷、表三十二卷、傳二百五十五卷，元丞相脱脱總修。首載：「至正六年，中書省奏《宋史》寫本已畢，理合刊刻，竊照元修史官翰林編脩張翥、國子助教吴當二人，深知《宋書》事理，乞差委賫書前往所指去處監臨刊刻，或工匠差訛就便是正，准咨浙江行中書省委官鏤板。」時行省事達世貼睦爾、忽都不花等寔董其役，故《宋史》寔始刻於浙。然當時解都者不過百部，其板存浙留印，想亦無多。至明世，民間絶無傳本，或有從祕閣録得者，寶如拱璧。成化年，桂陽朱英督兩粤，始謀取家藏抄本梓行，同官校繕粗畢，就復燬於火，幸存漳浦舊本，又歷數手而梓始竣。始辛卯，迄庚子，凡十年，載英序甚詳。余先於所親處見北監本甚佳，此本據序在成化，而補刻於嘉靖、萬曆、崇禎年者甚多，脱頁訛字亦復不少，惜未得校定也。史文較遼、金爲詳，以宋三百年間公私記録本甚備也。但紀傳削節過當，年代不明，列傳又有專敘官階不書一事者，則又似非惜墨者，繁簡之故所未詳也。

五代史一百五十卷目二卷

宋薛居正撰。居正字子平，開封浚儀人，官司空、同中書門下平章事，卒謚文惠，《東都事畧》有傳。是書脩于開寶六、七年，故《周書》稱宋太祖曰「今上」，同脩者盧多遜、扈蒙、張澹、李昉等。紀六十一，志十二，傳七十七。自歐《史》行而薛《史》微，元明以來遂至亡佚。今奉敕從《永樂大典》摘闕者，採《册府元龜》《太平御覽》等書所引補之，凡所定《梁書》二十四卷、《唐書》五十卷、《晉書》二十卷、《漢書》十一卷、《周書》二十二卷、《世襲列傳》二卷、《僭僞列傳》三卷、《外國列傳》二卷、志十二卷，其原書體例不可得知，今就《大典》所録分隸之如此。諸紀惟《梁太祖本紀》全闕，餘亦脱落者多，蓋《大典》本有删節，加傳寫差落故也。每條詳引各書作「案」，或以補闕云。丙午夏從吉冏卿渭厓先生借觀抄本。

遼史一百六十卷

紀三十卷、志三十一卷、表八卷、傳四十五卷、國語解一卷、録一卷，元丞相脱脱脩。

金史一百三十五卷

紀十九卷、志三十九卷、表四卷、傳七十三卷、目録二卷，元脱脱等撰。首載阿魯圖《進金史表》〔一〕，以阿魯圖時領宋、遼、金三史事也。脱脱爲總裁，故三史皆題脱脱云。其史以諸帝寔録、國史爲本，參以劉祁《歸潛志》、元好問《壬辰雜編》諸書，事理詳核，體製簡明，蓋歐陽原功之筆居多焉。余從王汝楳表叔處借觀。

〔一〕「金」，原誤作「全」，今據《金史》附録改。

元史一百九十二卷

紀四十七卷、志五十三卷、表六卷、傳九十六卷、目録一卷，明學士金華宋濂、待制王禕修。始洪武二年十一月，至八月書成，自古修史未有如是速者。據文憲自記，云先成紀三十七卷、志五十三卷、表六卷、傳六十三卷，表呈御覽，以順帝無寔録可徵，未爲完書，復搜訪成紀十、志五、表二、傳三十六，合前共二百十卷。今紀四十七卷，而志、表、傳之卷皆不相合〔一〕，且列傳惟世祖諸臣最多，仁宗以下寥寥，大率仁宗以前不過整齊舊文，以後亦不復遍搜，終不可謂完書也。以二公之椽筆，而猶不免於草草，益信能事不受相促迫也。

〔一〕「志」上，原衍「表」字，今據文意删。

明史三百三十六卷

紀二十四卷、志七十五卷、表一十三卷、傳二百二十卷、録四卷，國朝大學士張廷玉等奉敕修。始於康熙十年，至乾隆四年成，因舊臣王鴻緒《史稿》發凡起例，爲三百餘卷，刊成表上，其在事諸臣奉旨開列職名于首云。

國語二十一卷亦名《春秋外傳》

左丘明撰，漢劉向校正。《周語》三卷、《魯語》二卷、《齊語》一、《晉語》九、《鄭語》

一、《楚語》二、《吴語》一、《越語》二，共二十一卷。吴韋昭引鄭衆、賈逵、虞翻、唐固諸家以作注，宋宋庠有《補音》三卷，今錢唐鍾人傑刊教本合刻之。

戰國策十二卷

劉向校者三十三篇，後亡闕，宋曾鞏始得全書上之，高誘注，宋鮑彪重注，元泰定間吴師道校注，又有姚宏注，與鮑先後，今不甚著。此陳仁錫刊本，合鮑、吴二家注。

晉文春秋一卷

元吾衍所傳抄。明王衡曰：「宋潛溪謂即衍所撰，紀晉文公事，蓋輯《説苑》等書成之。」

漢武事畧一卷

漢扶風班固撰。此與《晉文春秋》竝見《稗乘》。

漢武帝内傳一卷

題漢扶風班固撰。按：《三輔黄圖》所引有班固《漢武故事》，其引《漢武帝内傳》則不連撰人姓名，當非固所撰也。余所有僅十六頁，失尾。《黄圖》引一事曰：「魯女生，長樂人，初餌胡麻，乃永絶穀八十餘年。少壯，色如桃華。一日，與親知故人别，入華山。後五十年，先識者逢女於廟前，乘白鹿，從王母，人因識之，謝其鄉里而去。」今本無此，蓋不全本也。

華陽國志十二卷

晉成都常璩道將撰。此志專紀蜀中事，肇自開闢，終於晉穆帝永和三年，無不備載，而尤加意於人物，所録四百餘人，自言得之陳壽《耆舊傳》。二公於故鄉邦文獻搜採不遺若此，可謂勤矣。宋吕大防嘗爲鏤板，有引，後乃闕李《志》一卷，明張佳胤據《通鑑》及《載記》補之，又附《江原士女志》於後云。

越絶書十五卷

漢會稽袁康、吴平撰。舊説子貢所著，《史記正義》引阮孝緒《七録》：「十六卷，或云伍子胥撰。」今觀其書，起吴越，訖建武二十八年，乃袁創於前，而吴繼於後也〔一〕。王充《論衡·按書篇》云：「會稽吴君高、周長生，位雖不至公卿，誠能知之囊橐，文雅之英雄也。觀君高之《越紐録》、長生之《洞歷》，劉子政、揚子雲不能過也。」《書虚篇》又云：「吴君高説：『會稽本山名，夏禹巡狩，會計於此山，因以名郡，故曰會稽。』夫言因山名郡，可也；言禹巡狩，會計于此山，虚也。」云云。今會稽又見第八篇，則君高爲平之字明矣。但以「絶」爲「紐」，差不同耳。袁康無考，據後序「百歲一賢，猶爲比肩」，是袁乃秦末漢初人也。○劉敬叔《異苑》載句章人吴平，州門前忽生一青桐樹，上有絃歌之聲，平惡而斫殺。平隨軍北征三載，死桐欻自還立于故根之上。又聞樹巔空中歌曰：「死桐今更青，吴平尋當歸。適聞殺此樹，已復有光輝。」平尋歸。未知即此吴平否？

〔一〕「吴」下，原衍「維」字，今據種松書塾抄本删。

十六國春秋一册

魏崔鴻彦鸞撰。彦鸞，孝明朝人。史稱其書百篇，諸國事唯常璩《蜀書》最後得，故久而始成，其子表上之。《蜀書》，即《華陽國志》中李《志》也。是册刻《漢魏叢書》中，止分十六録而無卷，胡三省《通鑑注》所引《十六國春秋纂》當即指此，蓋原書自宋已亡矣。

十六國春秋一百卷

前趙録十一、後趙十二、前燕十、前秦十、後燕十、後秦十、南燕三、夏四、前凉六、蜀五、後凉四、西秦三、南凉三、西凉三、北凉四、北燕三，題魏崔鴻撰。案《經義考》曰：「此後人采《晉書》《北史》《册府元龜》《太平御覽》等書成之，非原書也。」庚寅二月，余從朱晝堂表兄借得商濬所輯《續稗海》及此書，卷與史符，而文大率與《載記》同，中避唐諱甚多，前有浙江巡撫虔南甘士价序，云：「《十六國春秋》宋以前頗行于世，近代闕焉，幾不知有其書。嘉禾屠喬孫名還者，侍御瞻山之孫，抉諸先世之藏，補佚訂譌，讐梓以傳，時萬曆三十七年己酉上元日也。」則是書爲屠氏補撰甚明。近武林有重刻本，直信以爲崔氏書矣。○諸録見《藝文類聚》《初學記》所引最多，以較今書，真僞判然矣。

附録

三藩紀事本末四卷

青浦楊陸榮采南著。○此書紀明季三藩僭亂，而以四鎮三案等附之。

三朝北盟會編八十五卷

宋徐夢莘撰，載徽、欽、高祖北事。

皇朝史竊

明尹守衡撰。此二書皆在吴西臺兄處見。

史懷十七卷

明鍾惺著。

元史紀事本末四卷

明陳邦瞻著。

酌中志

明末太監劉若愚撰。抄本，二十三卷。

明紀編年

鍾惺撰，王汝南補。

荆州稗編百二十卷

明唐順之應德撰。○唐中丞著有《左編》《右編》《文編》《稗編》等書，其《左編》則按春秋、戰國以來傳記爲之，《文編》亦按春秋以來及碑銘等文，二書皆未盡完善。《稗編》則裒集各書，如諸家之學，則凡名法、兵農、天文、地理、道釋等俱在焉。《文藝》則史書、詞賦以及射奕皆在焉。又自君相迄于方伎，及吏户六部、牛木諸經，真又極稗官之能事矣。前有茅坤序，茅一相刊。

史纂左編

明唐順之撰。

皇明從信録

陳建撰。

輶軒録四卷

明黄洪憲萬曆初使朝鮮國時作。

古史六十卷

宋蘇轍字子由撰，蘇遜注。〇自序云：「因遷《史》之舊，上觀《詩》《書》，下攷《春秋》及秦、漢雜録，記自三皇五帝，訖秦始，爲七本紀，吴太伯以下十六世家，伯夷等列傳三十七。」

目治偶抄卷三

海寧周廣業耕厓

子類

鬻子一卷

鬻熊，殷人，文王師。本二十二篇，見《漢志》中，隋、唐、宋三志俱云一卷，今所傳十四篇，楊升菴嘗論其僞，因欲取賈誼《新書·脩政篇》所引七條及《文選注》一條補之。余見馬總《意林》首序《鬻子》云「《藝文志》二十二篇，今一卷六篇」，夫唐世已止六篇，何今及有十四篇？此其僞作，固無可疑。《意林》所載：「發政施令天下福謂之道，上下相親謂之和，不求而得謂之信，除天下之害謂之仁。信而能和者，帝王之器。聖王在位，百里有一士，猶無有也。王道衰，千里一士，則猶比肩也。知善不信謂之狂，知惡不改謂之惑。」與今十四篇小異。

鬼谷子三卷二十三篇，亡《轉丸》《胠篋》二篇

楚人隱士著。此書始見《隋志》縱横家，前此未之録也。《唐志》謂是蘇秦之書，然秦固云：「周時有豪士隱者，居鬼谷，自號鬼谷先生，無鄉里族姓名氏。」袁淑《真隱傳》曰：「鬼谷先生，不知何許人，隱居韜智，居鬼谷山，因以爲稱。蘇秦、張儀師之，遂立功名。」王充《論衡》曰：「秦、儀縱横習之鬼谷先生，掘地爲坑，曰：『下，説令我泣出，則嗣分人君之地。』秦下，説鬼谷泣下沾襟。」則爲蘇秦述其師之言可知也。其書宋潛溪深斥之，然如「世無常責，事無常師」，及「人動我静，人言我聽」「知性則寡累，知命則不憂。累去則心平，心平而仁義著矣」之類，亦可取者。王莽時，大司徒陳崇曰：「雖有鬼谷，不及造次。」陸雲《登遐頌》曰：「悠悠鬼谷，永言潛止。要終有集，資生無始。」郭璞《登樓賦》曰：「揖首陽之二老，招鬼谷之隱士。」又《游仙詩》曰：「青谿千餘仞，中有一道士。借問此何誰？云是鬼谷子。」可謂慨想其人矣。而《琴纂》載蔡邕《五弄》，言邕嘗入清溪訪鬼谷先生，其所居

山五曲，曲有幽居靈跡，每一曲製一曲，三年曲成，又何聞風興起如此也？觀其責儀、秦書，則二子所就，當亦非鬼谷所心許者。徐廣曰：「潁川陽城有鬼谷，注其書者樂壹、皇甫謐、陶弘景、尹知章。」《隋志》及馬總《意林》俱云五卷，高似孫《子略》作三卷。其書並不言卜筮，乃今卜易家必宗鬼谷，豈景純所稱「固因其精於卜」耶？

今本篇目有《捭闔》《反應》〔一〕《内揵》《抵巇》《飛箝》《忤合》《揣篇》《摩篇》《權篇》《謀篇》《符言》等名，考《史記·蘇秦傳》「以出揣摩」，裴駰解云：「《鬼谷子》有《揣摩篇》。」《索隱》引王劭云：「《揣情》《摩意》，是《鬼谷》之二章名，非一篇也。」今乃作《揣篇》《摩篇》。又考《太平御覽·游説門》所載《鬼谷子》，知今本絶非唐宋之舊。《御覽》篇名有《抵巇》《量權》《午合》《摩意》《揣情》《反覆》《謀慮》七篇，「巇」注音「熙」，今作「巇」，《揣》《摩》《權》三篇各去其一字，「反覆」作「反應」。其文亦異，如《量權篇》云：「言有過者，從其所長；言有塞者，從其所短。」注曰：「人辭説條理通達，即敘述從其其長者，以昭其德。人言壅滯，即避其短，稱其善以顯其行。言説之樞機，事物之先務者也。」今以通塞爲利害，誤矣。又云：「介蟲之悍必以甲而後動，螫蟲之動必先螫毒，故禽獸知其所長，而談者不知用也。」注云：「蟲以甲自覆障，而言説者不知其長。」今「甲而後動」四字作「堅厚」，亦非。《反覆篇》云：「其和也，若比目魚；其伺言也，若聲與響。」注云：「和，答問也。因問而言，申敘其解，如比目魚，相須而行，候察言詞，往來若影之隨形，響之應聲。」今作「其知也若比目之魚，見形也若光之與影也」，全不成意理。夫《御覽》所載止九條耳，今文已與乖誤若此，餘可知矣。

〔一〕「反」，原誤作「及」，今據種松書塾抄本改。

鬼谷子三卷

抄本，題陶弘景注。説見《蓬蘆文鈔》中，兹不重録。

長短經九卷

六十四篇，唐鹽亭趙蕤太賓著。是書見於《北夢瑣言》，云：「趙蕤者，梓州鹽亭縣人也。博學韜鈐〔一〕，長於經史，世夫婦俱有節操，不應交辟。撰《長短經》十卷，論王霸之道，見行於世。」又見《唐書·藝文志》雜家作「趙蕤《長短要術》十卷」，注云：「蕤，字太賓，梓州人。開元中，召之不赴。」近刻《郡齋讀書志》亦載：「《長短經》十卷，唐趙蕤撰。論王霸、機權、正變、長短之術，凡六十三篇，第九、十載兵權、陰謀。」向嘗購之未得，今夏綠飲鮑君以寫本見委是正，始展讀之。其指歸大率如孫、晁所云，乃其稱引繁博，校對非易，自揣固陋，久未敢下筆。既值歲餘，悉發齋中所有經史子流，以次校勘，兩旬始竣。訛者改之，闕者補之，疑者證之，兩通者仍之，雖不能悉合，庶可上口矣。舊稱十卷六十三篇，今本蕤自序亦然，檢之，實止九卷，而篇有六十四，初頗疑之。及觀《文獻通攷》所引晁氏說，則首據《瑣言》，後則云：「第十卷陰謀家，本缺，今現存者六十四篇。」始知是書早無足本。今所有自序，亦不盡原文，而近刻《讀書志》大有脱誤也。但王阮亭嘗見宋刻，謂是徐健菴過任城得之，其跋亦稱十卷，總六十四篇，唐梓州郪縣長平山安昌巖草莽臣趙蕤撰，與今本正同，則其誤自宋已然矣。《瑣言》貫鹽亭，而今言郪者，《四川總志》云「蕤，鹽亭人，隱於郪縣長平山安昌巖。博攷六經諸家同異，著《長短經》，又注《關朗易傳》。明皇屢徵不起，李白嘗造其廬」是也。案《李太白集·淮南卧病書懷寄蜀中趙徵君蕤》詩，《廣輿記》亦云：「蕤，篤學不仕，與李白爲布衣交，著《長短經》。」又阮亭引楊天惠《彰明逸事》云：「潼江趙蕤，任俠有氣，善爲縱横學，著《長短經》。」又《楊升菴集》云：「趙蕤，字雲卿，精於數學，與李白齊名。」蘇頲《薦西蜀人才疏》云：「趙蕤術數，李白文章。」宋人注李詩遺其事，又引《圖經》云：「蕤，漢儒趙賓之後，鹽亭人，屢徵不出，所著有《長短經》。」雲卿之字與《唐志》不同，又云趙賓之後，凡此皆讀是書者所宜留意，故詳述之。至《總志》謂其文亦《申鑒》之流，竊謂是書命名取《國策》，刺事依《呂覽》，而雜採羣言，又絶似《鴻烈》也。辛亥長至後八日書。

〔一〕「鈐」，原誤作「鈴」，今據復齋抄本、《北夢瑣言》卷五「符載侯翮歸隱」條改。

劉子十卷

北齊阜城劉晝孔昭撰。余收得雜書二十三種，内有《劉子新論》十卷，五十五篇，題曰：「梁東莞劉勰著撰，播州袁孝政注，明新安程榮校。」蓋程氏取括蒼何鏜所輯《漢魏叢書》而版行之，此其一也。余觀其書，不類彦和筆，且有以「思順」名篇者，不避梁太祖諱，深疑之。後閱《文獻通攷》，載：「《劉子》五卷，陳直齋曰：『劉晝孔昭撰，播州録事參軍袁孝政爲序，凡五十五篇。』按《唐志》十卷，劉勰撰。今序云：『晝傷己不遇，天下陵遲，播遷江表，故作此書，時人莫知，謂爲劉勰，或曰劉歆、劉孝標作。』孝政之言云爾，終不知晝爲何代人。其書近出，傳記無稱，莫詳其始末，不知何以知其名晝字孔昭也？」余驟見此論，疑竇稍釋。但今本既誤以袁官播州爲籍播州，又止云袁注，竝無袁序，而所謂晝者，直齋且不能知，至施元之注蘇詩，引「微子感牽牛星」云云，復僞作劉向《新論》，疑乃滋甚。庚寅嘉平夜，偶展王逢原《十七史蒙求》，見「不易千駟」句下引《北史·儒林傳》「劉晝字孔昭」事，急炳燭，取《北史》讀之，《傳》云：「劉晝字孔昭，勃海阜林人[一]。嘗以《六合賦》呈魏收及邢子才，皆不見許，求秀才十年不得，撰《高才不遇傳》。孝昭即位，詣晉陽上書，不見收采。乃編録所上書，爲《帝道》。河清中，又著《金箱璧言》。天統間卒。」再攷《北齊書》，亦同，惟去《高才不遇傳》三篇，而無《帝道》及《金箱璧言》二書。孝昭年號皇建，其號河清係世祖年號，天統係世後主年號，則晝固北齊人也。《高才不遇傳》，《初學記》嘗引之。《新論》不見本傳，亦不爲諸書所引，由袁孝政之言思之，殆即《金箱璧言》、《北史》之《帝道》乎？但《高才不遇傳》，《北齊書》止云三篇，隋、唐二《志》乃有四卷，又不載言有《帝道》《金箱璧言》，或《新論》在隋唐之世時與三篇之傳并行，未可知也。又《新論·韜光篇》云：「澄心封情以定其内。」「澄」字斥北齊諱，則孝政所云播遷江表所作，尤爲可信。若《唐志》十卷、《通攷》五卷，今又爲十卷，或合或分，竟未知出誰手也。○釋道宣《廣弘明集》載齊時劉晝：「上書言：『佛法詭誑，避役者以爲林藪。』又詆訶媱蕩：『有尼有優婆夷，寔是僧之妻妾，損胎殺子，其狀難言。今僧尼二百許萬，並俗女尚有四百餘萬，六月一損胎，如是，則年族二百萬户矣。驗此，佛是疫胎之鬼也。』」孔昭有心世教之論，切直益可見矣。

〔一〕「林」，《北史》卷八十一《劉晝傳》作「城」。

於陵子一卷

題曰「齊陳仲子撰」，有《畏人》《貧居》《辭禄》等十二篇。始出宋石熙明家，元鄧文原録之，明世海鹽姚士粦付梓以傳。沈士龍以《方言》證之，謂其書多齊語，未必非仲子書，胡震亨言是晉宋間楊、庾之流爲之。余展卷，見《於陵子·畏人》：「東田大夫曰：『仲尼亦有言羽毛勿可與同羣，今子畏我冠帶，將疇與倫？』」讀之不禁失笑，以羽毛易鳥獸，此迅霆無暇掩聰之故智也。當時稱士大夫亦不言冠帶，是必宋儒妄作，意固淺鄙，詞亦似儷而寔拙，豈楊、庾所爲？尤可笑者，弁首有劉向《七録》文，可謂有百誕無一誠矣。王阮亭《居易録》謂是書姚士粦僞譔，非無見也。

道德指歸六卷

漢嚴遵君平撰。此解老子《道德經》也，蜀漢秦宓言「道非虛無自然，嚴平不演」是也[一]。是本有谷神子序，稱其書陳、隋間逸其半，所存止下經德篇，凡三十四首，定爲六卷，而以説目冠首。谷神子無姓名，晁公武以爲唐人馮廓也。余案《陸渭南集·跋老子道德古文》云：「右漢嚴君平著《道德指歸古文》。此經自唐開元以來，獨傳明皇帝所解，故諸家盡廢。今惟此本及貞觀中太史令傅奕所校者尚傳[二]，而學者亦罕見也。予求之踰二十年，乃盡得之。玉笈藏道書二千卷[三]，以此爲首。乾道二年十月十日，陸某題。」據此，則宋乾道間尚有足本，爲放翁所得，何云陳隋逸其半乎？據説目，上經四十篇，下經三十二篇，乃其説《德經》有三十四，未免矛盾。文雖奥衍，似西漢手筆，然其真贋正未可知。胡震亨、姚士粦號稱博洽，竟無有舉《渭南集》以證者，可異也。《文選注》引嚴遵《道德指歸》云：「功與道化争流，德與天地齊光。」

《蜀志》：「李權謂：『仲尼、嚴平，會聚衆書，以成《春秋》《指歸》之文。』秦宓報云：『道非虚無自然，嚴平不演。』」即指此書也。宓又同嚴君平見黄、老，作《指歸》。

〔一〕「言」下，原衍「歸」字，今據種松書塾抄本删。

〔二〕「今」下，原衍「世」字，今據種松書塾抄本删；「傳」上，原衍「存」字，今據種松書塾抄本删。

〔三〕「千」，原誤作「十」，今據種松書塾抄本改。

典故類

漢雜事祕辛一卷

不知撰人，專紀漢順帝選擇梁后時事。其書晚出，胡孝轅、姚叔祥皆疑其僞。余觀其間有「保林」字，保爲順帝諱，不應犯，決爲贋作。但以「祕辛」爲名，却自有説。《西京雜記》云：「洪家有劉子駿《漢言》百卷，首尾無題名，但以甲乙丙丁紀其卷數。先父傳之。蓋歆欲撰書，編録漢事類，未得搆而亡，故書無定本，止雜記，而前後無事類，後好事者以意次第之，始甲之癸，爲十帙。」據此，則「祕辛」爲漢人所標題也。

唐六典三十卷

題玄宗御撰。案：是書開元十年起居舍人陸堅被詔撰，玄宗手寫六條，曰經典、教典、禮典、政典、刑典、事典，至二十六年始成，集賢學士李林甫奉敕注。今本明王文恪公鏊得自中祕，爲宋紹興間温州教授張希亮所校，永嘉主簿勸農公事詹棫監梓，明潼川席文同重刊者。其書準《周官·太宰》六典之職，備載六部制度，上自三師三公，下至州縣，無不詳悉。雖題御撰，而無經典、教典等六條名例，不可解也。注甚詳贍，洵一代典章也。

貞觀政要十卷

唐吴競集，元戈直集論。〇此太宗與其臣魏徵、房玄齡等問答及朝廷諸所設施也，每卷又分類爲記，後世勵精求治之主皆奉爲蓍蔡，元世吴澄、郭世貞皆有論列，而臨川戈氏爲之集注。明成化元年，上善其書，御製序而重刻之，大板正字，極便觀覽。

地理類

三輔黄圖六卷

題曰「漢亡名氏撰」。余觀是書，所引應劭《漢書注》《漢官儀》《三輔決録》《英雄記》《西京雜記》《皇覽》、司馬彪《續漢書》、郭緣生《述征記》，半出漢後之書，鄠縣、岐州又唐時地名，「虎圈」作「獸圈」，疑是唐人所輯。然嵇含《草木狀》、戴凱之《竹譜》已引《三輔黄圖》，似又在晉前，不可解也。

乾道臨安志三卷

臨安府尹吴興周淙修。淙字彦廣，乾道三年以右朝議大夫、直龍圖閣、兩浙轉運副使知臨安府，至五年，以職事修舉，除祕閣修撰，再知臨安，脩志當在再任時。原若干卷，闕佚止存前三卷，沿革、軍營、坊巷等名可藉以攷見。乾隆己亥塲前，從蔣茂才師爚借觀于貢院東寓舍，抄本，後有厲鶚跋。

淳祐臨安志五卷之十卷

缺前四卷，不知撰人。第五卷首城府，次樓觀、軍營、古蹟、山川等。

名山記四十卷

明何俊卿輯。案：《歸安縣志》載《天下名山記》百卷，御史慎蒙撰，婿張守謙編輯。是書未見何氏，當是節録爲之。

如臯縣志三十二卷乾隆十五年重脩

邑令鄭見龍脩。如臯縣，晉安帝立，不知所由名。樂史《太平寰宇記》云：「縣西百五十步有如臯港，港側有如臯村，縣因以名。」案：《前漢・賈山傳》注：「臯，水邊淤地也。」臯邑瀕海，當以海邊淤地得名耳。好事者乃取《左傳》「如臯，射雉」語，文其稱曰射雉城。而《志》於名蹟首載賈大夫墓，在縣東二里東陳鎮，古老相傳春秋時人。其地又有賈大夫祠，引童《志》云賈大夫射雉於此，祠頗著靈異。今攷《左傳》「御以如臯」，「如」字本訓「往」，杜《解》云：「御之臯澤。」《正義》云：「如，往也。」非地名，故前輩有譏東坡詩「不向如臯閒射雉，歸來何以得卿卿」爲誤用者。然《古樂府》張正見、毛處約、江總等《雉子斑》詩皆以如臯爲地名，此誤非始於東坡。又《宋書》：「明帝射雉，無所得，謂侍臣曰：『吾旦行如臯，空行可笑。』」梁陳蕭《射雉》詩「今日如臯路，能將巧笑廻」，皆用爲地名。說見王楙《野客叢談》，書此特文字之失不爲害也。若賈大人則誣甚，《左傳・莊二十八年》「晉獻公娶于賈」，杜《解》曰：「賈，姬姓國也。」《昭二十八年》「賈大夫」，《解》云「賈國之大夫」，春秋時有賈伯。意賈與晉密邇，故結爲婚姻，而叔向稱之魏獻子，復述向言以告祁大夫賈辛也。此賈爲氏，晉有賈華、賈佗、賈跪。若江南如臯，於《春秋》爲吴之郥邑，羅泌《路史・國名紀》云「郥，一作䝱，吴地，發揚也。杜云：「郥，發揚也。」桓王，郥將與趙楚敗之。今海陵」。注云：「今泰州治縣西南有發繇口。」其於賈不啻風馬牛，而欲牽合，寔以墓祠，可乎？昔酈道元注《水經》，號稱博洽，其「汾水」條乃云：「太谷水，逕祁縣故城南，西接鄔澤，爲祁藪。即《爾雅》『昭餘祁』，賈辛邑也。辛貌醜，妻不與言，與之如皋，射雉雙中之而笑也。」此文顯與《左傳》背謬，而歷來未有舉正之者。地志紛紜，固難盡信矣。《如皋志》言：明萬曆末邑，教諭呂克孝脩志，嘗削去之。吴陵顧瀛有詩云：「射雉春風賈大夫，由來嬌女出名都。何人誤讀春秋傳，不遺名賢入地圖。」蓋惜之也。邑人石汝錕著論，謂無關利弊，今祠如故。夫無關利弊是也，謂誤讀《春秋》，豈其然乎？

友人張寶厓瑚遊如皋，作《九十九灣湖櫂歌》一卷，間述軼聞。余流覽之餘，亦頗有得，惜冗不及録，頃得一事甚古，附記於此。劉敬叔《異苑》曰：「海陵如睾縣東城村邊海岸崩〔一〕，見一古墓，有方頭漆棺，以朱題云：『七百年墮水，元嘉二十年墜於縣巘，和蓋從潮漂沉，輙泝流還依本處。』村人朱護等異而啟之，見老姥，年可七十，皤頭着桂，鬢髮皓白，不殊生人，釵髻衣服，粲然若新，送終器物，枕履悉存。護乃齎酒脯，施於柩側。爾夜，護婦夢見姥云：『向獲各貺〔二〕，感至無已，但我墻屋毀廢，骸形飄露。今以直一千，乞爲治護也。』置錢便去。明覺，果得錢。即用改殯，移於高阜焉。」見《太平御覽》亦載之，此事儘可作詩料。而今所謂東陳村，實即古之東城村也。

〔一〕「睪」，清抄乙本、文淵閣《四庫全書》本《異苑》卷七作「臯」。

〔二〕「各」，清抄乙本、文淵閣《四庫全書》本《異苑》卷七作「名」。

畿輔通志百二十卷雍正十二年重脩

直隸總督唐執玉、劉於義、李衛等脩。時各省俱重輯通志，畿内舊通志成於康熙二十一年，制多未備。至是，百度咸貞，乃各取府州縣志，證之史傳，分爲三十類。史公云：「建首善自京師始，讀是書可以觀聖化矣。」執玉、於義，江南武進人；衛，江南豐縣人。

鄢署雜鈔十二卷

國朝休陽汪爲熹若木撰。此若木康熙間令鄢陵時所記，多鄢及河南事。卷末自言解組日，鄢民攀援臥轍，又建雙忠祠，以祀明劉公振之、杜公邦舉，一令一尉，皆死闖賊之難者，蓋能吏也。其第一卷首敘鄢陵沿革，以明職守，亦是惜考據未核。因是書借自吴君葵里騫，略爲舉正還之。《漢書·地理志》潁川郡領縣二十，不止於八，傿陵「傿」字，傍從

「人」不從「邑」，師古音「偃」。《續漢書·郡國志》潁川郡十七城，與西漢異，「⿰阝焉」字亦從「阜」，不從「邑」，惟《晉書》依《左傳》作「鄢」耳。其地宋武帝時尚存，魏其後潁川太守所領乃止邵陵、臨潁、曲陽三縣，《宋書》言永初郡國又有許昌、⿰阝焉陵等六縣，而無曲陽是也。元魏潁川郡有二，一在豫州，太和六年置，所領縣與劉宋同；一在鄭州，即秦漢舊郡也，領長社、臨潁、潁陰三郡縣。許昌郡則静帝天平元年分潁川置，領縣四，而鄢陵爲郡治。北齊廢縣，隋開皇初廢許昌郡，復立潁川郡，七年復⿰阝焉陵縣郡，統縣十有四，載各史地志甚明。今曰南北朝潁川，魏鄭州、潁川皆止二縣，隋潁川領九縣，何也？至唐之許州，乃武德四年改隋潁川郡置之，領長社等七縣，時鄢陵及扶溝尚屬洧州。隋於鄢陵置洧州，《隋書》云大業初廢，《唐書》云武德九年廢，宜從《唐》。貞觀七年改屬許州，凡領縣九，至天寶元年改許州爲潁川郡，領縣止七，鄢陵與焉，乾元元年復爲許州，見《舊唐書》，則謂唐許州、潁川郡領縣八者又非也。《舊書·地理志》於府州下連書上、中、下、望、雄等字，空格書某前朝某郡，極醒目。《新書》則連書府州郡，而以上、下等接郡字，讀者往往誤認郡爲唐制，其實非也。其所紀五代建置，亦與史及《文獻通攷》不盡合，且「鄢」字在魏、唐從「邑」，在宋、隋則仍從「阜」，雖或通用，概書爲「鄢」，亦乖傳信之道。

夫地理參差，尋校非易，爲有司者牒訢敲朴之不暇，誠難責以斯事。然汪君既雅尚好古，寄興文翰，必有不同於俗吏之爲之者，而於邑治之沿革不免疏略，可嘆也。抑余嘗閲各省郡邑志，見其所載歷代彊境多所乖錯，此書所録，殆亦沿舊志之訛，未及釐正耳，以冠簡端，反令全書減色矣。○王應麟《地理通釋》：「『郾』，《戰國策》作『鄢』。楚昭陽伐魏取郾，漢屬潁川。」注：「唐郾城縣屬蔡州，今屬潁昌府。」鄢，「鄭伯克段于鄢」，漢陳留有傿縣，應劭引《左》注，隱屬梁國。注：「晉敗楚鄢陵，漢潁川有傿陵縣。注曰：『六國曰安陵』，今東京鄢陵縣。二縣當有别，而注家雜而言之。」

小學類

蒙求三卷

晉李瀚撰，宋徐子光原注，明顧起綸補輯。乙未冬日書，抄本。《蒙求》後云：「蒙求創體於唐，蓋是時以詩賦取士，儷句韻言皆使童而習之，故也。義雖不古，君子取焉。」其書見於《唐・藝文志》雜家類者，有王範、白廷翰、李伉數種，俱早失傳，獨翰此篇史佚不録，而世每盛稱之。《通志》《宋史》列小學類中，晁氏《讀書後志》亦有之。考瀚爲後五代人，後唐天成間登第，仕石晉，爲翰林學士，薛、歐兩《五代史》俱無傳，《揮麈後録》言其後仕契丹。《蒙求》一卷，載《全唐詩》第十二函第八册者無注，此書不使漢以後事，元張慶孫《西湖書院重整書目紀》録有《兩漢蒙求》，當即此書也。余家藏本，係明萬曆初顧子起綸取宋狀元徐子光所注，補輯重刊，類加標目，分爲三卷，頗稱詳核。雍正甲寅，廣入塾，先君子特手録其本文，先叔父爲之句讀口授，翻玩既久，字或爛脱，今秋將試字品兒〔一〕，覆按舊籍，手澤猶新，回念先人教育期望之意，何如其厚！而今乃書劍飄零爾爾，愧且悲矣。然余之所以教育期望於子者，其敢不以先人之心爲心乎？因撫寫别紙一過，而重裝舊帙，補綴脱漏，藏之青箱，庶幾無忘弓裘云爾。徐狀元未詳，案《文獻通攷》《宋登科記總目》，真宗大中祥符五年狀元徐奭，神宗熙寧九年狀元徐鐸，理宗淳祐元年狀元徐儼夫，三人不知誰爲子光者？《宋史・藝文志》有徐子光補注《蒙求》四卷，又補注《蒙求》八卷。曰補注，則子光之前先有注矣。其八卷，不著撰人。庚子十一月長至前四日，閱《宋學士濂文集》，載其弟子金華傳致柔字守光之子鵬，鵬有用經史事賡李瀚《蒙求》

三帙，遺詞豐縟，考事綜博。又濂年六歲時入小學，其師包文叔授以李瀚《蒙求》，一日而盡。此二事，皆讀是書者所當知也。

〔一〕「字」，清抄乙本、復齋抄本作「命」。

六書正義十二卷

明新安吴元滿撰。元滿字敬甫。分數位、天文、地理等十二門，立統部五百三十四，象形、指事、會意、諧聲推廣二十九體，假借、轉注敷衍一十四周，而各區以四聲，計篆九千餘字，楷書、備用、俗借、俗轉一千餘字。萬曆乙巳刊成，有自序，前有朱謀㙔序。此書博徵約舉，得著書之體，其字體分合同異亦頗匠心，惟所引書必改從古字，徒炫人目。凡夫《長箋》，敬甫實其作俑矣。丁未六月，從沈選曹劍舟借觀。

説文長箋一百卷

明吴人趙宧光撰。宧光字凡夫。本徐鍇所編《四聲韻》《説文》而釋之，其子均書篆。

此書於六書絶無發明，杜撰牽合，所引書皆以隸體寫古字，以愚世目。其箋字往往傳會以夢，如「已」字云：「夢人示曰已，如鈎絲浮水之形。」奇甚。「四」字云：「夢中如聞二匹爲四。」此類甚多。然則名爲「長箋」，實夢囈也。卷首尚有述部、作部、體部、用部、末部諸名目，凡十二卷。又有《六書長箋》六卷、《長箋序例》一卷，了無可取。據凡夫箋「箋」字云「所聞見成一字言曰箋；附經而生，未成一家言曰長」，語此書兼二義云。長，同音，去聲，則今呼平聲，誤也。

春秋左傳類對賦

宋徐晉卿撰，國朝高士奇注。晉卿自序在皇祐三年，稱百五十韻，江村云寔止百四十七韻。焦氏《經籍志》不載，元至大中始刊行之。余案：《困學紀聞》載李宗衜《春秋十賦》，屬對之工，如「越椒熊虎之狀，弗殺必滅若敖；伯石豺狼之聲，非是莫喪羊舌。星已一終，魯君之歲；亥有二首，絳老之年。鷄憚犧而斷其尾，象有齒而焚其身，虞不臘矣，吴其治乎」云云。此賦今惜無傳。大李《賦》著於宋而失傳於後，徐《賦》不著於宋而今盛傳之，事有幸不幸如此。

編珠四卷

隋杜公瞻著，類事之書也。原書止存二卷，康熙中，高詹事士奇從内府書籍得之。有自序，稱大業七年奉敕撰進，著作佐郎兼散騎侍郎臣杜公瞻謹序。詹事惜其殘缺，爲補二卷，徐健菴乾學序云：「考《隋·經籍》《唐·藝文》二志，竝無此書，他書録亦皆不著，又云杜公瞻亦無表著。《談藪》嘗載隋京兆杜公瞻嘗邀陽玠過宅，酒酣嘲謔者，即此公瞻無疑。吾未知其人何如，顧得藉詹事以存此書，有厚幸也已。」余案：《宋史·藝文志》載杜公瞻《編珠》四卷，《通志》作五卷，杜公贍撰，則是書先晦後顯，非絶不著録。《隋書》列傳：「杜臺卿，博陵曲陽人。兄蕤，仕至開州刺史。子公贍，少好學，有家風，卒於安陽令。公贍子之松，大業中爲起居舍人。」《北史》：「杜弼，中山曲陽人。三子，蕤、遠、臺卿。蕤字子美，隋開皇中終開州刺史。子公贍，仕隋，位安陽令。」據此，則「公瞻」當作「公贍」，因傳寫失點畫耳。序稱官著作、散騎〔一〕，或其初階，史言其終爲安陽令也。中山、博陵，兩書不同，而皆曰曲陽人，《談藪》亦言公贍爲衛尉，臺卿猶子，而著籍獨言京兆，豈蕤嘗分居京兆乎？世遠，誠不可考。特公贍好學承家，早見正史，非竟藉詹事以幸存此書也。《新唐書·藝文志》有杜公贍《荆楚歲時記》二卷，《舊唐志》作杜公瞻，《通志·藝文畧》作梁宗懔撰，杜公贍注，益可證「瞻」爲「贍」之訛。健菴博雅，其偶忘之耶？《初學記》載其《詠同心芙蓉》詩，有云：「一莖孤引緑，雙影共分紅。色奪歌姬臉，香亂舞衣風。」其工麗大率類此。

〔一〕「作」下，原衍「林」字，今據種松書塾抄本删。

北堂書鈔一百六十卷

唐餘姚虞伯施世南輯。原書一百七十三卷，殘缺已久，行本爲明海虞陳禹謨所校補者，原注甚略，又多闕而不釋，故補注反居半焉〔二〕。然觀第五十卷《設官部》，所引《尚書》《河圖禄運法》等皆先標書名，次録原文，皆大字書，惟《禮記》注文等夾行，與《藝文類聚》之例正同。因此知虞氏原書本是抄録全文，後人嫌其繁重，因每書摘録數字，而以原書注其下耳，但不知何以獨遺《設官》一卷也。廬山真面賴是稍存，而論古者曾未見及，亦可嘆已。或云此另一書，名《兔園策》，余見《路史》注引《兔園策》凡數處，而無《北堂書鈔》，薛方山《浙江通志》則連舉之曰《北堂書鈔》《兔園策》，則或説爲是。《太平御覽》引《國朝傳記》曰：「世南爲祕書日，於後堂籍群書中事可爲文用者，號《北堂書鈔》，今北堂猶存，而書益行于代。」然《宋史》稱趙安仁字樂道，時閲典籍，手自讎校，三舘舊闕虞世南《北堂書鈔》，唯安仁家有本，真宗命内侍取之，嘉其好古，手詔褒美，則是書在宋已罕見矣。

〔一〕「反」，原誤作「及」，今據種松書塾抄本改。

藝文類聚一百卷

唐歐陽詢奉敕撰。前有自序。是本爲明吴郡陸子玄重刻，胡纘宗爲序之。案：《大唐新語》載隨弘智，高宗初爲詹事府，同令狐德棻、袁朗等修《藝文類聚》，《新唐書·藝文志》所載亦然。而今本止列率更之名，初不及德棻等。然則《新語》所謂修者，不過取率更本整齊之，非有增益也。方貞觀間，房玄齡、高士廉等奉敕撰《文思博要》一千二百卷、

《目》十二卷，後尹植鈔録《類聚》《博要》二書爲《文樞祕要目》十卷，今皆失傳。《容齋隨筆》云：「《晉代名臣文集》凡十四家〔一〕。有張敏者，太原人，仕歷平原參軍、太子舍人、濟北長史。其《頭責子羽文》極尖新，古來文字皆無此作，恐《藝文類聚》《文苑英華》中或有之，惜其泯没不傳，漫録以遺博雅。」考《頭責子羽文》明載《藝文類聚·人部》，容齋乃云或有之，豈容齋尚未見此書耶？且是文先早見《世説新語注》，不當云古無此作又惜其泯没不傳也。

〔一〕「晉」，原誤作「昔」，今據種松書塾抄本改。

太平御覽一千卷

宋李昉等奉敕撰。昉太宗朝撰進，蓋本《脩文御覽》《文思博要》等書，而增隋、唐、五代諸史成之。其事則天地人物，其文則經史子集，依次敘録。所引之書，今亡者大半，然當時亦不盡採自唐原書也。卷雖千計，寔不過倍於《藝文類聚》耳。明世以活字板印行，脱誤倒置，幾不可讀。余於己亥春，從宗翁松靄先生借閲一過，匆匆繙讀，日以七八寸爲度，閲竟即還，苦不記憶，如過眼寶山，依然空手，有自嘲句云：「異書千卷借將來，盡日披吟不待催。却笑平生嚴一介，便教空手寶山回。」

錦繡萬花谷前集四十卷後集四十卷續集四十卷

起聖製、聖翰及職官、人事、地道，終類姓。三共十册。案：此南宋人所輯書也，從朱和鳴表弟借觀。先是，唐孫翰有《錦繡谷》五卷。錦繡谷，其所居山名也，見《通志畧》，此蓋因其名而增之者歟？後、續二集後有明嘉靖丙申福建都轉運使東洛張愷跋，畧云：「《錦繡萬花谷》不著作者名氏，秦君思宋爲敘，正其紕繆，刊落重複，增補闕遺，鋟梓以傳。君，大司馬鳳山公仲子也。繼購得全部，計百二十卷。首有序，大畧言生居窮鄉，又值亂，後奔走衡陽，少有書癖，假抄甚多，晚年歸自九華，編葺粗成，古今事物天下之可聞可見者粲乎有條矣。先是，烏江蕭恭父、河南蕭恪聞其大槩，爲命名曰《錦繡萬花谷》，今從之。」後署「淳熙十五年十月一日敘」，其稱理宗曰「今上」，則宋末人也。乃《宋史・藝文志》但有孫翰《錦繡谷》五卷，書名卷帙俱不符，恐另一書，然不知是書何以反見遺也。前集末載衢人襄贊元《西征記》一篇。襄，北宋人，以鄉舉首薦，自衢赴汴，歷敘所經，遇古蹟輒有吟詠。後乃盛稱京師宫闕人物之美云，謂「研京練都，不可得窮」，蓋作書者慨想周京之思，恢復中原之志，故特録以終篇，非偶然也。

古今合璧事類八十一卷

宋謝維新去咎編。是書專輯君臣事跡，始君道、臣道，以及道揆、執政，下至縣官、監當，計五十三門。先叙古今源流，次古今事類，以詩集終之，記載頗詳，而於宋尤備。序聖製云「皇上宣二祖之重光，襲四宗之緝熙，嘉熙中御製《敬天十二圖》，淳祐御製《十三聖賢贊》」云云，知爲理宗朝人也。自署膠庠進士，當是國子監生。

古今事文類聚

前集六十卷、後集五十卷、續集二十八卷、別集三十二卷，宋建安祝穆和父纂。又新集三十六卷，南江富大用時可編。外集十五卷，不題撰人，疑亦富所爲也。前集分天道、天時、地理、帝繫、人道、仕進、仙佛、民業、技藝、樂生、嬰疾、神鬼、喪事十二部，先群書要語，次古今事實，次古今文集，雖未必盡該，亦多識之助也。後集分人倫、娼妓、奴僕、肖貌、穀菜、林木、竹筍、菓實、花卉、鱗虫、介虫、毛麟、羽虫、虫豸十四部，續集分居處、香茶、燕飲、食物、餽送、燈火、朝服、冠冕、衣衾、樂器、歌舞、璽印、珍寶、器用十四部，別集分儒學、文章、書法、文房四友、禮樂、性行、仕進、人事八部，和父自爲序，淳祐丙午年也。和父爲朱文公甥，師事蔡西山、黄勉齋，晚築室於建陽麻沙之南溪，上有扁曰「南溪樟隱」，文公所書也。和父自爲記，又取文公「歲寒」二字，勒於楣而繫以詩，附見續集居處部第宅類後，蓋寶祐間其子洙訂刊時所入也。新集、外集專詳官制，新集起三師，訖諸庫局，外集起東宮官，訖縣官，例竝同祝，乃富時可所爲。富蓋亦宋人也，故敘事止於宋。

庾信哀江南賦注一册

國朝崑山徐樹穀、徐炯注。案：庾賦甚多，獨《哀江南》一篇最爲淋漓頓挫，宋時有王道珪、張庭芳二家注，各一卷，見《史·藝文志》。云信有子立，隋末爲薛仁杲所獲，不降，礫之。

楓山章先生集九卷

明蘭谿章懋著。先生中成化二年進士，筮仕之初，以直諫謫官，後持憲閩中，風節政事，迥出人表。年方强仕，即甘退藏，修德績學，日益加密，居林下幾三十年。起爲國子祭酒，秩滿乞休，以遂初志。是集爲先生弟名沛號井菴居士所輯。

楊園先生全集《言行見聞録》四卷、《經正録學規》一卷、《補農書》二卷

桐鄉張履祥考夫著。考夫生於明季，受學山陰劉念臺先生，深得慎獨之旨。所著《言行録》，皆同時嘉言懿行也，《經正録學規》則家儀、鄉約、葬會諸良法也。《補農書》者，因歸安沈氏舊本，而益以桐邑事宜，其言曰：「人言耕讀不能相兼，非也。人只坐無所事事，閒蕩過日，及妄求非分，看得讀書是人事外事。又爲文字章句之家，窮年累日不得休息，故以耕爲末俗勞苦不堪爲之事，患其分心。若專勤農桑，以供賦役，給衣食，而絶妄爲，以

餘閒讀書修身，儘優游也。諺云：『農夫半年閒』，况此半年中，一月未嘗無幾日之閒，一日未嘗無幾刻之息，以此開卷誦習，講求義理，不已多乎！竊謂心逸日休，誠莫過此。」○案：《漢·藝文志》農九家，然無公名《農書》者。鄭康成注《戴記·月令·孟春》，引《農書》曰：「土長冒橛，陳根可拔，耕者急發。」《正義》謂鄭所引，先儒以爲《氾勝之書》也。氾，爲漢成帝時侍郎，使教田三輔也。其書隋、唐《志》尚有，今則亡矣。鄭注《周禮·馬質》，引《蠶書》：「蠶爲龍精，月值大火，則浴其種。」《正義》不詳《蠶書》所出，意古有之，而唐人不之見也。隋《志》亦不載，今人但知其秦湛《蠶書》耳。湛，字處度，少游之子也，見《淮海後集》。《宋舘閣書目》：「《蠶書》一卷，南唐秦處度撰。」《困學紀聞》嘗訂其誤。

茂松堂詩文稿三册 抄本，亦名南谿集

平湖馬嘉松曼生著。曼生爲司寇體衢公之孫，理學名家，于明世爲鼎盛。曼生少遭孤露，早棄儒巾，安貧樂道，酷好吟詠。晚年手鈔爲三册，詩詞雜著，每册有目，親加選定，題上密圈有至十數者，自言凡定字旁有圈者，選中選也。詩多奇崛，不落町畦，間亦滑稽，

而必衷諸中正。其寫窮愁困苦之狀甚備，而清操不改，無酸餡氣，老筆亦古拙可愛。余家藏有《花鏡雋聲》一書，是其所輯。此則吴中書賈攜至，余得借觀。其自序年月爲康熙四年，時年已七十有四矣。竊謂當湖若曼生者，無愧高人雅士矣。會余方閱吴永芳《嘉興府志》，急爲查閱，則其姓氏著述絶無復存，蓋曼生固不求聞達，而此書又無力付梓，遂爲搜訪所不及。由此言之，志乘之闕漏，豈少也哉？余用是亟録於此，時庚子十二月十三日也。體衢，名維鉉，字鼎甫，幼隨父九衢肄業孫簡肅家，簡肅稱其能體父志，號爲體衢。多厚德，以明經授司訓，輯《檢身》《教身》二箴、《四書尚書解》，祀南雍名宦。弟名維銘，萬曆庚辰進士，官至職方。子名德澧，字淡真，萬曆丁未進士，教授寧國，歷刑曹，以議梃擊事，忤旨歸。光宗即位，贈太常少卿。子嘉柱、嘉標，嘉松，蓋其季子云。

符臺外集一册

鄞人袁忠徹著。忠徹爲柳莊之子，好學，喜吟詠，成祖、神宣二宗朝，由中書舍人遷尚寶少卿。在中書時，有《鳳池唫藁》，曾棨序。及爲少卿，有《符臺外集》，李時勉序。其集詩居多，雜著則賦、贊、序、傳、跋、祭文、行狀，但備體而已。是書罕傳，嘗見萬斯同《群經釋疑》、全祖望《經史問答》引之，意其有涉經術。會伯兄教授四明，從其後人號得莪亭者借得閲之，諸所引皆無有，恐非足本也。李序稱忠徹傳其先學，精於風鑒，因舉其驗者數端，以術而工文，亦異材也。

月新禪師語録二卷

國朝釋月新著，超宗録。書其後云：余嗜古成癖，所至輒搜訪遺跡，牒即殘編闕帙亦不忍棄。舍南里許接濟院，幼嘗讀書其中，初不聞有追踪蓮社者。數年前，偶經山門，見行脚擕一板，將鋸作他用，上有刻字，云「月新禪師語録」，命謹貯之，欲就訪，未暇。甲午冬日，因事久憇，舉以叩僧，出諸佛座旁塵壒中〔一〕，爲板九片，卷帙尚在，但闕頁耳。急具楮墨印歸，乃月新開講時，弟子超宗所録也。語頗有禪趣，詩亦不甚俗，蓋村寺之闍黎。而向幾失之，但板梓於國初，迄今百餘年尚存，類有精神寓焉者，而使余遲久始得，則信乎顯晦有時矣。

〔一〕「諸」，下，原衍「塵」字，今據種松書塾抄本删。

目治偶抄卷四

海寧周廣業耕厓

説部

漢魏叢書

屠隆纂，何允中梓。○計七十七種，缺黄憲《外史》，訛字極多，不勝改。

經翼十七種

《易傳》三卷，漢京房撰，吴陸績注，卷末附宋晁公武跋語。

《易林》，漢焦贛延壽著。

《易畧例》，晉王弼著。

《三墳書》，晉阮咸注。

《詩傳》《詩説》。二書説見前。

《韓詩外傳》。説見前。

《大戴禮記》十三卷，漢信都王太傅戴德字延君著，有宋韓元吉序。○《儒林傳》：「德，梁人，事孝宣爲信都太傅。」中《夏小正》一篇，《隋志》别爲卷，《唐志》合之，二志俱云十三卷，《崇文總目》作十卷，三十五篇。今本四十篇，其《哀公問》《投壺》二篇與《小戴》同，《禮察篇》似經解，《曾子大孝篇》似祭義，而《勸學》《保傅》等篇又與荀卿、賈誼書相同。○《夏小正》曰：「正月：啟蟄，言始發蟄也。鴈北鄉，先言鴈而後言鄉者，何也？見鴈而後數其鄉也。鄉者，何也？鄉其居也。鴈以北方爲居，何以謂之爲居？生且長焉爾。」按「正月啟蟄」是《小正》文，「言始發蟄也」乃《傳》文，故孔穎達《左傳正義》曰：「《夏小正》曰『正月啟蟄』，其《傳》曰『言始發蟄也』。」「鴈北鄉」是《夏小正》文，「先言鴈」以下皆《傳》文，以下皆然。今乃不分《小正》文及《傳》文，誤矣。《神仙傳》言郭璞注《山海經》《夏小正》《爾雅》《方言》，則此傳出自景純，明矣。

《春秋繁露》，漢董仲舒著。《論衡·按書篇》：「董仲舒著書，不稱子者，意殆自謂過諸子也。」又對作者董仲舒道術之書，不言名「繁露」，又曰「董仲舒傳書篇百有餘」，疑爾時稱「春秋傳」也。《西京雜記》：「董仲舒夢蛇龍入幄，乃作《春秋繁露詞》。」

《白虎通》，漢班固著。

《獨斷》一卷，漢蔡邕著，其書多述漢制。

《忠經》一卷，計十八章，如《孝經》之數，漢馬融撰，有融自序一首。○此書舊有先仲潢府君注，載在宗譜，久失傳，目録有《兆人章》《政理章》《廣至理章》，「治」字皆爲「理」，又以「世」爲「代」、「民」爲「人」，皆避唐諱。尤異者，《保孝行章》，又《廣爲章》曰「師保道德」，又「保其壽」，《辨忠章》「施之於邇，則可以保家邦」，又《報國章》曰「先後光慶」，「保」爲順帝諱，子長不應犯之，疑是唐人僞托也。序中所稱「今皇上含庖軒之姿，韞勛華之德」，又曰「臣融」，當是奏進之書，不應犯諱也。

《孝傳》一卷，晉陶潛撰。○分天子、諸侯、卿大夫、士、庶人五門，而各舉其人以實之，每篇有贊傳。載虞、舜、夏禹以下僅十八人，而童年盡孝者居其五，士則孔奮、黄香，庶人則廉范、汝郁、陳陶。其論汝郁曰：「童齔孝于自然，可謂天性矣。」論陳陶曰：「智勇竝彰于弱齡，斯又難矣。」吁！爲人子者，尚其無愧于斯。

《方言》，漢楊雄注。

《釋名》四卷，凡二十七篇，漢劉熙著。《隋志》八卷，劉熙撰。按：此當即《逸雅》也。吴韋曜以其書時有得失，作《辨釋名》一卷。

《小爾雅》，漢孔鮒著。

《博雅》，魏張揖著，本名《廣雅》，隋曹憲避煬帝諱，改曰「博」。

別史十四種

《吴越春秋》，漢趙曄著。

《越絶書》，漢亡名氏補。

《十六國春秋》，魏崔鴻著刪。刪本説見前。

《元經》九卷、《續元經》一卷，不知何人。原書始晉惠帝，終陳亡，續者始隋開皇十三年，至唐武德元年，隋王通著，唐薛收傳并作序，阮逸注。案：此書之妄，前人論之詳矣。書不諱「堅」字，第九卷直書「楊堅」，尤謬。陳氏以爲阮逸僞作，有以也。

《汲冢周書》十卷，計七十篇，原缺者十篇，晉孔晁注，有明姜士昌序，有原序。按姜序：「《書》七十一篇，劉歆《七畧》、班史《藝文志》已有之，而汲冢發自晉太康二年，得《書》七十五篇，其目具在，無所謂《周書》。此書當仍舊名，不當繫之汲冢，楊用脩論之甚覈。」卷末有晁公武《志》一則，又有李巽巖燾《汲冢周書考》，其畧曰：「按隋唐《經籍志》《藝文志》，皆言得于汲郡魏安釐王冢。孔注或稱十卷，或八卷，則晉以前未有此也。然劉向所録及班固竝著《周書》七十一篇，且謂孔子刪削之餘。而司馬遷《史記》記武王克殷事蓋與此合，豈西漢已入中祕，其後稍隱，學者不道，及盜發冢而幸復出耶？篇目比漢但少一篇耳，必班、劉、司馬所□□已〔一〕，繫之汲冢，失其本矣。書多駁辭，宜孔子所不取。○戰國處士私相綴續，託周爲名，孔子亦未見。」廣案：是書惟《商誓》《度邑》等篇與《尚書》文略相似，《職方解》與《周禮》同，《克陰解》「勇知害上，則不登於明堂」二語見《左傳》，云是《周志》，《祭公解》「汝無以嬖御固莊后」三句見《戴記》，作「葉公顧命」，餘皆踳駁不足信。尤異者，《周月解》「春三月中氣：雨水、春分、穀雨」，《時訓解》「驚蟄之日，桃始華」云云。夫以雨水爲正月中氣，驚蟄爲二月節，始自漢武帝太初正曆之後，周時烏得云？然其書以「啟」爲「開」，以「恒」爲「常」，「盈」爲「滿」，皆避漢諱，則是雜出漢人之手，不徒續自戰國處士也。

《竹書紀年》，梁沈約注。

《穆天子傳》，晉郭璞注。

《漢武内傳》。

《飛燕外傳》。

《祕辛》。

《羣輔録》，晉陶潛著。

《神僊傳》十卷，晉葛洪著，有葛自序，其人自周至東晉止。洪字稚川，號抱朴子。

《高士傳》三卷，晉皇甫謐著，有自序，自堯至魏九十餘人。

《英雄記鈔》一卷，魏王粲撰，明王世貞鈔本，甚略。

〔一〕「□□已」，清康熙八年刻《汲冢周書注》本《汲冢周書序》作「見者也」。

子餘十八種

《參同契》一卷，計三十四章，漢魏伯陽著，朱長春序。案：《神僊傳》：「伯陽，吴人，作《參同契》，五行相類，凡三卷。其説是《周易》，其寔假借爻象以論作丹之意，世儒不知，多作陰陽注之，失其旨矣。」其文大類五言古詩，亦作四詩，皆有韻可叶。

《陰符經》上下二篇，有序。不知撰人，題曰「漢張良注」，而注文有「亮曰」「范曰」，又有「筌曰」，蓋唐李筌本也。「治」皆改作「理」。

《素書》一卷，漢黄石公著，宋張商英注。

《心書》一卷，計五十篇，漢諸葛亮著。其書多言兵將之事。内有《戒備篇》，引《傳》曰「不備不虞」「預備而虞」，又「有備無患」，他用「備」字甚多，犯昭烈諱。而《將志篇》有曰「以身殉。善將者，不恃强，不怙勢，寵之而不喜，辱之而不驚，見利不貪，見美不淫，以身殉國，一意而已」，篇名「將志」，文言「一意」，疑此書撰于未出草廬之時，故避桓帝諱也。然《蜀書》本傳、諸葛文集目無之。

《新語》上下二卷，漢陸賈著，有明錢福序，甚詳核，另有評語二則，計十二篇。此爲當時奏進之書，史稱賈每奏一篇，帝輒稱善。其文僕茂，自是漢初手筆。顧《道基篇》曰「懷來萬邦」，《術事篇》引《詩》「以畜萬邦」，《輔政篇》「邦懷危民亡」，直犯帝諱，又「治」字有改「理」者，必唐人妄加竄易也。

《新書》十卷，漢賈誼著，有明長沙黄寳序，缺《問孝》一篇，前有皮日休評。案：《數寧篇》即《治安策》也。「痛哭」作「痛惜」，《藩僵篇》「樹國必審相疑之勢」，今作「樹國固必相疑之勢」。王充《論衡》謂其論説世事由意而行，然淺露易見，殆其然歟？又曰陸賈消吕氏之謀，與《新語》同一意。又《按書篇》：「《新語》，陸賈所造。」

《新序》十卷，漢劉向著，宋曾鞏序。其書率取《左傳》《吕覽》《韓詩外傳》、賈誼《新書》等書，如今人摘記之書。中亦有改「治」爲「理」者，知唐人傳寫所改也。如《雜事》卷一「理百姓，寔倉廪」「理師旅，整戎兵」之類是也。據《論衡》，此書似本名《切議》。

《新論》十卷，題梁劉勰著，已有辨在後。

《鴻烈解》，漢淮南王安著。

《孔叢子》上下二卷，漢孔鮒著，附《詰墨》一篇。按：《隋·經籍》七卷，陳勝博士孔鮒撰。前有大梁李𡚒序，𡚒不知何許人，不曰序而曰志，序原委甚詳。其書多駁詞。《執節篇》子順答魏安釐王曰：「聞諸孫卿云：『其爲人也，長目而豕視者，必體方而心圓。』」夫荀卿以漢宣帝諱改荀，孔斌初名武，孔穿之子。時寧有此稱乎？則其爲元康以後書可知也。朱子謂是後漢人作，亦是。中亦有改「治」作「理」者。

《法言》，漢楊雄著。

《申鑒》五卷，漢荀悦著，正德間吴郡王鏊序，同時黄勉之訓釋。五卷寔五篇，故本傳作五篇。案：悦仕獻帝朝，辟曹操府，與孔融及弟彧同侍講禁中，悦每有獻替，而意有未盡，作《申鑒》。

《中論》上下二卷，魏徐幹著。

《中説》上下二卷，隋王通著，宋阮逸序。案：此僞書也。文多襲陳言，不足觀。

《潛夫論》十卷，計三十六篇，漢王符著。符，安定人，字節信，與馬融同時，蓋和、安以後人也。范《史》稱其書「指訐時短，討謫物情」，觀之信然，學者不可不讀也。

《外史》，元缺。漢黄憲著。《正字通》引王氏《天禄外史》，即此。

《説苑》，漢劉向著。

《論衡》三十卷，計八十五篇，原缺《招致》一篇，漢王充字仲任著，有虞淳熙序。其書大旨已詳于《自紀篇》，又謂《論衡》以一言蔽之曰「疾虚妄」。本傳稱其「釋物類同異，正時俗嫌疑」，漢末蔡中郎、王朗竝寶重之，令人資爲談助，亦是一快。傳又稱充著《性書》十六篇，蓋暮年所作自紀，又有《譏俗》《政務》二書，則在《論衡》之前，又少年嘗作《六儒論》，余俱未見。

載籍廿九種

《搜神記》，晉干寶著。

《神異經》，漢東方朔著。

《十洲記》，漢東方朔著。

《述異記》，梁任昉著。

《齊諧記》一卷，梁沈約撰。案：目録雖題隱侯，其書寔止吴均《續齊諧記》。中多異事，如陽羨許彦所遇書生，于口中吐一銅奩子，又吐一女子，此女子又口吐一男子，此男子又口吐一女子，俄而復相吞，訖止留書生，爲尤奇也。又案：《隋·經籍志》：「《齊諧記》七卷，宋散騎侍郎東陽无疑撰。《續齊諧記》一卷，吴均記。」則不得謂無此書也。卷末有記云：「齊諧志怪，莊生寓言，均所續，特取義焉耳，前無其書也。」考《文獻通考》，亦云至元甲子吴郡陸友記。

《洞冥記》四卷，東漢郭憲著，有憲自序。

《西京雜記》六卷，計乙百三十六則，題漢劉歆著，前有黄省曾序。按：此書抄于葛洪，當題曰「晉葛洪輯」，《稗海》以爲洪撰，固非，此以爲歆撰，亦非也。

《拾遺記》，《叢書》《裨海》皆題「晉王嘉撰」。考《隋書·經籍志》「《拾遺録》二卷，僞秦姚萇方士王子年撰」，又「《王子年拾遺記》十卷，蕭綺撰」，方知其誤。

《博物志》十卷，張華著。自地形、山水、物産以及諸異聞，然據古者多，自創者數條而已。

《古今注》三卷，晉崔豹纂。上卷輿服、都邑，中卷音樂、鳥獸、魚蟲，下卷草木、雜注、問答、雜義。

《風俗通》十卷，漢應劭著。劭係靈帝時人，仲容子。鈔本，三十卷，見隋、唐史志，宋時止存十卷，故《文獻通攷》止十卷，陳氏曰：「餘略見史。」

《人物志》三卷，計十二篇，魏劉劭著，劉昞釋篇。此書亦傳自阮逸，其序云從古書史部中得之，惜由魏至宋，歷數百載，鮮有知者，因序而傳之。文詞淺近，疑亦逸所僞托。然尚不乖于正，其視《中説》，固有間矣。此書見《隋·經籍志》。

《詩品》三卷，梁鍾嶸著。此後人詩話之祖，其純疵得失，王世貞評及《蘭莊詩話》盡之。

《書品》一卷，梁庾肩吾撰。此與《詩品》兩序，敘源悉既詳，詞理亦勝，可稱雙璧。而元静先生尤工偶儷，宜有以開子山之先也。

《家訓》二卷，北齊顏之推著。

《鹽鐵論》，漢桓寬著。

《洛陽伽藍記》五卷，後魏楊衒之著。分城内，城東、西、南、北，計五篇，自作序例一篇，又自序一篇。衒之仕魏撫軍司馬，書成于武定五年，雖記佛寺，兼述故事，可補《魏書》

之缺也。

《水經》上下二卷，題漢桑欽撰。今按：書中稱沔水又東逕武侯壘，江水東逕諸葛亮圖壘南，又有廣魏、魏興等郡名，當是魏時人作也。

《星經》上下二卷，前原缺文一張，題曰「漢甘公、石申著」。按：甘氏名德，石氏名申，何以一稱公一稱名？

《荆楚歲時記》一卷，題晉宗懔著。按：懔，劉宋人，《宋書》有傳，此曰晉人，誤也。《北周書》又有宗懔，字元懔，南陽涅陽人，梁元帝時人，後仕周文帝。《北史》亦有傳。其書有注，援據詳核，疑即懔自注。然《隋書·經籍志》不載，不著姓名。

《南方草木狀》三卷，晉嵇含著，多記嶺南植物尤異者〔一〕。

《竹譜》一卷，晉武昌戴凱之著撰。

《古今刀劍録》一卷，晉陶弘景纂。

《鼎録》一卷，題梁虞荔纂。其敘鼎至陳武帝、宣帝時，則荔非梁人，乃陳人也。《陳書》有傳。

《彙苑詳註》，王元美著。
《松漠紀聞》，洪皓光弼撰。
《文心雕龍》十卷，梁劉勰撰。
《商子》。

〔二〕「南」，原誤作「異」，今據種松書塾抄本改。

百川學海

宋王應麟伯厚輯。余從朱和鳴借得不全本，係嘉靖間坊人鄭氏翻刻，多訛字難讀，其書名列後。

《聖門事業圖》一卷，宋李元綱國紀撰，錢唐人，凡十二圖，皆言道學。

《學齋呫嗶》四卷，宋眉山史繩祖慶長撰，後有鄱陽郭囦跋。其書辨論經史傳注同異甚核，而性學專以紫陽之説爲證。

《釋常談》三卷，計二百事，宋□□撰。

《中華古今注》三卷，馬縞著，因崔豹《古今注》多闕文，故添注之。

《漁樵對問》一卷，邵雍堯夫著。

《九經補韻》一卷，楊伯喦彦瞻撰，後有俞任禮跋。

《獨斷》，蔡邕撰。

《刊誤》二卷，唐李涪撰。

《開天傳信記》一卷，鄭棨撰，記明皇開元、天寶時雜事。

《宋朝燕翼貽謀録》五卷，王栐叔永撰。

《春明退朝録》二卷，宋敏求撰。

《揮麈録》二卷，楊萬里撰。案：此疑有誤，當是王明清。

《丁晉公談録》一卷，不題撰人，蓋其門生僚屬所述。

《王文正公筆録》一卷，王曾撰。

《隋遺録》一卷，題曰「唐顔師古撰」，記煬帝幸揚州月觀中事，後有跋。又云是《大業拾遺記》，係僧志徹所編。

《翰林志》一卷，唐李肇撰。

《玉堂雜記》三卷，周必大撰，後有小跋，又有丁朝佐等跋。

《厚德録》三卷，百鍊真隱李元綱撰，所紀皆宋世厚德事。

《晁氏客語》一卷，不題撰人。

《道山清話》一卷，不題撰人。按：其人當姓李，後有跋語，係其孫名暐者所書。

《鼠璞》一卷，戴埴撰。

《晝簾緒論》一卷，共十五篇，天台胡太初著，記其外舅之美政也。爲縣令者不可不熟讀。

《官箴》一卷，吕本中居仁撰。此與上書皆居官者所當讀。後有陳昉跋。

《袪疑説》一卷，儲詠著。

《因論》一卷，唐劉禹錫著，計七篇。

《宋景文公筆記》三卷，宋祁著。

《善誘文》一卷，丹穴老人陳録著，前有弟鍊序，後有虞舜徒跋。案：此書專言好善，尤勸人放生延壽，當録出之。

《西疇老人常言》一卷，宋何坦著。

《欒城先生遺言》一卷，眉山蘇籀記。按：籀，乃子由之孫。

《東谷所見》一卷，永嘉東谷李元彦撰。

《鷄肋》一卷，古汴趙崇絢元素撰，有自撰小序，其書多雜記小事。按：莊漳自稱《鷄肋篇》。

《孫公談圃》三卷，高郵孫升君孚撰，前有劉延世序，又有孫競引。

《東坡志林》，蘇軾子瞻撰，十二卷。

《螢雪叢説》二卷，俞成元德撰。

《龍川别志》十卷，蘇轍子由著。《通攷》三卷，陳直齋謂即東坡手澤。

《騷略》三卷，皆擬騷體，高似孫續古撰。

《獻醜集》一卷，宋許棐撰。皆托物見意，類俳優之詞，中有《樵談》，皆極言也。

《王公四六話》二卷，王銍述其父四六話。

《四六談麈》一卷，謝伋撰，自稱靈石山藥寮。

《文房四友除授集》一卷，安晚先生著。後有劉克莊跋，云是傅相越公作，克莊寄後村，又附李幾復作，又附胡謙厚彈文，胡跋云：「《除授集》，青山謝公作。」

《子略》，《録》一卷，《略》四卷，高似孫撰。

《耕禄藁》一卷，二十五篇，胡錡國器撰。

《庚溪詩話》二卷，陳巖肖子象著。

《竹坡老人詩話》三卷，宣城都公周少隱作。

《司馬温公詩話》一卷，司馬光撰。

《石林詩話》三卷，葉夢得撰。

《選詩句圖》一卷，高似孫集。

《東萊吕紫微詩話》一卷。

《貢父詩話》一卷，劉攽撰。

《後山居士詩話》二卷，陳師道撰。

《珊瑚鈎詩話》二卷，張表臣編。

《六一居士詩話》一卷，歐陽修撰。

《許彦周詩話》二卷，許顗撰。

《寶章待訪録》一卷，米芾編。

《書史》一卷，同上。

《書斷雜編》一卷，不題撰人，非張懷瓘也。

《續書譜》一卷，姜夔堯章撰。首章論真書，云顔魯公作《干禄字書》，非是。

《試筆》一卷，歐陽修撰。

《法帖釋文》十卷，劉克莊撰。

《書譜》一卷，孫過庭撰。

《高宗皇帝御製翰墨志》一卷。

《海岳名言》□□卷，米芾撰。

《法帖刊誤》二卷，黄長睿伯思撰。前有自序，後有王玠、許翰兩跋。

《法帖譜系》二卷，曹吉晃撰，有自序，後附董史《雜説》。

《筍譜》一卷，分五條，一名，二出，三食，四事，五説，僧贊寧撰。

《端溪硯譜》一卷，不知撰人。榮芑跋，云：「稱徽祖爲太上皇，必紹興初人。」

《歙州硯譜》一卷，亦不知撰人，録治平丙午輯。

《歙硯説》一卷，亦不著撰人，當是蘇過作，以後有其弟邁跋也。

《蟹譜》二卷，傅肱子翼撰。

《硯譜》一卷，無撰人。

《硯史》一卷，米芾撰。

《古今刀劍録》。見前。

《酒譜》一卷，竇子野撰。

《菌譜》一卷，陳仁玉撰。

《煎茶水記》一卷，張又新著。

《東溪試茶録》一卷，宋子安著。

《香譜》二卷，無撰人。
《本心齋疏食譜》一卷，無撰人。
《茶經》三卷，陸羽撰。
《茶録》一卷，蔡襄撰。
《海棠譜》三卷，陳思撰。
《師曠禽經》一卷，張華注。
《荔枝譜》一卷，蔡襄述。
《橘録》三卷，韓彦直撰。
《南方草木狀》。見前。
《名山洞天福地記》一卷，無撰人。
《菊譜》一卷，劉蒙撰。
《菊譜》一卷，范成大撰。
《菊譜》一卷，史正志撰。

《梅譜》一卷，范成大至能撰。

《洛陽牡丹記》一卷，歐陽脩述。

《牡丹榮辱志》一卷，迂愚丘璿道源著。

《揚州芍藥譜》一卷，王觀撰。

《竹譜》一卷，戴凱之慶豫著。

稗海

明會稽商濬景哲輯。

《博物志》，見前。《齊東野語》：《後漢·郡國志》引《博物記》，當是秦漢間古書，茂先蓋取其名而爲志也。

《拾遺記》，見前。案：《拾遺記》本四百卷，武帝命芟爲十卷，《前趙録》王嘉有傳，苻堅、姚萇俱重之。《隋志》：「《王子年拾遺記》，蕭綺撰。」

《西京雜記》，見前。案：自序：「從劉歆《漢書》，除班固所取外，抄爲二卷。」

《搜神記》，見前。案：干寶，字令升。

《述異記》，見前。案：任昉，字彦升，上下二卷。

《續博物志》，宋李石方舟著，十卷。此係宋人書，刻爲唐者訛。見前明錢唐胡文焕槧本，前題「晉隴西李石」，疑是石晉也，然唐亦有李石。《唐·藝文志》「十卷」。

《摭言》，唐王定保撰，一卷，陳直齋曰：「光化三年進士，吴融壻。」按：晁氏《讀書志》：「十五卷，分六十三門，記唐進士應舉登科雜事。」

《小名録》上下二卷，唐陸龜蒙魯望著，《唐·藝文志》「五卷」。

《雲溪友議》十二卷，唐范攄撰。《唐·藝文志》「三卷」，注咸通時，自稱五雲溪人。

《獨異志》三卷，唐李亢著。此書恐非唐人所作，當再考。内有秦少游，疑是宋人書。

《杜陽雜編》上下二卷，唐蘇鶚，字德祥，光啓中進士。《唐志》「三卷」。

《東觀奏記》上、中、下三卷，唐末裴庭裕著。《通鑑考異》作延裕，又作廷裕，陳氏《書録》云：「記宣宗朝事，八十九條。」

《大唐新語》十三卷，唐劉肅撰，元和中人，分匡贊、規諫等，以至記異，二十八類。

《北夢瑣言》，後唐富春孫光憲著，自稱葆光子，二十卷，集唐末、後梁、後唐、石晉時事，元人孫道明有跋。

《因話録》，唐趙璘著，六卷，編以五音，唯商部有上下二卷。按：璘，字澤章，父伉，祖渾，曾祖駰。

《玉泉子》一卷，《藝文志》云「《玉泉見聞真録》五卷，無撰人」。

《樂善録》二卷，宋李昌齡著。

《蠡海集》一卷，宋王逵著。

《過庭録》一卷，宋范公稱著。

《泊宅編》三卷，宋方勺著。按：勺，字仁聲。《通攷》「十卷」，今止上、中、下三卷，而《游宧紀聞》第三卷所引《泊宅編》，今無之，則逸者多矣。

《閑窗括異志》，宋魯應龍著。

《搜採異聞録》，宋永亨著。

《東軒筆録》十五卷，宋魏泰著，襄陽人，字道輔〔一〕，自號臨漢隱君。《通攷》又有《續録》一卷，晁氏曰：「曾布之婦弟，其書多謬。」

《青箱雜記》十卷，宋吴處厚著。晁氏曰：「所記多失寔。」

《避暑録話》上下二卷，葉夢得少藴著。陳直齋曰：「紹興五年作，未見。」

《畫墁録》一卷，張舜民芸叟著。《通攷》作《集儀渚門》。

《游宦紀聞》十卷，張世南著，鄱陽人。

《夢溪筆談》二十六卷，沈括存中著。分故事、辨證、樂律、象數、人事、官政、權智、藝文、書畫、技藝、器用、神奇、謬誤、譏謔、雜志、藥議諸門。

《侍兒小名録》，本洪少蓬作。王性之銍《補録》一卷，凡三十餘人。温彦幾復得一卷，以授張邦基，邦基因復作《拾遺》一卷，見《拾遺序》。又《清波雜志》載：「洪駒父集《侍兒小名》三卷，王性之續一卷，好事者復益所未備。雖擇之不精，采摭未盡，亦足爲尊俎諧謔之助。」云云。又小注云：「性之之子明清云：『先公與洪玉父共成此編，非駒父之所續也。』此語當得其真，煇傳本誤矣。」《通攷》：「《侍兒小名録》一卷、續一卷。陳氏曰：『序題朋谿居士，不言姓名，始洪炎玉父爲此書，王與温續補，今又因三家而增益之，且爲分類。或曰董彦遠家弟爲之。』」按：《通攷》有《侍女小名》一卷，王銍與洪玉父炎作〔二〕。

《墨莊漫録》十卷，張邦基子所寓榜曰「墨莊」〔三〕，因名，實淮海人。

《懶真子》，馬永卿著。按：永卿，字大年，嘗著《元城語録》五卷，其第一、二、三卷未見。

《歸田録》二卷，歐陽脩著。

《東坡志林》。見前。

《龍川别志》上下二卷，《通考》：「四卷，蘇轍子由著。」《通考》：「三卷，陳直齋謂即東坡手澤。」

《澠水燕談録》，王闢撰。今刻「闢」字多「之」字〔四〕。分帝德、讜論諸門，十卷。此書李元綱《厚德録》引之，云是蒲中行撰。

《冷齋夜話》十卷，僧惠洪撰。《通攷》：「六卷，陳直齋曰：『言多妄誕。』」

《老學菴筆記》十卷，山陰陸務觀著。

《雲麓漫抄》四卷，景安趙彦衛著。

《蒙齋筆談》上下二卷，鄭景望著，湘山人。

《石林燕語》十卷，葉夢得少藴著，一作葉適。

《清波雜志》上、中、下三卷，周煇著。

《墨客揮犀》十卷，彭乘著，《通攷》：「十卷，續十卷。陳直齋曰：『不知姓氏。』」案：所記多襲前人，無甚異聞，其叔淵明名几，最迂怪，《冷齋夜話》誤作「劉淵材」，又有「淵材叔」云云。中記事亦有雷同者，此又惠僧之勦説也。

《異聞總録》四卷，據書是鄱江人，當攷姓名。

《遂昌雜録》一卷，元鄭元祐明德撰。

《能改齋漫録》，案：《雲麓漫抄》云作者姓吴名曾，字虎臣，秦相門下人。

〔一〕「道」上，原脱「字」字，今據清抄乙本補。

〔二〕「鋞」，原誤作「經」，今據清抄乙本改。

〔三〕「子」下，疑脱「賢」字。案：張邦基，字子賢。

〔四〕「字」，原誤作「子」，今據清抄乙本改。

續稗海

《酉陽雜俎》，唐臨淄段成式撰。分忠志、天咫、玉格、壺史、貝編、境異、喜兆、禍兆、詭習、怪術、藝絶、器奇、樂、酒食、醫〔一〕、黥、雷、夢、事感、盜俠、物異、廣知、語資、冥跡、尸穸二十五門，爲十三卷，其十四、五兩卷爲《諾臯記》。以上正集，又有續集。

《儒林公議》上下二卷。

《侯鯖録》四卷，宋宗室趙德麟名令畤著，自號聊復翁。

《江鄰幾雜志》一卷，宋江休復著。

《桯史》十五卷，岳珂相臺著。

《鶴林玉露》十六卷，羅大經著，廬陵人。失去首四卷，其中多格言，惜不暇盡録。

《隨隱漫録》五卷，宋臨川陳隨隱著，其父即陳藏一也。

《山房隨筆》一卷，元全愚蔣正子著。

《宣室志》十卷，又《補遺》一卷，唐聖明張讀著。

《睽車志》五卷，續一卷，共六卷，宋郭彖伯象父著，歷陽人。

《癸辛雜識》一卷，宋周密著，自號弁陽老人。

《癸辛雜識外集》一卷，又名《齊東野語》。

《癸未雜識新集》一卷，題宋盧陵羅大經著。然按其書，疑亦周密所作，當再考之。亦作《齊東野語》。

〔一〕「醫」，原誤作「醬」，今據《酉陽雜俎校箋》前集卷七改。

唐人小説

《尚書故實》一卷，李綽撰。

《肉攫部》一卷，段成式撰，專言鷹鶻之事。

《後畫品》，陳姚最撰，一卷，前有最自序一首。

《小名録》。見前。

《記錦裙》一卷，陸龜蒙，記李君古錦裙。

《耒耜經》一卷，陸龜蒙著。

《五木經》一卷，李翺，記《樗蒲經》。

《朝野僉載》一卷，張鷟著，是删本。

《中朝故事》一卷，尉遲偓著。

《南楚新聞》一卷，尉遲樞著。

《金華子雜編》一卷，劉崇遠著。

《幽怪録》一卷，王惲著。

《續幽怪録》一卷，李復言著。

《耳目記》一卷，張鷟著。

《三夢記》一卷，白行簡著。

《廣陵妖亂志》一卷，鄭廷誨著。

《常侍言旨》一卷，柳珵著。

《夢遊録》一卷，任蕃著。

《奇男子傳》一卷，許棠著。

《虬鬚客傳》一卷，張説著。

《劉無雙傳》一卷，薛調著。

《霍小玉傳》一卷，蔣防著。

《大藏治病藥》一卷，釋靈徹著。

《平泉山居草木記》一卷，李德裕著，後有跋，又葉夢得跋。

《嶺表録異記》一卷，劉恂著。

《來南録》一卷，唐李翺著。按：周必大庚申奏事效其法。

《北户録》一卷，段公路著。

《終南十志》一卷，盧鴻著，《草堂圖》十則。

《洞天福地記》一卷，杜光庭著。

《杜陽雜編》。見前。

《記事珠》一卷，馮贄著。

《志怪録》一卷，陸勳撰。

《聞奇録》一卷，于逖著。此人當是錢武肅時人，其記吕知隱事用寶正年號。

《南部煙花記》一卷，馮贄撰，此記有江南後主事，亦非唐人筆。

《粧樓記》一卷，張泌著。

《教坊記》。見前。

《小説舊聞記》一卷，柳公權著。

《卓異記》一卷，李翺，記諸名臣。

《摭異記》一卷，李濬著。

《衛公故物記》一卷，韋端符著。

《藥譜》一卷，侯寧極著，創改藥名。

《諧噱録》一卷，劉訥言著。

《明皇十七事》一卷，李德裕有序。

《太真外傳》二卷，樂史著。

《北里志》一卷，孫棨著。記平康妓事，自爲序。

《海山記》一卷，闕名。

《金剛經鳩異》一卷，段成式。有自序，記持《金經》諸驗。

《會真記》一卷，元稹著。

《開元天寶遺事》一卷，王仁裕著。

《幽閒鼓吹》一卷，張固著。

《劉賓客嘉話録》一卷〔一〕，吾千絢著。

〔一〕「客」，原誤作「容」，今據清抄乙本改。

宋人小説

《蓼花洲閒録》一卷，宋高文虎炳如著。慶元初國子司業，號稱博洽，疾時文浮誕，痛抑之，以此失士之心。

《傳載略》一卷，吴僧贊寧著。

《該聞録》一卷，李畋著。

《洞微志》一卷，錢希白著。

《芝田録》一卷，丁用晦著。

《嗱囈集》一卷。

《碧雲騢》一卷，梅堯臣著。

《投轄集》一卷，王明清撰。

《忘懷録》一卷，沈括著。

《對雨編》一卷，洪邁著。

《軒渠録》一卷，吕居仁著。

《清尊録》一卷，廉宣。後有華容山人識，云：「右《清尊録》，廉宣仲布所撰，或謂陸務觀作，非也。蓋宣同時人，後人因誤指耳。」

《昨夢録》一卷，康譽之著。

《拊掌録》一卷，元懷著。

《調謔篇》一卷，蘇軾著。
《趙氏二美遺踪》，宋秦醇撰，記飛燕、昭儀事。
《兩鈔摘腴》一卷，宋史浩輯。
《家世舊聞》一卷，宋陸游著。
《攬轡録》一卷，范成大撰。
《驂鸞集》，同上，紀入宦游桂林事。
《吴船録》，同上，紀自蜀歸吴事。
《樂善録畧》一卷，李昌齡著。
《積善録》一卷，宋□□著。
《續積善録》，仝上。

元明小説

《元氏掖庭侈政》一卷，元陶宗儀著。

《希通録》一卷，元蕭参號通巖居士撰。

《解酲語》，元李材撰。

《名山記》，明王徵撰，見吴鄂峙、張宏運等《甘泉縣志》，余家止首本。

《昭代叢書》，張潮輯，仝上。

《陰行録》一卷，海寧子懷撰。

《蕘山堂外紀》乙百卷，明毘陵蔣一葵仲舒撰。仲舒，萬曆孝廉，自號石原居士。從歷代説部中録其事雅而有韻語者，起黄、虞、三代，訖前明王嘉，每人輒繫數則。蕘山堂者，居士讀書堂名也。先是，居士父一山翁教習舉子業，禁不許旁涉，而居士性酷有景文之好，久之成編。甲午丁母艱，悔而焚之。今書賈從奚童購得副本，先已付梓，而不署姓名，至戊戌歲始自序而行之。

《草木子》四卷，明初葉子奇撰，雜記前朝、本朝事。

《稗乘》，失纂輯者姓氏，李維禎題辭，計四十二種，分四類，曰史畧，曰訓詁，曰説家，曰二氏。

《一統肇基録》，明夏原吉撰，一卷，紀太祖事。
《聖君初政記》一卷，明沈文撰。
《在田録》一卷，明張定撰。
《椒宫遺事》一卷，明王達撰。
《東箱記》一卷，王泌著。
《明良録畧》一卷，明沈士謙著。
《逐鹿記》一卷，失撰人。
《造邦賢勳録畧》一卷，明王褘集。
《訓子言》一卷，明袁黄撰，即功過格。
《萬松閣記客言》一卷，明陳吴才著。
《鳳凰臺記事》一卷，明馬生龍著。
《已瘧編》一卷，明劉玉記。
《適園語録》一卷，陸樹聲著。

《螘談》一卷，顧聖之述，專言螘寓言也。

《殉身録》一卷，明裘玉著。

《雲蕉舘紀談》一卷，明孔邇著。

《蘢起雜事》一卷，劉泌著。

《熙朝樂事》一卷，錢唐□□記。

《皇明名臣録》，李東陽著。

《蕪史抄本》，明末太監劉若愚著。

詩文集

《才調集》，韋縠選。

《河嶽英靈集》，殷璠選。

《中興間氣集》，高仲武選。

《御覽詩》，令狐楚選。

以上俱唐人選唐詩。

《白香山詩集》，白居易撰，四十卷〔二〕，内分《長慶集》二十卷、《後集》十七卷、《別集》一卷、《補遺》二卷，汪立名編輯。又《長慶集》前有陳振孫所撰《年譜》一卷。《通攷》「七十一卷」。

《孟襄陽集》二卷，唐孟浩然著。

《孟東野集》十卷，唐孟郊著。

《温飛卿集》，唐温庭筠著。

《唐詩品》，徐獻忠字伯臣著。徐，華亭人，嘉靖間舉人，所著尚有《六朝聲偶》《樂府原》二書，余家藏《唐詩品》乃抄本也。

《宋詩紀事》一百卷，厲鶚太鴻輯。是書所選類採自詩話、雜説、志乘中，每詩紀其出處，蓋唐人本事詩之意，然亦有從全集摘選者。鄙意宋詩全集則吴孟舉本盡之矣，兹當專取逸詩刻之也。

《石湖詩集》三十四卷，宋范成大致能撰。

《中州集》十卷，又《詞》一卷，金河東元好問裕之選。自爲引，以甲乙爲次第，共二百四十人，人各有小序，最後録其父兄之詩，又附己作五首。汲古閣毛氏雕本，有明弘治間人嚴永濬序首，末有《中州樂府》，係陸儼山校刻本，有彭汝寔序，亦元所輯也。後有元之父德明翁詩一首，尾有毛鳳韶原跋，張德輝後序，而毛子晉各爲小跋。

《元宫詞》一卷，計百首，明周定王橚著。

《家藏宫詞》一卷，虞山毛氏所刊，王建、王珪、花蕊夫人、徽宗、楊太后五家之宫詞。前有弁言云：「永樂元年，欽賜余家有一老媪，年七十矣，乃元宫之乳姆女，知元宫中事爲最悉，因爲詩百篇。」後署「蘭雪軒製」，卷末署有「龍莊甄敬識」，毛氏以其不著姓氏，無由攷其撰人。偶閱汪爲熹《鄢署雜抄》，載《名山藏》云：「周定王橚，高皇后生，封于開封。好學，能詞賦，工書。從上所賜元嫗得聞元宫中事，製《元宫詞》百章，時人比之《三輔黄圖》書。」又王佐《周府蘭亭褉圖攷》：「周王府永樂十五年新刻《蘭亭序修褉圖》，並《詩文攷證》共一卷，末有殿下所跋蘭亭諸説，識以『蘭雪軒』『東書堂圖書記』二圖書。」乃知是周藩所作。○《名山藏》，何喬遠著，而朱竹垞《明詩綜》録周藩詩五人，未及定王，則亦未見也。

《明詩綜》一百卷，朱彝尊選。○是書首帝王，繼詩人，閨房〔二〕、方外之後，旁及土司、四夷、名妓、謡諺，無不入選，搜羅頗富。然吾邑詩人闕漏者不少，推之海内，想亦爾矣。甚矣，選詩之難也！

《留素堂詩集》，蔣薰丹崖著。○薰，本嘉興人，居梅里大石橋，籍隸海寧，中崇禎丙子鄉試，國朝授縉雲教諭，遷伏羌令，罷職歸，事詳朱竹垞所撰《墓誌銘》。其詩本萬餘首，删其十之五六，尚存若干，有《始紀》一卷、《鄜吟》一卷、《天際草》四卷、《西征》一卷、《塞翁編》五卷、《汾遊》一卷、《西莊集》四卷、《偶然稿》一卷、《大石吟》五卷，每卷首有序，皆當時名人王方伯庭、朱司李嘉徵等爲之。其詩雄壯精細，唐賢可比少陵。竹垞係蔣同時人，又所居密邇，而《墓誌》乃云其詩文不甚傳于時，又不言有集，意作誌時尚未付梓也。余族祖青輪公諱文焜，爲君壻，寔藏是集，余因從其曾孫借閲之。

《力園詩集》十卷，新安吕法曾宗則，乾隆初大梁汴教。○各體俱有，律調精雅，附詞賦及集古詩十九首，内有《闕王冢》五律一首，龔崧林《洛陽縣志》採之，誤列明人詩中。余編關帝事蹟，初亦爲所誤，得其集讀之，乃知生同此世。甚矣，著述之難也！前有會稽魯曾煌序，云明德先生曾孫。

《爲可堂詩集》，朱一是撰。

《屈翁山詩集》，屈大均撰，徐肇元選。

《鶴静堂集》，雲間周茂源宿來號釜山著，十九卷。○皆古今詩，後有紀、序等。

《餐微子集》，明長水岳和聲爾律著，三十卷。○後有《驂鸞録》三卷，乃萬曆末爲儀部時出守慶遠紀程之筆，餘皆詩。

《碧幢全集》，明末吴中李模子木撰，二十八卷。○詩爲多，後附細言雜説，末册則傳誌家譜也。

《松風餘韻》，本朝松江姚宏緒聽巖編輯，五十一卷〔三〕。○皆集松江人詩之散佚者，自晉迄明，數百家。

《根味堂詩集》，國朝乾隆間德清徐去莘任可撰，十七卷。

《松桂堂集》，國朝海鹽彭孫適羨門撰。

《東村全集》，國初霑化李呈祥吉津撰，十卷。〇詩及雜文皆有。

《弘藝録》，明仁和邵經邦仲德號弘齋著，三十二卷。〇詩文皆有。

《詩林廣記》，蒙齋蔡正孫原編，王圻選訂，劉子田刊。

《李丞相文集》，唐李德裕文饒著。

《晚香堂小品》，陳繼儒撰，湯大節删定。

《白石樵真稿》，仝上。

《渭南文集》五十卷、《劍南詩藁》八十五卷，宋陸游務觀著，汲古閣刻。

《許文穆公集》，許國維楨著。

《許魯齋集》六卷，元許衡平仲謚文正著。

《聞過齋集》四卷，元末閩人吴海朝宗號魯客著。

《羅圭峯文集》十八卷，明羅玘撰。嘉靖朝。

《青來閣初集》，西安方應祥孟旋著。萬曆朝。尺牘居多，文甚平淺。

《古城文詩集》六卷，餘干張吉克修撰。景泰、正德朝。

《楊忠愍公集》四卷，明楊繼盛仲芳號椒山著。○卷首自著年譜、奏疏，卷二序、記、書、文，卷三詩，後附《遺筆》及《張夫人代死疏》，卷四狀、銘、碑、記。

《陳白沙子全集》，明新會陳獻章公甫著。

《皇明文雋》八卷，袁宏道選。

《水鹽集》一卷，錢光繡聖月著。

《堯峯文鈔》《詩鈔》，國朝汪琬撰。

《三魚堂賸言》一册，國朝陸隴其撰。

《青門旅藁》二册，國朝邵長蘅子湘著。

《綿津山人詩集》三册，國朝宋犖牧仲撰。

《陶雲詩鈔》四册，國朝張大渚著。

《潛滄集》八卷，國初榆關余一元占一撰。○占一，順治丁亥進士，官儀部。榆關，即山海衛也。匏廬寄余，亡後四卷，蓋書啟及詩也。首有《四書解》十五則，頗有發明，諸記序未見所長。

《疑耀》七卷，李贄撰。案：粵東文語《疑耀》者〔四〕，博羅張萱所撰，坊刻則以爲李贄〔五〕，非也。中稱予鄉海忠介語，又萱不喜佛，《疑耀》中辭多闢佛，斷非贄也。

《續文選》三十二卷，明海鹽湯紹祖公孟輯。紹祖七歲通古文詞，好駢體麗之文，取梁末及李唐文之可繼蕭《選》者，爲《續文選》，明世徐昌穀、黄勉之之文亦附焉。謂五代、宋、元調與《選》隔，惟唐及明氣足上下六朝也。子茂先，邑諸生，擬爲注，未就卒。《海鹽圖經》。

《夢餘日札》，皇朝杭州周世綬佩兩著，章世豐子琦訂。

《衍謝》，仁和陳偉一玉著。二書無刻本，即抄本亦少，表弟崔星洲輾轉購得之，録一二則惠余，余固未之見也。

《矱齋雜記》，本朝施閏章愚山著。〇于崔星洲處見之。

《別雅》五卷，吴搢玉山夫著。〇此書類集經籍史傳中字體參錯、音義互異者，依韻比輯之，爲疏其通同轉假之故，本名「別字」，鏡湖王家賁以其體似《爾雅》釋訓、釋詁，易名曰「別雅」，頗有益于小學。蓋升菴轉注古音之流，用補五雅所未備，可也。吴，山陽人。

《闕里文獻考》一百卷，本朝聖裔孔繼汾著，衍聖公孔昭焕進呈御覽，仍序而梓之。〇此書首序孔子世系，次林廟、祀典、世爵、職官、禮樂、學校、宗譜、著述、藝文、聖門弟子、從祀賢儒、子孫著聞者，終以敘攷辨僞，較新、舊《闕里志》更詳核。余於宗人處借閲。

《書記洞詮》百十六卷，明梅鼎祚禹金撰。

《讀書正音》四卷，吴震方青壇原本，孫嵋溯涯重訂。

《北夢瑣言》二十卷，孫光憲撰。案：荊南孫光憲嘗撰《續通曆》十卷，晁氏《讀書志》云：「輯唐洎五代事，參以黄巢、李茂貞、劉守光、阿保機，吴、唐、閩、廣、吴越、兩蜀事跡。太祖以其所紀非實，議毁其書。今此書亦雜記唐末及石晉時事，意即《通曆》之遺稿歟？」晁氏論《瑣言》下曰：「荊南孫光憲撰。光憲，蜀人，從陽玭、元澄遊，多聞唐事，因輯之，附五代十國事。取《傳》『田于江南之夢』，自以爲高氏從事，在荊江之北，故命編云。」陳直齋云：「仕荊南高從誨，爲黄州刺史，後隨繼沖入朝。」今《稗海》題曰「富春人」，寔所不解。按：《通鑑紀事本末》：後唐潞王清泰元年，悉以政事屬孫光憲。則光憲嘗仕唐。

《舌華録》九卷，明曹臣藎之纂，吴苑鹿長袁中道小修參評。○此書雜採古今人語，分慧語、名語及豪狂、諧謔等十八門，見聞不博，頗近餖飣，又世次錯亂，僅備童塾之觀耳。

《耳逆草》，以天干分編，姚江黄百家來史著《學箕三稿》，本朝康熙朝人。

《西南往事》一卷，國朝章安馮甦更生撰。○述故明永明王事。

《見聞隨筆》，馮甦撰。○述闖、獻等事。

《國榷》，不全本，原八十卷，談遷著。

《都公譚纂》二卷，明初吴縣太僕少卿都穆玄敬撰，門人陸采編次。

《國壽録》四卷，查樸園先生筆。

《國語》，查繼佐撰，沈起述閲，雜記閩浙等省人物。

《廣志繹》，天台王士性撰。

《武備要畧》，劉基撰，程子順集。

〔一〕「十」，原誤作「千」，今據種松書塾抄本改。

〔二〕「閨房」，原誤作「門房」，今據種松書塾抄本改。清抄乙本作「閨秀」。

〔三〕「一」，原脱，今據種松書塾抄本補。

〔四〕「語」，原誤作「詒」，今據種松書塾抄本改。

〔五〕「贊」，原誤作「蟄」，今據清抄乙本改。

字韻集

《干禄字書》，唐顔光孫。

《古今韻畧》，邵長蘅。

《六書精藴》六卷，魏校，以避諱不名，明人撰，不著姓字，其弟魏庠刻之。

《秦漢印範》，明潘雲杰撰。

《音學五書》，明顧炎武亭林著。《音論》三卷、《詩本音》十卷、《易音》三卷、《唐韻正》二十卷、《古音表》二卷，共三十八卷。是書以《廣韻》爲正。《廣韻》者，即唐孫愐刊正郭知元《切韻》本，而宋大中祥符元年重脩改名者也。爲韻二百有六，一遵唐舊。亭林以爲欲求古音，莫此爲近，因作《唐韻正字》，援據經史子傳証之，極爲博悉。而《詩》《易》二經本音往往後儒强叶所亂，因更作《詩本音》《易音》二書，《易》不全載，以不盡韻也。凡三十年始成，助之者張沿也。

志類

河南通志八十卷

雍正九年，王士俊、田文鏡等脩。

夏津縣志

乾隆五年，知縣方學成脩。

舊洛陽縣志十卷

康熙四十年，知縣錢肇脩纂。

洛陽縣志三十六卷

乾隆九年，知縣武進龔松林壟園脩。

新鄉縣志二十八卷

乾隆丁卯，知縣趙開元脩。

延慶州志十卷

知州李鍾俾修。

大明一統志八十卷

天順五年，詔李賢等脩。○此書數刊，余所見乃正誼堂抄本，下注海寧徐登庸等編輯。

四川總志八十卷

此書于明嘉靖間，四川巡撫東皋劉公大謨與侍御合川王公大用，禮請名賢升菴楊公慎、玉壘王公元正、方洲楊公名编，三太史分纂而成。方洲，遂寧人，最先至，作藩封、建置、山川、賦役三門；升菴，新都人，繼至，作《全蜀藝文志》；玉壘，盩厔人，後至，作名宦及人物、武弁、割據等門，名《全蜀人物志》，而未合也。于是，監察謝公瑜屬憲副周公復俊及僉事崔廷槐會而一之，發凡起例，周力爲多，而《經畧》三卷，則崔所爲也。于方洲、玉壘舊本間有筆削，惟藝文一仍其舊，名曰《四川總志》。先是，侍御熊公相先有志三十七卷，至此重脩，故又名《重脩四川總志》。前有謝瑜序，分脩三公各自爲序，周、崔各有後序，甚詳。余從宗叔松靄借抄本閲之。

當陽縣志

康熙九年，署縣婁肇龍脩。

大興縣志六卷

康熙二十四年，張茂節脩。大興舊無志，張始備之。

宛平縣志六卷

康熙二十三年，王養濂脩。

滑縣志十卷

康熙二十五年重脩，姚德聞脩。○此志明嘉靖甲寅張嘉胤始纂六卷，本朝王廷諫重脩，而趙繼之。

丹徒縣志

丹徒之名古矣，蓋昉于秦始皇三十七年也。時因望氣者云其地有天子氣，因使赭衣徒二千人，鑿坑以敗其勢，因更名丹徒。《古蹟志》載焦山有周鼎，大逾斗，古色陸離，相傳邑人魏氏物。嚴嵩當國，以不得此鼎，將罪之。嵩敗，魏氏送存焦山。嘉靖倭亂，爲宦家所有。萬曆初，龐令時雍贖還山中。鼎内銘篆向未攷辨，國朝康熙甲辰，新城王士禄、士禎來游，屬程邃玫出，乃勒諸石，果周宣王時物也。文曰：「維九月既望甲戌，王如于周。丙子，烝于圖室。司徒南仲佑、世惠，僉立中廷，王呼史端，册令世惠曰：宣治佐王，頗側，勿作，錫女懸衣束帶，戈琱，縞鞞彤矢，鋚勒鑾旂。世惠敢對揚天子，丕顯敬休，用作尊鼎，用享於我列考，用周簋，壽萬年，子孫周室用。」

四部寓眼録

四部寓眼録卷上

海寧周廣業耕厓

經部

周易集解十七卷汲古閣本《津逮祕書》之一

唐李鼎祚撰。鼎祚，資州人，仕祕書省著作郎，《唐書》無傳。觀其避代宗諱，知在中盛間也。《易》注百家，獨行王、鄭。鄭多參天象，王全釋人事。鼎祚著書，自謂刊輔嗣之文，補康成之《易》，所集子夏《傳》以下孟喜、焦貢、京房、馬融、荀爽、鄭玄、劉表、何晏、宋衷、虞翻、陸績、干寶、王肅、王弼、姚信、王廙、張璠、向秀、王凱冲、侯果、蜀才、翟玄、韓康伯、劉瓛、何妥、崔憬、沈驎士、盧氏、崔覲、伏曼容、孔穎達三十二家，又引《九家易》《乾鑿度》，以己意參附其間，大抵以象數爲主，凡漢晉諸儒卦變之法備見此書，而虞仲翔十居六七，宋朱漢上、章俊卿，明黄梨洲皆推其説爲變學鼻祖，賴有是也。汴上西亭子朱睦㮮跋云：「《唐·藝文志》十七卷，據鼎祚自序十卷，不知唐史何據？《崇文總目》及《邯鄲圖書志》亦稱七篇逸，蓋沿唐史之訛。今考李序，有云『别撰《索隱》以參卦爻彖象，王氏《略例》仍附注末，凡成十八卷』，則是《注》十卷、《别録》七卷，并《略例》爲十八卷。《唐志》專舉李書爲十七，初未嘗訛，特《别録》早佚耳。」朱氏于嘉靖丁巳取宋板重梓，其卷第未知何若。此汲古本，乃强割爲十七卷，以符《唐志》之數，則誤矣。書在《唐志》及鄭樵《通志》俱名「集注」，《通志》别有兩「集解」，一注云馬、鄭、二王四家，一注云張璠，皆非鼎祚。今之「集解」，又不知誰所改也。舊在杭州，嘗於盧匏廬齋見盧雅雨先生刊本，因述其概於《目治偶鈔》中，已越二十年矣。《續文獻通攷》云是書姓名中有晉人寀朿，「寀」音「森」，然則今本作宋朿，譌也。

周易舉正三卷亦《祕書》之一

唐郭京撰。京仕蘇州司户參軍，自謂得王輔嗣、韓康伯手寫注定傳授真本，以比世本多有謬誤脱漏，因舉正一百三節，傳諸學者。洪容齋《隨筆》嘗取其二十餘條。余觀其書，于《賁》云：「『不』字定本草書勢如『小』字。」于《師》云：「定本『之』字行書，而下引脚〔一〕，稍類行書『言』字。」于《旅》云：「注『棄』字誤作『乘』。未有隸書以前，『棄』字與『乘』字相類。」則不知定本爲草乎？行乎？隸乎？其增改者不曰細尋注義，誤自昭然。即曰轉寫筆誤，理自可知，皆影響欺人之語，不足據也。或云後人僞託，非郭氏原書。《通志堂經解》《津逮祕書》俱有之。

〔一〕「而」，嘉靖四年范氏天一閣刻《周易舉正》三卷本作「向」。

周易本義十二卷宋本

宋朱子撰。是書世所誦習者皆俗本，其原本卷第，上經注中明言依吕氏所更定爲經二卷、傳十卷，復孔氏之舊，而按尋俗本，絶不相符，沿襲既久，世莫之怪。余雖知其非，亦苦無以正之。是本爲宋咸淳己丑九江吴革刊於新安者，敷原劉宏校正，前列易圖九，起河圖，訖變卦。經上下二卷，每卦注文雙行，連綴於卦彖爻辭之下，傳分《彖》上下、《象》上下、

《繫》上下、《文言》《説卦》《序卦》《雜卦》，爲十卷，而《彖・上傳》下注云從王肅本，末附《五贊》起原象，訖警學。《筮儀》，所謂呂氏更定、復孔氏之舊者如此。吴序云：「昨刊程《傳》於章貢郡學，今敬刊《本義》於朱子故里，與同志共之。」意當時傳刻本少，然既有是版，越今五百餘年尚有存者，何俗本敢於牴牾乃爾？蓋自蔡淵等割裂《本義》，分綴之王弼本，羼入「彖曰」「象曰」「文言曰」等字，已盡變朱氏之例，元儒合刻程《傳》、朱《義》，其上下經悉依程本，至明刪《傳》存《義》，并《繫辭》《説卦》等《本義》五卷刊行之，此俗本所從出也。今《坤・文言》「直其方也」節下、《履・象傳》「上天下澤」節下俱有程《傳》，乃當時刪之未盡者，宋本《本義》並無之，此亦其明證矣。夫五經取士，《易》居其首，既墨守朱《義》，不應紊其篇次，往時出題多合爻象，將「象曰」二字作題中字面，不知「文言曰」「彖曰」「象曰」俱漢儒所增〔一〕，豈《易》之本文有是乎？當急重刊是本，以復朱子之舊。

《本義》初名《易傳》，自此書出，而注疏幾廢。然在朱子却非甚愜意之筆，嘗謂其門人度正曰：「學者宜觀《啓蒙》。」蓋《易傳》初年所作，發明《彖》《象》《文言》之義，後作《啓蒙》，發明象數以極天地萬物之藴，雖大旨謂《易》因卜筮而作，而二書所述精粗略有不同。觀其《答劉辛君房論易書》曰：「卜筮法今已不傳，諸儒言象數者例皆穿鑿，言義理者又太汗漫，此《本義》《啓蒙》所以作也。然《本義》未成書，爲人竊出，有誤觀覽。《啓蒙》且欲學者就《大傳》所言卦畫蓍數推尋，自今觀之，如《河圖》《洛書》，亦未免有剩語，要之此書難讀，不若《詩》《書》《論》《孟》之明白易曉。」然則朱子之意，未嘗以《本義》爲至當不易之書，而元、明以來必專奉爲蓍蔡，何也？王肅本經二卷、傳十卷，各爲甲乙，唐人作《本義》尚如此，故朱子特用其本。今删去「用王肅本」四字注，而改「周易彖上傳第一」爲「原本周易彖上傳第三」以接經文，自此至《雜卦》第十二皆冠「原本」二字，失其真矣。恐世人罕見真本，並識之。

王應麟《漢藝文志攷證》：「《易經》十二篇，注上下經及《十翼》。今《易・乾卦》至《用九》即古《易》之本文，鄭康成始以《彖》《象》連經文，王輔嗣又以《文言》附《乾》《坤》二卦，至於文辭連屬，不可附卦爻，則仍其舊，自是學者不見古本。」

〔一〕「文」，原誤作「又」，今據文意改。

南軒易説三卷

宋張栻撰。栻字敬夫，號南軒，其《易説》本如干卷，今止《繫辭》以下三卷，又起「天一地二」章，非完書也。元贛州路學正權管學事胡夢父序云：「程伊川《易傳》止于卦而不及《繫辭》，學者惜之。至正壬辰，魯人東昌王分司廉訪章貢等路，自言嘗得南軒解説《易·繫》，繕藏爲至寶，倘合程《傳》並行，斯爲完書。乃出示知事吴將仕及路學宿儒，命刊之學官。宏父與其校正〔一〕，因序其概云。」南軒説《易》不及程之精，而明暢過之，朱子《本義》往往取其説焉。

〔一〕「宏」，疑當作「夢」。

郭氏傳家易説十卷聚珍本

宋郭雍撰。雍事詳《宋史》，忠恕子也。是書述其父説，參以己意。淳熙初，學者嘗裒集二程、張載、游酢、楊時及郭氏父子凡七家爲《大易粹言》行于世，原書佚，此就《永樂大典》録出，家林汲太史惠余一部，惜缺其末本。

用易詳解十六卷從《大典》鈔出

宋李杞撰。杞字子才，自號謙齋居士。自序略云：聖人之經，所以示萬世有用之學，故經以辨理，史以記事，有是理必有是事，二者常相關也。後世空言爲學，岐經與史爲二，尊經太過；而六經書反若虛懸無薄。故是書以史證經，取《文中子》「《易》，聖人之動也，於是乎用以乘時」之語，名曰「用易詳解」，時嘉泰癸亥也。其證史，如《乾》之初爲舜耕漁之時，二爲岳荐升聞之時，三爲歷試諸艱難之時，四爲堯老舜攝之事，五爲同心戴舜、光被養生之事，六爲堯舜禪讓之事，用九則堯之兢兢、舜之業業、禹之不矜不伐、湯之慄慄危懼、文王之翼翼小心也。雖不必屑屑求合，而大致相近，亦説經一法。特其後多用《老》《莊》及諸子之語，雖沿干寶、虞翻之例，終嫌未醇耳。用王弼本，而《豫》《隨》《无妄》《大壯》《睽》《蹇》《中孚》七卦全闕，其解《解》《晉》缺四、三、五、上四爻象，蓋由《大典》脱落，非原闕也。

讀易詳説十卷從《大典》鈔出

宋李光撰。光字泰發，上虞人，崇寧五年進士，官至參政，謚文簡，《宋史》有傳。紹興間，以論和議忤秦檜，謫嶺南，自號學易老人。其作是書，往往因象抒忠，依經立義，於卦爻之詞皆即君臣爲言，證以史事，不務玄談而爲切實之學。其闕卦略同《詳解》，而彼多《大壯》，此多《大畜》，又《晉》《復》後四爻並闕，《文言》及《繫辭》以下不著，蓋其文義已分見于六十四卦，故不重出云。是書《宋史》名《易傳》，諸家書目或作《讀易老人解説》，或作《讀易説》，並十卷，此依《大典》作《詳説》。每卦彖辭下載《彖傳》《大象傳》，爻辭下載《小象》，其説即取《文言》《繫辭》而發明之。昔費直治《易》無章句，但以《彖》《象》《繫辭》解説上下經，今則或列正文，或入詳説，於體例爲乖，其雜引《莊》《老》《荀》《揚》亦與《詳解》同。

易例二卷

惠棟撰。棟字定宇，元和人。所録皆漢晉人注，條分件繫，各自爲目而未有説，蓋未成之書。益都李文藻得其本於周校書永年，釐爲二卷，屬順德張錦芳刻之。其言「飛伏」「世應」之法頗詳，蓋漢、晉儒者説象無不兼數者。

周易卦爻經傳訓解二卷鈔本，璜川吴氏家藏

宋蔡淵撰。淵字□□，建安人。書成於開禧己丑，止上下二經。其訓解率取朱子《本義》，略爲節潤，割繫句下。如《乾》卦，「乾」字爲一節，注云：「乾，健也，陽之性也。」「元亨利貞」爲一節，注云：「元，始也。亨，通也。利，宜也。貞，固也。」其下則接以「《象》曰：天行健」云云，「《彖》曰：大哉乾元」云云〔一〕。謂卦有《象》而後有《彖》。《大傳》曰「《彖》者，言乎象者也」，故列《釋象》於《釋彖》之前。「初九，潛龍勿用」畫爲三節，分注云：「初，仕也〔二〕。」「九，爻也。」「潛龍，爻位之象也。」「勿用，占辭也。」以「《象》曰：潛龍勿用，陽在下也」繫其後，下五爻並然。《坤》以下倣此，較今俗本《本義》但少《文言》耳。自序云：「文王《彖辭》，周公《爻辭》，皆曰經分上下二篇，孔子釋之爲傳，凡十篇。經、傳古皆别行，費直、王弼等雖破碎傳文，音韻不屬，然傳附於經，讀者易

曉，未爲大失。今既存二十篇之舊，復依王氏所分而高下之，使可參攷，又不混雜，庶有得焉。」蓋《本義》甫出，在開禧時已有亂其例者，無怪今俗本盛行，童習而白首草之解也〔三〕。自序又言：「在天謂之易，在人謂之性，性與易非二理也。」案：《繫辭》「一陰一陽之謂道，繼之者善，成之者性，生生之謂易」，易、性二字未可混而爲一，不若程子所言「上天之載，無聲無臭，其體謂之易，其理謂之道，其用謂之神，命之於人謂之性」爲精也。至以象先彖，其説似近，不知「天行」「地勢」誠象也。其下或言君子，或言先王，皆指用《易》者言，亦可先於彖乎？《大傳》所謂彖言象者，謂若「元亨利貞」正言《乾》也，「牡馬之貞」正言《坤》也，可顛倒孔子之傳以强合之乎？孔子之傳可先於周公《爻辭》乎？且其解於《本義》外絶無發明，不足讀也。

〔一〕「彖」，原誤作「象」，據文淵閣《四庫全書》本《周易卦爻經傳訓解》改。

〔二〕「仕」，文淵閣《四庫全書》本《周易卦爻經傳訓解》作「位」。

〔三〕「草」，疑當作「莫」。

周易像象述十卷原鈔五卷

明吴桂森撰。桂森字叔美，從錢啓新一本學《易》。啓新，東林耆宿，有《易像象》三書，曰《管見》，曰《像鈔》，曰《續鈔》，而《管見》尤爲篤實。叔美是書名爲傳述師説，實自闢新義，八載始成，青出於藍。其本用王弼，而摘朱《義》爲夾注，論説于上下經最詳，分明融洽，一洗依傍割裂之陋，即《本義》亦多所辨正。惟詞氣太煩，有似語録，故而存之，則善本也。叔美當天啓之末，人皆以學爲諱，而獨早絶名心，鑽研《易》理，所養可知。首列《像象金針》，總論言讀《易》之法，萬數千言，非深有得者不能道。自序在天啓乙丑，同郡張瑋序在崇禎丙子。錢一本字國瑞，武進人，萬曆進士。

周易述十七卷

明潘士藻撰。士藻字去華，號玉笥山人。折衷王、鄭，採掇羣言，蓋王主理而莫詳於房審權，鄭主象而莫備於李鼎祚，去華裒輯之，參以己意而成書，萬曆丙午瑯琊焦竑序。

陸氏易解一卷

漢陸績撰。早佚，明姚士粦從李氏《集解》、陸氏《釋文》纂輯之，僅數十條而已。

古周易訂詁十六卷

明何楷撰。楷字玄子，閩漳浦人。崇禎癸酉司關滸墅，剔清利弊，署燕思堂之左廂爲解經處。以古本爲主，取漢、晉以來各本異同注其下，援據精博，自爲折衷。自爲跋。

周易尋門餘論二卷鈔本

餘姚黄宗炎撰。宗炎字晦木，忠端之子，太冲先生之弟。邃於《易》學，宗主王《注》、程《傳》，深闢陳圖南及邵氏《先後天圖》，以爲此皆黄冠之唾餘，釋氏之牙後，不當駕軼聖人之上，即濂溪、紫陽皆不免揶揄，是亦大公至當之論不能阿好者也。其論《易》爲文字之祖，於六經中最宜先講，六書因就小篆之近古而可通者取之，餘皆正以古篆，所説字義亦精確。此論本在《象辭》，附録之。今摘鈔又有《圖學辨》，惜未暇閲。

了齋易説一卷鈔本，嘉禾曹潔躬家藏

宋陳瓘撰。瓘字瑩中，自號了翁，南劍州人，徽宗朝以直諫官終知郴州。所説上下經，每説一卦融貫諸卦之義，時有精確處。紹興十二年，其子正同知常州軍事，刊於毘陵。鈔本顛倒訛闕，不可讀。

易筮通變三卷鈔本

宋雷思齊撰。思齊自署臨川道士，有《易圖通變》五卷，歸圖繪校對〔一〕，故不見此三卷。論卜筮、九六、大衍、命蓍等，無甚精義。

〔一〕此處疑有誤。

周易要義十卷鈔本，曹溶、吴城等藏本

宋魏了翁撰。了翁字華父，蜀臨邛人，慶元己未進士，官至參知政事、僉書樞密院事，嘗著《九經要義》。《鶴山集》中有《周易折衷》〔一〕，止天官，亦不全，餘書未之見也。《易義》所録止注疏之説，參攷諸家音釋，而孔氏所引緯書多汰去之，庶幾言之醇者。末卷全載王氏《略例》，其首則穎達表進序也。

〔一〕「周易折衷」，據文意疑當作「周禮折衷」。

易學濫觴一卷原本未見，差謬十之三四

元黄澤，字楚望，四川資中人。嘗作《六經補注》，延祐五年東平王子翼刊之，惟《易》《春秋》二注未成。其説謂《易》欲明象，《春秋》欲明書法，較諸經尤難。而《易》之明象者，自漢諸儒至於虞翻往往流於繁瑣，或涉支離誕漫，學者厭之，王輔嗣出而爲忘象之説，其所云：「義苟應健，何必乾乃爲馬？爻苟合順，何必坤乃爲牛？」朱子亦有取焉，由是象

學亡矣。宋儒程主於理，朱主於占，於象亦未甚通。楚望立志甚高，自謂積四十年研索，默有所悟，又皆心得而未遽筆之書，嘗作《思故吟》《炙背吟》以見意。迨《補注》刻後，深慮家貧年老，不可終默，著《易學濫觴》一卷，其言引而不發，欲讀者自沿流以溯本原云。延祐七年自述如此。前有臨川吴澄敘，此與《春秋指要》並行。《指要》未見，而汪克寬《纂疏》引之，直名《補注》也。澤有《學易吟》十二章，《濫觴》所録四章，今附于此：「萬事多於近處迷，貪前説後更參差。不從言外窺三聖，虚説淮南有九師。井困乾枯乾有水，案：《乾》爲金，金能生水。豐睽暗昧觀生輝。如何天地都顛倒，却道賢人正得時。」「不是浮花爛熳開，有枝有幹有根荄。一聲也自喉嚨出，六脈元從臟腑來。莫向壁間看舊畫，也依火後撥寒灰。要飡一斛黄連後，恐怕餘甘稍自回。」「天機地軸誰曾見，脈絡相關也要知。隻眼不開千眼閉，一波才動萬波隨。便成傀儡終非活，已出蠶蛾不是絲。直要渾然方見易，斷章取義且尋詩。」案：《易》取象，非若《詩》之比興，自有不易之理。「卦情物理兩堪疑，此處誰能析隱微。嗚鶴胡然逢子和，高鴻何事不雲飛。干將有氣須衝斗，龍馬雖神必受羈。役使陰陽全是易，躊躇未易泄天機。」

周易衍義十六卷鈔本，舊無卷

元胡震撰。震字□□，自署廬山深溪胡某述，其子光大輯次，敷衍《本義》而已。

易變圖説一册鈔本，此書不入《四庫》

國朝全祖望撰。祖望字紹衣，號謝山，浙江鄞人，康熙壬子北闈舉人，乾隆丙辰進士，充庶常，明年左遷外補，著書甚富。是册集漢魏以來言卦變者，各具其圖。自序云：「卦變之説不始孔子，《泰》《否》之《彖詞》曰『大往小來』『小往大來』，文王言之矣。《損》六三《爻詞》曰『三人行則損一人，一人行則得其友』，周公言之矣。是以漢儒自京、鄭、荀、虞以至陸績、蜀才、崔璟之徒，皆以卦變解經，爲《易》中一大節目。顧去聖已遠，後世各以己意求合於經，或以反對，或以旁通，或以《乾》《坤》爲主，或以兩爻互移，或兼宗六子，或專主十辟，案：卦變皆以《乾》《坤》《復》《姤》《臨》《遯》《泰》《否》《大壯》《觀》《夬》《剥》十二卦謂之十二辟，或以《乾》《坤》不可變，去之爲十辟，虞仲翔去《夬》《剥》，非也。或以一爻至六爻遞變爲次，或以一陽至六陽相生爲推移，各守師承，均多謬戾，讀之者遂欲盡廢之。不知聖人以卜筮作《易》，象數、義理一時俱到，豈可專主義理而盡斥象數哉？予觀漢、晉諸儒注疏，凡後儒論説無一非先得者，今書雖失傳，猶幸李氏《集解》存十一於千百，近董守諭著《卦變攷略》、毛奇齡著《推易始末》，俱賴是書追尋墮緒，予因據其説而列之爲圖，使學者有所參見焉。」其圖首漢、魏諸儒《卦變圖》，黄宗羲所定虞仲翔《卦變圖》，干令升《卦變説》，又李挺之、程伊川、沈守約、朱子、方淙山、朱風林、來梁山、黄梨洲、毛西河諸圖，末載《諸儒非卦變説》《反覆九卦圖説》。武林沈賡堂先生手抄，余從嵩門借觀，世無傳本，惜未及抄。

尚書攷異六卷抄本

明梅鷟撰。此辨梅氏古文也。自序謂伏生所傳《尚書》二十八篇，并《序》一篇，共二十九篇，聖經本真止此。至武帝時，孔安國等專治古文《尚書》，篇數滋多，又分《堯典》「慎徽」以下爲《舜典》，分《臯陶謨》「帝曰來禹」以下爲《棄稷》，分《盤庚》爲三篇，《顧命》

「王若曰」以下爲《康王之誥》，凡複出者五篇，其所治古文十六篇，多怪異之説，經書所引皆不在其内，人不盡信，故不顯于世，此先漢孔安國之僞書也。至東晉，補造之書二十五篇，改《棄稷》爲《益稷》，以《盤庚》有三篇，《太甲》《説命》《泰誓》仍爲三篇，又合《顧命》「王出」以下爲《康王之誥》，此東晉假孔安國之僞書也。其《舜典》「粤若稽古」二十八字，則又齊永明中吴姚方興所增，自謂得之大航頭以獻，亦入之梅賾書，唐孔穎達作《正義》、宋蔡沈《集傳》皆用此僞本。然粃糠不得雜嘉穀，魚目不可混明珠，乃作《攷異》，逐節逐句考其盜竊之由，自謂恢復聖經不得已，非好辨也。

廣案：梅書之僞，朱子啓其端，吴草廬始暢其説，然未窮其來歷，未足以勝之。今梅氏所考，先孔安國《序》，次《舜典》，次《大禹謨》《五子之歌》《胤征》《仲虺之誥》《湯誥》《伊訓》、《太甲》三篇、《咸有一德》、《説命》三篇、《太誓》三篇、《武成》《旅獒》《微子之命》《蔡仲之命》《周官》《君陳》《畢命》《君牙》《冏命》等，皆剔抉無遺，而其辨《禹謨》精一之訓、有苗之格及《泰誓》所關于人心治道尤大。惜不能抄，國朝閻百詩、程綿莊、惠定宇輩聞皆有辨駁，余雖未及見，料亦不能出其範圍也。

尚書疑義六卷寫本，有圖書，一曰「東間草堂」印章〔一〕，一曰「萬古同心之學」

明馬保衡撰。自序略云：「自後世觀聖人之事，必得聖人之心，不徒以迹求之事者，勢之所趨而至焉者也。心者，理之所極而安焉者也。勢之所趨，萬有不同，理則一而不變，由不變以達于無窮，然後可得聖人之心，觀聖人之事，而聖人之道始克有於我矣。《尚書》自漢孔氏作《傳》而穎達疏之，于道概未有聞，宋蔡仲默承師訓發明義埋，亦未悉得聖人之心而達聖人之道，故於蔡《傳》所明者從之，疑者輒録於篇。嘉靖壬寅十一月題。」余觀是書，大段宗主蔡氏，而旁參古注及諸儒之説，亦頗明悉，然此書可疑者多焉〔二〕，所言亦祇得十五六耳。

〔一〕「間」，疑當作「明」。案：范欽（一五〇六—一五八五）字堯欽，號東明，故題其書室爲「東明草堂」，且「東明草堂」與「萬古同心之學」皆爲范氏藏書印鑒。

〔二〕「焉」，原誤作「馬」，今據文意改。

洪範正論卷寫本，此書當有刊本

德清胡渭撰。取諸儒之説而折衷之，以宋人擅改易《洪範》爲謬，極是。

書傳會選六卷

明劉三吾等撰。三吾仕洪武朝，爲翰林學士。《序》略云：蔡九峯《書傳》成于朱子没後，不無可議，如《堯典》「天與日月皆左旋」，《洪範》「相協厥居」爲「天之陰騭下民」，有未當者。乃請於朝，徵求名儒，集先儒之説，參校蔡氏，得失諸説，或即録于蔡説之下，或徑更以他説，凡别出者六十有六條。與修者，國子祭酒胡季安、左贊善門克新、右贊善王俊華、翰林致仕編修張美和〔一〕、國子致仕博士錢宰，翰林修撰許觀、張信，編修馬京、盧原質、齊麟、張顯宗、景清、戴德彝，國子助教高耀、王英、定公静，教授高讓，學正王子謙，教諭張仕謂、何原銘、傅子裕、周惟善、俞友仁，訓導趙信、謝子方、周寬、洪初、王廷賓、萬鈞、唐棐，儒士熊釗、蕭尚仁、揭軌、靳權、張文翰、王允升、張師哲、蕭子尚、解震。每節後經傳各有音釋，攷據頗核，凡「祀」字皆作「禩」字，餘詳提要。

《蔡氏集傳》五十八篇，據唐孔穎達本也。《漢・藝文志》云《尚書》經二十九篇，注云伏生所授者，傳之者歐陽、大小夏侯等。但其中《泰誓》一篇出自漢武之世，《論衡》云宣帝世河内女子發老屋得之，以上考《史記》已引《泰誓》，則非在宣帝世也。非伏生所傳。伏原本但有《堯典》《臯陶謨》《禹貢》《甘誓》《湯誓》《盤庚》《高宗肜日》《西伯戡黎》《微子》《牧誓》《洪範》《金縢》《大誥》《康誥》《酒誥》《梓材》《召誥》《洛誥》《多方》《多士》《立政》《無逸》《君奭》《顧命》《吕刑》《文侯之命》《費誓》《泰誓》二十八篇而已，此所謂今文也。其古文舊藏孔壁，皆科斗書，人無識者。孔安國以漢隸書校寫之，謂之隸古定，較伏本多二十五篇，而《泰誓》與河内女子所獻不同，又分《堯典》爲《舜典》，分《臯陶謨》爲《益稷》，分《盤庚》爲三，分《顧命》爲《康王之誥》，并《序》即百篇之序，《史記》亦引之。共五十九篇。其同序者同卷，若《太甲》《盤庚》《説命》《泰誓》皆三篇，共《序》凡十二篇，故總之爲四十六卷，即孔安國所作傳而穎達所作正義者也。其餘錯辭磨滅者，《汩作》、《九共》九篇、《稿飫》《帝嚳》《釐沃》《湯征》《汝鳩》《汝方》《夏社》《疑至》《臣扈》《典寶》《明居》《肆命》《徂后》《沃丁》、

《咸乂》四篇、《伊陟》《原命》《仲丁》《河亶甲》《祖乙》《高宗之訓》《分器》《旅巢命》《歸禾》《嘉禾》《成王政》《將蒲姑》《賄肅慎之命》《亳姑》凡四十二篇，並亡。方西漢時，孔《傳》遭巫蠱不行，後漢扶風杜林於西州得漆書《古文尚書》一卷，以示東海衛宏、濟南徐巡，其後賈逵爲之作訓，馬融作傳注，史以爲古文遂行，則建武時孔本尚存矣。至所謂百兩篇者，武帝時張霸按百篇序僞造之，與中祕書不合。雖下霸於吏，而不毁其書，《論衡》及趙岐《孟子注》皆稱之。孔穎達曰：霸僞作《舜典》《汩作》《九共》九篇、《大禹謨》《益稷》《五子之歌》《胤征》《湯誥》《咸有一德》《典寶》《伊訓》《肆命》《原命》《武成》《旅獒》《冏命》二十四篇，除《九共》九篇共卷，爲十六卷，并伏生爲五十八篇四十六卷，與孔氏所傳篇卷之數適合。《漢書》所引《泰誓》云「誣神者，殃及三世」，又云「立功立事，惟以永年」，及《武成》之文，疑皆出百兩篇也。此《漢書》所謂古文也。今所謂古文，則又東晉梅賾字仲真所奏上，其《大禹謨》《五子之歌》《胤征》《仲虺之誥》《湯誥》《伊訓》、《太甲》三篇、《咸有一德》、《説命》三篇、《泰誓》三篇、《武成》《旅獒》《微子之命》《蔡仲之命》《周官》《君陳》《畢命》《君牙》《冏命》，凡二十五篇，文平易，與今文之艱澀者絶殊。論者以爲紀録之實語難工，而潤色之雅詞易好，故訓、誥、誓、命有難易之不同。或言訓、誥録當時號令，其間多有方言古語，在當時人所共曉，而於今反難知。誓、命則當日史官所撰，隱括潤色，粗有體製，故在今不難曉，要皆揣度迴護之詞。元明以來攻梅書之僞者不遺餘力矣，然孔穎達已言諸序文頗與經不合，而安國之序絶不類西京文字，亦皆可疑。鄱陽程伯圭曰：「西漢末有學《左傳》者，劉歆始欲表章，而諸儒詆罷之。今安國《序》及《傳》皆引《左傳》，明非巫蠱以前之書。然則孔《傳》既僞，其書安得真哉？」

〔一〕「翰」，原脱，今據文淵閣《四庫全書》本《書傳會選·凡例》補。

尚書砭蔡編一卷

明袁仁撰。仁字良貴，號蕿波，蘇州人，與季本同時友善，故解經亦往往與本相似。是編糾蔡氏《書傳》之誤數十條，如：三百六旬乃宋曆非古曆；方命當從《蜀志》；梅頤事不出《晉書》；宣夜係漢郄萌所傳；并州不在冀東；醫無閭即遼東，不得既有幽州又爲營州；説築傅巖爲版築；遯于荒野爲甘盤；西伯勘黎爲武王；四輔非三輔之義……皆確有所據。亦有意爲立異，如：鮮食非肉食，怪石爲資服飾之類，此則不可訓矣。《經義攷》云未見，曹溶《學海類編》作《尚書蔡傳考誤》，前有沈道序，詳《提要》。王圻《續文獻通考・道統考》云：「齊時，儒士罕傳《尚書》之業。徐遵明受業于屯留王聰，聰傳授浮陽李周仁及渤海張文敬、李鉉、河間權會，並鄭康成所注，非古文也。下里諸生，略不見孔氏注解。武平末，劉光伯、劉士元始得費彪《義疏》〔一〕，乃留意焉。」又曰：「南北所爲章句，好尚不同。江左：《易》則輔嗣，《書》則安國。河洛：《尚書》《周易》則鄭康成。」

〔一〕「彪」，《文獻通考》卷一百七十四《經籍考一・總序》作「虨」。

毛詩陸疏廣要四卷汲古閣本，崇禎己卯刊

題唐陸璣撰，明毛晉參。璣字元恪，吴郡人。晉字子晉，常熟人。案：陸《疏》見《隋・經籍志》，作「《毛詩草木蟲魚疏》二卷」，注「烏程令吴郡陸璣撰」，《唐・藝文志》作「陸機《毛詩草木鳥獸蟲魚疏》二卷」，二《志》「機」「璣」差異。李濟翁《資暇録》云：「陸璣字從玉，非士衡也。」愚宗人大著作祝嘗有顯論，不得見。而子晉據陳氏《書録》云中引

郭璞《爾雅注》，知非吴陸機，因改題曰「唐」。然既列在《隋志》，而《唐志》亦序于謝沉、劉巘之前，孔穎達《詩正義》、陸德明《釋文》俱引其説，則亦非唐人也。元書逸闕，崇禎間子晉得之，於原文之後，蒐列《爾雅》郭、鄭諸家注，及凡有裨經訓之書，删繁補略，證以見聞，命曰《廣要》，析爲四卷。陸《疏》不依本經章次，草首「秉蕑，即蘭也」，木首「梓、椅、梧桐」，鳥首「鳳」，獸首「麟」，而魚蟲附于獸後，毛氏因之。今改依經文章次，草始「荇菜」，木始「甘棠」，且升木之「惟筍及蒲」于草，據毛氏自序云：「因陸氏所編若干題目，繕寫本文，爲之《廣要》。更有陸氏所未載，如葛、桃、燕、鵲之類，循本經之章次而補遺焉。」是循本經者，惟毛氏補遺爲然，其原疏並未嘗爾。今補遺無有，而陸《疏》已非其舊，故并識之。

詩地理考六卷汲古閣本

宋王應麟撰。麟字伯厚，自號深寧居士，浚儀人，今鄞人。凡《詩》中地名，皆詳引地志及各家之説證之，第六卷則專解《詩序》中地名。篇首《周南》《召南》，説者非一，要以鄭《譜》「周、召俱采地名，南爲江、漢、汝旁諸侯國」爲正。若《集傳》謂「周，國名；南，南方諸侯之國」，則是京師與南土並稱爲國，反不如東遷之風猶得稱王矣。夫文王之德顯于西土，而其時東北近于紂都，西北迫于戎狄，故風化所被，荆、揚、江、漢之域尤多。其繫之周、召者，文王作豐之後分岐邦，周、召之地爲二公采邑。及武王克商，又分陝以東周公主之，陝以西召公主之。是當日宣布文王之化者實惟二公，故武王陳詩觀俗，授之太師，以周公懿親而位冢宰，取其自家而國、自北而南之詩屬之周公，曰：「此周公所陳之《南》也。」召公爲諸侯長，取凡南國之詩屬之召公，曰：「此召公所陳之《南》也。」豈謂周爲天子之國乎？但其稱爲南，則更有説，《吕氏春秋》曰：「禹巡省南土，塗山氏之女候禹於塗山之陽，乃作歌曰：『候人兮猗。』實始作爲南音。周公、召公取風焉，以爲《周南》《召南》。」程氏亦言《鼓鐘篇》「以《雅》以《南》」，季札觀樂有舞《南籥》者，文王世子有胥鼓南，則南之爲樂信矣。《南》在周初已稱《風》首，宜乎屈原、宋玉等所作《楚辭》直追三百也。

詩集傳名物鈔八卷

元許謙撰。謙字益之，號白雲，金華東陽人，金仁山弟子也。《元史》有傳。是書主《集傳》，參《序傳》及諸家之説，有名物略加詮釋，而每詩俱有論列，其引仁山説必稱子金子，二《南》末載《二南相配圖》，退《何彼穠矣》《甘棠》于《王風》，以《野有死麕》爲淫詩而削之，此則王魯齋柏所定也。魯齋受業黄勉齋，而仁山之師，故白雲取之。夫朱子廢序言詩，《鄭風》既概斥爲淫詩，魯齋乃并二《南》淫之。宋元人進退六經，主張太過，自矜師授，遂謂往古可非，實未敢以爲然也。前有吴師道序。

毛詩寫官記四卷

毛奇齡撰。奇齡初名甡，字初晴。此《全集》之一種，設問答以辨正朱注，其問有曰「敢取是」，答有曰「謹荷」。

梁溪詩經補注二卷未全，不入《四庫》

戴震撰。震字東原，休寧人。内閣中書舍人，充文淵閣檢閲、《四庫全書》纂要分校官。此書採他書補毛、鄭之闕，孔廣林校刊未完。又有《復天文略》二册〔一〕，亦孔氏所刻，續《通志》稿也。從沈嵩門借觀。

〔一〕「復」，疑當作「續」。

毛詩古音考四卷

明陳第撰。第字季玉，三山人，成於萬曆丙午。

禮經本義十七卷

國朝蔡德晉撰。德晉號敬齋，無錫人。究心三《禮》，以薦舉纂修官、國子助教。《儀禮》名禮經者，蓋本朱子「《儀禮》，經也；《禮記》，傳也」之語。《本義》以五禮爲綱，各分節次，條諸説其下。案：《儀禮》於三《禮》中最爲近古，鄭氏注本首《士冠禮》《士昏禮》《士相見禮》，其後又有《士喪禮》。必言士者，禮不下庶人，而《鄉飲》《聘》《射》《覲》《燕》皆非有爵者不能行，惟《冠》《昏》《喪》《相見》則士所必當講習者也。《冠禮》之爲士禮，《記》冠儀「無大夫冠禮」及「天子之元子，士也」數語，乃鐵板注脚，是天子、諸侯、大夫皆自士始也。《士昏禮》首曰「下達納采，用雁」，言自天子下達庶人皆如此也。蓋《冠》《昏》《喪》《相見》皆天子之達禮，而上可兼下，下不可兼上，詳其下之儀，進而大夫，而諸侯，而天子，不過遞加盛焉耳，此作經本旨也。蔡氏以嘉、賓、吉、凶爲序，而軍禮闕焉。《冠》《昏》既吉禮之首，此下接《鄉飲》《鄉射》《燕》《大射》《公食大夫》，而以《士相見》第八爲嘉禮之冠，雖曰以類相從，違古意矣。《記》《傳》分繫諸禮之下，又依朱氏採《禮記》各條補其闕，其末卷逸經更取諸書補之，皆未脱宋元習氣。惟《喪禮》注最詳，且以繼父同居不同居等爲後儒增入，僅附録之，辨論甚力。然古人夫死妻嫁，視爲常事，必以後世之例繩之，亦迂。

鄭注古文論語二卷

漢鄭康成注，早佚。此後人所集，凡百數十條，題「宋浚儀王應麟輯」。或者疑之，雖搜羅尚有未盡，而漢詁得見一斑，亦爲勝事。大抵古注辭質而理長，如第一條「愠，怒也」，怒有藏于心者，有徵于色者，或微或甚，所該甚多，故何晏《集解》無以易其説。今曰「含怒意」，辭則巧矣，却只見得一邊。若子文無愠色，子路愠見，便説不去，而又别無以解之，此訓詁之學所以益晦也。

論語筆解十卷宋刻入《昌黎集》，今分上下二卷

唐韓文公撰。中稱「李曰」者，趙郡李翺習之也。祕書郎許勃序云：「始，愈筆大義則示翺，翺從而交相辨明，非韓所獨制。」書凡百許條，多駁古注，别出新意，如：「因不失其親」，孔訓「因」爲「親」，失其義，此言凡學必因上禮義二説，不失親師之道，則可尊矣；「温故知新」，舊説尋繹，非也，「故」者，古之道，「新」謂己之新意；「夫子矢之」，言仲尼見

衛君任南子用事，乃陳衛之政理，告子路云「予道否不得行，汝不須不悦也。天將厭此亂世而終，豈泰吾道乎」；「有馬者」句，上言己所不知必闕之，不可借他人之言以筆削，譬如有馬不能自乘，而借他人乘之。其改易字面，如：「六十而耳順」，「耳」當作「爾」，猶言如此也，既知天命，又如此順天；「曾謂泰山」，「謂」當作「爲」，冉有爲泰山非禮，不如林放問禮；「宰予晝寢」作「畫寢」；「人之生也直」作「德」；「貨殖」作「資權」；「吾以女爲死矣」，「死」當作「先」；「浴乎沂」，「浴」當作「沿」；「硜硜乎小人哉」，「人」當作「之」；「鄉原」作「鄉柔」；「猶之與人也」，「之」當作「上」。又「君子不器」合「子貢問君子」爲一章；「宗族稱孝」二句在前，「行己有恥」四句在「問其次」下；「子貢方人」連「君子道者」爲一章，「禮云禮云」連上，爲訓伯禽之言……皆絶異聞。至若解「吉月」爲行吉禮之日月，不必月朔；「即戎」爲諸侯朝會于王，各脩戎事之職；「東周」謂平王東遷，志在復修周公典禮……亦俱有理。《微子》篇云：「先言微子，以其先去之也。後言比干，以其諫之晚矣。中言箕子，則仁兼先後，得聖人中焉。」又云：「箕子《明夷》，與文王同乎《易》象。《尚書·洪範》見武王申其師禮，箕子非止商之仁，蓋萬世之仁乎？」《季氏》篇云：「餘篇但云『子曰』，此皆書『孔子曰』，足見《春秋》之作深惡三桓，弟子避季氏彊盛，特顯孔子之名以制三桓。」二説甚精。然《季氏》篇舊以爲《齊論》之文，故稱謂偶不同，亦非無見也。

唐以詩賦取士，學者尚詞華而味經訓，自孔穎達、顔師古諸儒而外，説經者寥寥。昌黎自以上繼孟子，其所作《原性》《原道》等篇已未能醇乎醇，至説《論語》，多所穿鑿，宋儒改經實祖此矣。

論語集説十卷

宋蔡節編。字□□，永嘉人，官樞密副都承旨。淳祐五年表進，至淳祐丙午，文學掾姜文龍請刊於湖泮。其書除引注疏外，俱採南軒、晦庵諸家之説，而大要不離《集注》。其異者，如解「在齊聞《韶》」，云《韶》本揖遜之樂，今田氏已成代齊之形，子聞而憂戚之至，至忘肉味，言是樂乃至於齊之國也。《崇德》章「誠不以富」二句，云引以明人之愛惡，如是，不爲有益，衹自取異而已。以「冉有退朝」爲從季氏自魯君之朝而退。以「有馬者借人乘」之句爲「及史之闕文」〔一〕。以「齊景公有馬千駟」節合上「見善如不及」爲一章，見善矣，若未及見之，見不善而嘗試之，齊景公之謂也，求志達道則夷齊之謂，今無其人也。案：「退朝」本《釋文》周氏注，「史文」乃蘖山黄氏説，既皆未盡，而蔡所别解，更復支離，未見其佳也。《宋史·藝文志》及諸藏書家目俱不見録，康熙丙辰，納蘭成容若德得宋本重刻之。

〔一〕「及」，原誤作「即」，今據文淵閣《四庫全書》本《論語集説》卷八《衛靈公第十五》改。

論語集解義疏十卷知不足齋本

梁皇侃撰。取何晏《集解》爲之疏證，所引晉衛瓘、繆播等十三家，《梁書》爲之《論語義》「與《禮記義》並見重於世」〔一〕。宋邢昺作《正義》實用其本，間有删汰，不曰皇氏，背違注意，即曰舊疏不經，宋儒是今非古之見大率如此，於是邢《疏》盛行而皇《義》亡矣。是書來自番舶，不必盡依原書，觀《魯論》本文與中原多所同異，則可知矣。然如《困學紀聞》所載夷齊名字，正楊所稱「公冶長通鳥語」之類，均可藉以考見，是可寶也。注中「包」字皆作「苞」。案：張參《五經文字》云：「包，裹也。經典或借『苞』字爲之。苞，音皮表反。」

明丁覲翻刻宋本《六家文選注》，於司馬相如《上林賦》「刑錯而不用」下，李善引苞咸《論語注》曰：「錯，置也。」「包」字從草頭止此一見，然亦可知非日本杜撰矣。侃性最孝，每日限誦《孝經》二十遍，以擬《觀世音經》。夫誦《孝經》可也，以聖人之籍比西方之書，得毋儒者之蔽乎？是書引書多詭異，殆亦坐此。

本文異同，日本山井鼎作《七經孟子考文》，謂得古本如此，因引《文獻通考》，云石經《論語》「『舉一隅』下有『而示之』三字，『三人行必有我師焉』上又有『我』字」之類，此本與石經同，亦足證古本可校也。廣案：黄伯思《東觀餘論》載漢石經與今文多不同，中如「孝于惟孝」「譬諸宮墻」二處亦與此本適合，又陸德明《經典釋文》載別本「其爲人也孝弟」本或作「悌」、「道千乘之國」本或作「導」、「患不知人也」俗本作「患其不知人也」之類，此本往往與同，則彼自以爲古博，所傳洵非虛語。

〔一〕「爲」，疑當作「謂」。

孟子注十四卷附孫奭音義二卷

漢趙岐撰。岐字邠卿，事詳《後漢書》。其注之經後人竄改者俱載《孟子四考》。余自甲午校注馬總《意林》，得《章句》指事之説，檢汲古注疏，深嘆趙《注》之善。後於郡庠讀元張慶孫《重整西湖書院書目記》，稱有《孟子古注》《孟子注疏》，因疑古注必有異于今之注疏者，訪購積年，始於鮑緑飲廷博處得抄宋注本，善而録之。俄吴兔牀騫寄示曲阜孔氏新刊本，參以日本《七經孟子考文補遺》，然後趙《注》真面目得稍見焉。《古注考》中已詳言之。甲辰春，遊京師，家太史林汲先生復以此本見遺，則安丘韓岱雲所新刻也。與孔氏里居不遠，刻之年亦相先後，却兩不相謀，而其本余乃皆得見之，豈非厚幸也與？

春秋地名一册

晉杜預撰。此《釋例》中一種也，曲阜孔氏重刊。

春秋胡氏傳附録纂疏三十卷元板，缺二十九卷，其三十八卷係抄補

元汪克寬撰。克寬字德輔，新安人，以《春秋》舉于浙。先是，宋建安胡文定公康侯名安國私淑程子，紹興初以《春秋》進講，奉敕作《傳》三十卷。元世設科，三傳之外獨取此書。

克寬既以是經舉鄉書，乃發其類例，考其援引所自出，而凡三傳注疏之要語、諸儒傳説之精言悉附焉，而斷以己意。始于元統甲戌，脱稿于重紀至元丁丑，其叔氏澤民字叔志序之，虞道園集又爲之序，其自序在至正六年丙戌，越二年戊子刊成，門人吴國英序。所採書目自董子《繁露》以下，至洪氏《春秋本旨》，凡數十家，内唐趙匡《春秋纂例》、陳岳《春秋折衷論》、李瑾《指掌義》、何濟川《本旨》、齊氏《本旨》、劉炫《規過》、盧仝《摘微》、宋王氏《箋義》、胡瑗《論》、宋氏《新義》、許翰《解》、朱長文《通志》、黎錞《經解》、劉本《中論》、任公輔《明辨》、程迴《解》字可久，沙隨人。王葆字彦光。《集傳》、薛季宣士龍，永嘉人。《經解》、項安世平菴，江陵人。《家説》，吴仲迂字可翁，號可堂，番易人（一）。《紀聞》又《經傳發明》、趙良鈞《釋義》、萬孝恭番陽人。《百問》、胡寧字和仲，號予堂，文定次子。《通旨》、黄澤字楚望，資中人。《補注》、洪興祖字慶善，丹陽人。《本旨》，皆不傳于世。林堯叟字唐翁。《句解》近與杜《注》合刻，無復單行。文定又有《春秋通例》，今亦不傳。趙氏《纂例》，金仁山謂宣州有版本，朱子《或問》《論語集注》多採之，而《永樂大典》已不復録其書，可惜也。

胡《傳》本一家之言，瑕瑜不掩，自用以掇科第而尊奉之者，遂欲束三傳於高閣，甚且助之攻排三傳，而左氏尤被其毒。明儒陸粲作《辨疑》，始知胡氏之失，然德輔作《疏》亦能不甚阿附。蓋其最不經者，開章便説以夏時冠周月，謂周改正不改月，《魯史》本書「十一月」，孔子改作「春正月」，此宋人改經結習，遂妄意孔子，亦如此耳。夫孔子自言「吾學周禮，今用之，吾從周」，雖夏、商之禮尚不敢行于本朝，豈有筆削《魯史》而擅改周曆，又以私曆而冠王字者乎？余讀汪氏《疏》，深有取焉。其言曰：《魯史》名以「春秋」，則似元書曰春正月，是周曆已改子丑月爲春也。《禮記》稱季夏六月以禘禮祀周公，又引孟獻子言「七月日至，可有事于祖」，而曰「七月之禘，獻子爲之也」，則是以建巳之月爲季夏矣。《前漢·律曆志》武王伐紂之歲，周正月辛卯朔，合辰在斗前一度；戊午，度孟津；明日己未，冬至。是歲大寒中，在周二月己丑晦。《外傳》伶州鳩言武王伏殷之日歲在鶉火，月在天駟，日在析木之津，辰在斗柄，星在天黿。以唐曆遡而上之，日月星宿無一不合，則《泰誓》之春即武成之一月明矣。《後漢·陳寵傳》：周以子月爲春，商以丑月爲春，蓋因周曆以建子爲春，而遂言商亦改時也。朱子常云：周禮有正月，有正歲，則周實是元改作「春正月」。夫子「行夏之時」只是爲他不順，欲改從建寅。又曰：劉質夫以「春」字爲夫子所加，但《魯史》本謂之《春秋》，則似元有此字。今考《春秋·文九年》書：春，毛伯來求金。二月，叔孫如京師。三月，夫人至。《僖十八》書：夏，師濟齊。五月，戰甗。《宣九年》：秋，取根羊。八月，滕子卒。九月，會扈。《成十七年》：冬，公會伐鄭。十一月，公至。十二月，日食。而又書「冬大雨雪，春無冰」以紀異，則經所書之春夏秋冬，皆周正四時之首月。文定引商、秦爲證，謂周不改月，然新莽以十二月朔爲歲始，不改月；魏明帝以丑月爲正，改三月爲四月；唐武后改十一月爲正月，十二月爲臘月，夏正月爲一月；肅宗以子月爲歲首，又以十二辰紀月，則曆代時月，或改或不改，豈可引彼以喻此乎？孔氏《正義》以爲月改春自移，春非王所改，似亦臆度之詞。近有主建寅而未改月者，考《春秋》所書災異及日食交限則不合。又有謂周雖改月數而不改夏時，《春秋》四時之序皆魯曆所更，然夫子之時猶存告朔之餼羊，則魯實承周之正朔，未嘗改曆。後世稱魯曆，又謂之春秋曆，特因《春秋》而逆推之耳。或又謂周以子月爲歲首，而《春秋》以寅月爲正月，每年截子丑月事移在前一年，如此則真事與月差兩月矣。先儒以此爲千百年不決之論，姑記以俟來哲。此段辨論甚詳核，文定常亦爲之俯首，但打頭先如此截斷，餘可知矣。且如「天王使宰咺來歸惠公、仲子之賵」，《左傳》釋書名之例，但言緩及豫凶事而已。《穀梁》倡爲賵妾之説，夫仲子既以爲魯夫人之識歸我隱公，更爲立其子桓公而奉之，其時元妃早卒，《穀梁》安知惠公之非再娶而必爲妾也？《春秋》妾母書夫人、小君，薨葬者成風，敬嬴、定姒、齊姜皆是也，何獨嚴于仲子？宋儒又甚之，謂宰爲冢宰。以天子而使六卿之長賵人之妾，爲非禮之極，責宰即以責王，不知天子冢宰從無出使之理，公言爲妾，天子何尚致賵？此顯而易見者，而故文致其詞。又《宣十六年》「冬，大有年」，此紀瑞也，胡《傳》則據程氏以爲記異。宣公弑立，逆理亂倫，螽蝝饑饉之變，史不絕書，宜也。獨是冬大有年，特爲記異，此仲尼言外微意，無論專記凶荒不幸、人之豐熟，如《日抄》所譏，且由其説，一似孔子作《春秋》，心目中竟無復有周先王、魯先公，而概任我意爲貶斥，有是理乎？有是事乎？《春秋》教人忠孝之書，宋儒以爲刑書，見識便錯。而先躬蹈悖逆，何以儆世垂後？又如《隱二年》書滕子，杜氏以爲時王所黜，極允。胡氏則云孔子手削，是則一匹夫耳。既改正朔，又黜陟五等諸侯，將孟子所謂天子之事者，竟與問鼎出君同科乎？説經至此，去聖意益遠矣。

《纂疏》人名、地名俱引杜氏、張洽等注，而地名以元時所在實之，音釋多本《釋文》，間有更易，均可資考證也。

余既書此以正胡氏之失，復讀陳晦伯《經典稽疑》，内載《問辨録》「《春秋正旨》」一則，其論尤暢，并録之。《春秋》，天子之事，即所謂王者之迹也。蓋西周盛時，禮樂征伐自天子出，列國諸侯各守侯度，以奉天子之明威。東遷之後，王室衰微已甚，天下不復尊周，列國各自爲政，僭亂百出，不知有天子之政，此亂臣賊子所以交作而無忌也。孔子爲是懼，以爲周德雖衰，天命固未改也；文、武之典制雖不共守，然有可考知也；天子之號令雖不行于天下，然天子固在也〔二〕。於是作《春秋》，託文、武之憲章，而記之《魯史》，筆削褒貶，一以爲準，以明天子之法，以尊周室，以見天命之未改，是爲天子之事。蓋謂此天子之政令固在，有可取而行也，非謂假天子之權也。知我者謂志在尊周，罪我者謂亂賊之作，由天子之無法，天子之法明，則亂賊罪狀顯著，如有舉行憲典者，彼將焉逃？是天子之法由我作《春秋》而明，豈不罪我乎？若曰無位而託南面之權，則是平王以前政教號令天子自行之，平王以後政教號令孔子另行之也，而文、武安在哉？而時王安在哉？夫尊王也而與竊柄同，則竊柄者何誅？明法也而與干紀同，則干紀者何責乎？其亦誤矣。《經典稽疑》條駁亦極辨。

《續明道續志》曰〔三〕：前輩說經重變先儒舊說，非如近時學者斷以胸臆，不復參考。蘇侍郎說李迪與賈邊過省時同落第，以「當仁不讓於師」爲論題，賈解「師」爲「衆」，與傳注異，李落韻。有司奏稟，詔落賈而取李，重變舊說也。蓋北宋尚重古注如此。胡氏傳《春秋》盡變古說，元用以設科。江西高州有馮翼翁者，字子羽，治《春秋》，所說不盡宗胡氏，延祐庚申考官斥之，令歐陽圭齋得所賦科斗文字，大賞擢之。及試禮部，仍以不專主胡《傳》，癸亥再貢亦然，特以《陽燧賦》工甚及第。嗟乎！胡《傳》何如古注？又何如三傳？而自有此書以來，學者墨守，不敢異議，使子羽不遇歐公及不甚工詞賦，欲求成進士也，得乎？

〔一〕「昜」，原誤作「易」，今據文意改。

〔二〕「子」，原誤作「于」，今據文淵閣《四庫全書》本《經典稽疑》卷上「春秋天子之事」條改。

〔三〕「續志」，當作「雜志」。

春秋億六卷

明徐學謨撰。學謨字叔明，吴人，生萬曆間，有《海隅集》若干卷，此外編之一種也。叔明則以爲《春秋》自三傳後，説者言人人殊，大都咀嚼文字，傅會義例，以求合聖人筆削之意。纖弑一也，或書即位，或不書即位；紀元一也，或言王正月，或不言王正月，單言春王而不言正月；伐國一也，或名或不名，或爵或不爵；專將帥師一也，或去其公子，或不去公子；弑君一也，或明其爲弑，或不明其爲弑。皆出于《魯史》之本文，或闕或備，或略或詳，聖人未嘗意爲增減也。蓋聖人之意，要以存人道，正王德，善善惡惡，是是非非，删繁舉要，據事直書而已。故繫王於天，則文、武之威靈猶在；託筆於史，則周公之袞鉞具存。即有所褒諱貶損，皆天子之事，史官之職也，已無與焉。故曰其事則齊桓晉文，其文則史，其義則某竊取之。説《春秋》者，孟氏盡之矣。于是黴三氏之文，併范、楊、何、孔諸家疏解與胡《傳》裒輯之，而凡所謂正例、變例者一皆略之，名《春秋億》。如其言，誠可謂卓然有見矣。然《春秋》既爲魯史，國君言動何一不書？加以鄰國聘會告赴，例如後世起居注、實録，其文必不止如今所存者，則筆削之説信矣。孔子所削，《左傳》間取而補之，凡傳有經，無者，乃左氏得自舊史之文，不必他有所採也。《公》《穀》後出，故經之外不能更添一事，此《左傳》所以與《春秋》相輔而行，缺一不可者也。今人動詆左氏，正以便其鑿空之論耳，何足以説經乎？徐氏書成于萬曆丁丑，雖敷衍經傳，無甚精論，以視宋儒之臆斷則遠矣。有自序。

春秋孔義十二卷

明高攀龍撰。攀龍字存之，號景逸，無錫人，謚忠憲。以六經惟《易》《春秋》爲魯太史所藏而孔子手定者，諸儒意揣，多失本旨，而《春秋》尤甚，因作《易孔義》《春秋孔義》二書，同郡秦堈先後梓之。《春秋》信經而略傳，雖左氏亦被彈駁，其論書法亦皆前人所有，惟文意簡覈，無甚迂拙穿鑿之弊，是其所長。崇禎庚辰刊，其姪世泰序。

春秋書法鈎玄四卷

明石光霽撰。光霽字仲濂，淮南人，官國子博士。以其師張翠屛所輯《五禮類要》文詞浩汗，乃掇其要，大書以爲綱；采精義，細書爲目，名《書法鉤玄》，以便初學。《類要》本擬陸淳《纂例》，所取多啖、趙之説。仲濂以《纂例》但詳于經，而於傳意猶略，《纂疏》會通諸書，備于傳，而于比事屬詞之意或未盡，因爲益所未備，朱書其綱，墨書其目，仍分吉、賓、軍、嘉、凶五禮。其無可歸者，首曰雜書法，末曰書法拾遺。所採之語，三傳及胡氏、張氏爲主，間及啖、趙諸儒。洪武二十五刊于胄監，有自序，校正則助教黄莊。蓋明初制義取士，熟此以入場屋，充然矣。

春秋通論四卷

國朝方苞撰。苞字靈皋，號望溪，桐城人，仕内閣學士。大意謂《春秋》爲魯舊史，孔子竊取其義，經筆削者數處，餘盡原文，後儒妄加揣測，失之甚遠。因比事屬詞，條分縷析，成《通論》九十九章，其類四十。有高安朱可亭軾、混同顧用方琮等序，雍正九年成，乾隆九年刊。

半農先生春秋説十五卷

國朝惠士奇撰。士奇字天牧，吴人，康熙己丑進士，官翰林侍讀。休歸，自號半農居士，著述甚富。其諸經説多成於晚年，《春秋》類舉其事，以經爲綱，分繫三傳，以己意斷之，各有精義，彈駁舊説，皆有證據，非若宋元諸儒徒以口舌取勝也。

春秋長曆十卷 抄本

國朝陳厚耀撰。厚耀字泗源，海陵人，康熙丙戌進士，官蘇州教授，以通算改授檢討，終右諭德。以杜元凱嘗作《春秋長曆》，而世久失傳，《唐書·大衍曆》亦不載，《春秋》曆唯元末趙子常汸《春秋屬詞》所論〔一〕，日月差謬，詳載杜《曆》及唐《大衍曆》，日月異同與合朔、日食經傳不同處，意爲補述。首録《漢書》以下《律曆志》爲集證；次古曆法，論章部紀元，及推冬至，置閏法；次曆編，起隱訖哀，以章紀之，每十九年爲一章；終《春秋》，凡四章，次序十二公之年，經傳有書日者悉附注之，而以杜《曆》、《大衍曆》、古曆證其合否。又作退一月法，起隱元訖僖五，以僖五正月朔旦冬至也。曆編隱正月小辛巳朔、三月小庚辰朔，退兩月，譜正月庚辰朔，以後俱退二月。辛卯朔者，杜《曆》也；庚辰朔者，陳氏《曆》也。其意蓋以杜《曆》多謬，故雖襲其名，而駁杜甚力。如云僖五爲蔀首，則僖四爲蔀末，餘分俱盡，宜爲閏月。杜《曆》無閏，不知其曆元始於何年？而又云日南至爲朔旦冬至，曆數之所始，豈以朔旦爲日出之時，不始于夜半子初耶？殊不可考。又謂是年正月應小，以曆家最忌章首正月小，故借上年月晦辛亥日爲此正月辛亥朔，支離已甚。又謂周以建子月爲正月始東遷後，非文、武之制，周初用十一月爲歲首，而不改月，亦不改時，仍稱冬十一月，但以爲歲首，此襲蔡九峯之説而最不經者。至其著書緣起，全倚趙子常《春秋屬詞》，而輒目趙爲宋人。余於推算甚疏，不能詳其得失，據事以推，恐未必能使元凱首肯也。原抄無卷，後亦未全，《四庫》分十卷云。

〔一〕「末」，原誤作「未」，今據文意改。

春秋讞義九卷抄本，揚州馬裕家藏

元王元傑撰。元傑字子英，吴江人。至正間飲鄉薦，以兵興不出，教授鄉里以終。

初，程、朱於《易》《書》《詩》《禮》具有訓釋，獨《春秋》未有成書，元傑因獵取《易傳義》、《詩傳訓辭》、《禮記制度》、《四書集注》、紫陽《語録》，凡其言有發明《春秋》之義者，悉爲採列，而證以胡氏《傳》。至正十年庚寅，禮部尚書吴郡干文傳壽道序，稱其「《春秋》，天子之刑書也」。其斷以己意者，名之曰「讞」，蓋取葉少藴之説，所謂竭慮窮思幾二十載始成。今觀其書，于程説間有異同，而朱説則極其尊奉，讞詞不過敷衍胡《傳》，或取伊川《易傳》足之，殊少精核。原十二卷，今自昭公以下早佚，而無雕本，無由考補矣。

《春秋》至宋世可謂厄會，其始王安石目爲斷爛朝報，其非聖無法，固不待言，其後説者紛起，又多穿鑿附會，盡失聖人本旨。夫《春秋》本魯史也，魯史官雖無聞，以晉之董狐，齊之太史、南史，楚之左史推之，其書法必不在齊、晉下。説韓宣子來聘，見《魯春秋》，明言周禮盡在魯矣。但史之爲職，君舉必書，二百四十二年紀載甚繁，而其書藏之太史，非盡人所得見。孔子道既不行，懼王法之終淪也，于是取春秋之史，録其事之有關世教者，别爲一書，以授弟子，餘皆棄而不録，所謂筆則筆，削則削，竊取其義者，衹是如此。其自隱元年春王正月，至西狩獲麟，一皆原文，何嘗增損一字乎？後人妄以私意窺測聖人，即

「春王正月」四字已糾纏不了。胡《傳》夏時冠月，周正紀事，尤極荒謬者，前已詳論之矣。桓元二年正月，十年、十八年正月書王，餘不書王，宣五年至八年不書王，九年書王，凡此或書或否，誠難强解。然要之史文也，程氏於桓元年云：桓弑君而立，不天無王之極也。而書「春王正月」，以天道王法正其罪也。至二年無可説，則云：桓無王，書「王」，正宋督之罪也。十年之王，胡氏曰：桓至是十年，其數已盈，宜見誅於天人矣。王元杰因之，謏曰：「桓惡極，而天討不加，王道幾絶，故經不書王。至十年而書王者，存天道王法也。十八年復書王者，以天道王法正桓公之罪也。宣九年時書王正月，存王道以正魯君之罪也。」如其言，必魯史每年書王，而孔子忽存忽削也。王之存削，匹夫以意爲之。桓爲先君，而削王以正其罪，書王又正其罪，是無周天子、無魯先君者，實孔子先自蹈之矣，有是理、有是事乎？又如閔二年秋八月辛巳公薨，成十五年三月公如京師，夏五月公自京師，遂會晉侯、齊侯、宋公、衛侯、鄭伯、曹伯、邾人、滕人伐秦，胡氏皆以爲仲尼親筆。夫公薨不地，隱公有成例矣，不必始閔，遂事亦據實而書，安見其親筆哉？據僖二十八年天王狩于河陽，《左傳》曰：「晉侯召王，以諸侯見。」仲尼曰：以臣召君，不可以訓，故書曰天王狩于陽。此則仲尼釋史之書法如此，亦非親筆。即云親筆，亦以尊王而非削王。及正先君之罪也，孔子曰：「吾猶及史之闕文也。」又曰「多聞闕疑」「多見闕殆」，書王不書王仍史之舊耳。其曰「知我罪我」，則以國史非盡人所見，而孔子所修人人得而見之故也，豈真託二百四十二年南面之權，如宋儒所云哉？

春秋左傳翼疏三十二卷

新安程晉芳撰，此程魚門先生遺稿也。其説經之書有《周易知旨編》《尚書今文釋義》《尚書古文解略》《毛鄭異同考》《禮集釋》與《翼疏》，共六種，各若干卷，先彙梓其自序六篇曰《勉行堂集》。《翼疏》之作，以元凱所注於典物多所未備，孔穎達不習于地學，詮釋多遺，因裒集賈、服舊注及宋以來數十家爲之輔翼，雖自謂非敢規杜，實亦征南之功臣也。

先生篤志經籍，投老孜孜，家本足書。及校理《四庫》，遇有祕册善本，靡不鈔録，故所見益多，所學益邃。爲人方頤脩髯，有温厚君子之風。余初聞先生名而未識，癸卯冬，將入都，丁君小疋從杭州寄余書五函，囑分送其一與魚門及林汲兩先生。迨攜至京，已甲辰春仲，逼試期，因轉求邱芷房師致之。先生得書，即枉駕見過，隨走脩謁，藹容款接甚驩，自是數往。一日，先生痔發，端坐一室，不能行，既入，見案頭陳一册，即《春秋左傳翼疏》稿也。取讀數葉，考據之精，疏證之確，皆前人所未及。先生言河南某願以付梓，方寫樣與之，因出示彙刻諸序文，真所謂「學業醇儒富」也。會余遷寓内城，蹤稍疏，而先生已在假，欲南歸關中，畢大中丞聘脩通志，於六月入秦，病軀觸暑，竟病歿于西安官舍，年六十有三。遺孤藐爾，大中丞爲經紀其喪，嗣子護櫬旋里。《翼疏》之刻竣與否未可知，諸遺稾未知能藏弆否也。先生賦《自我來京國》一百二十韻，敘生平略備，餘當詳傳中，不復記。小疋更有《與孫敬軒先生希旦書》，余亦猥承倒屣，嘗見其手録所著《禮記疏證》甚詳悉，云録竟見示。是秋病瘧，鬻書醫療，卒以不起，年纔四十九耳。先是，有愛女許字其妻兄林明府露之子，未婚而歿，女義不他適，隨亦病亡。先生爲余言之，容甚慘戚，欲爲啓徵詩，不果。嗟乎！兩先生窮經著書，其人固均足不朽，然或屬稿而未成，或成而未傳，天亦何惜數年之假而遽奪之也！矧謭陋如余，幸不見棄于儒者，庶幾有所考問，以抒其一得。而半載之間，人琴兩歇，旅館蕭岑，繙閲遺編，不禁淒然淚下。但魚門先生《易》《詩》等書俱未得見，敢概登其目，姑就所見本録之，而并識其略于此。

周禮復古編一册

宋俞廷椿撰。廷椿字壽翁，撫州臨川人。謂《冬官》原未始亡，特秦火之餘，雜出五官中耳。後人補以《考工》，不知百工之事無與司空也。《尚書》「司空，掌邦土，居四民，時地利」；太宰之職，「六曰事典，以富邦國，以任百官，以主萬民」[一]；小宰六職，「六曰事職，以富邦國，以養萬民，以生百物」。《禮經・王制》曰：「司空執度度地，居民山川阻澤，時四時，量地遠近，興事任力。」以至使民居民財之類，尤粲然可據。後人徒以司徒爲地官，遂以土地之事雜之，故司空之職皆汩乎其中。況《周官》三百六十，未聞其有溢員。小宰官府六屬，皆曰六十，今五官之羨者四十有二，而其六十員中又未必盡其官屬。因取其羨與不宜屬者悉還司空，如《天官》之獸人、𩺰人、鼈人、獸醫等十一員，《地官》之封人、載師、閭師等二十三員，《春官》之典瑞、典同、巾車等六員，《夏官》之弁師、司弓矢等九員，凡四十九員。又謂大司空、小司空雜出于他官，如大司徒之職，掌建邦之土地之圖云云，人司馬之職九畿之職云云。其改隸各自有説，自以爲犂然當心，不啻寶玉大弓之得，而郵讙龜陰之歸也。有自序。

〔一〕「畜」，《周禮正義》卷二作「富」。「主」，《周記正義》卷二作「生」。

孝經刊誤一卷

宋朱子定于淳熙丙午。其分經、傳，如《大學》之例，又删去經所引《大雅》《甫刑》之文，傳則并本文删之。自謂衡山胡侍郎、玉山汪端明皆疑此書出後人傅會，可免鑿空妄言之罪。廣案：經有删改，實始宋儒，至元吴草廬且删且補，古經得完者鮮矣。蕭山毛奇齡極不以爲然，余讀其與門人問答諸篇，未嘗不拊掌也。此《通志堂經解》有一種，題「晦菴先生所定《古文孝經句解》，後學朱申、周翰注」，全用古文，而以朱子删定之説附其説，蓋即《刊誤》之有注者，注亦淺。

廖氏《經傳例》稱《孝經》純用古體寫，今此本從朱子集雜著中取出，止用今文，魏了翁謂《刊誤》原本，文公之子在以授了翁，始刊之，李肩吾周蓋因是古體寫之〔一〕。

〔二〕疑「周」上脱「從」字。

古文孝經指解一卷

宋司馬光撰。用古文二十二章，而其解仍載明皇今文之注于前。自序云：今文舊注未盡者引伸之，不合者易去之。又有范祖禹《説》，自序以古爲據，而申以訓説焉。

古文久失傳，隋王劭得孔《傳》於河間劉炫，世或疑炫所自作。《崇文總目》云今孔注不存，而隸古文與章數存焉；陳振孫亦云古文有經無傳，以隸寫之，則并劉炫僞注亦云矣。近日本國有古文孔《傳》，自言劉炫直解，中有邢昺《正義》，疑後人所録，此豈可據信者哉？彼又言明崇禎己卯江邦玉作《孝經大全》，集衆本同異、諸家注解，采擷不遺餘力，獨不及孔安國《傳》，何《大全》一書中原絶少，而彼國獨存也？

李氏學樂録二卷刻入毛氏《西河全集》中

國朝李塨撰。塨字恕谷，蠡縣人，學《樂》于河右先生。前一卷，其所鑒定也。《樂録》有寧府《五聲圖訣》，其圖已亡，第記其訣，因擬爲圖附時下四字調譜，其《七調圖》後亦附時下七調譜。河右盛稱其闡發千年之祕，覺萬古元音尚在人間也。《五聲訣》曰：「要識宫曲，一清三濁。卑不踰尺，高不越腹。商之所記，兩濁兩清。下從火立，上用金成。何以爲角，三清一濁。物作下止，民乃上觸。徵聲最激，全有四清。宫懸甫接，徵招可聽。」其訣傳自唐人《五調邃字譜》〔一〕。云後一卷因古稱六律、後言七調不同，復作《六律正五音》二圖，蓋六律有陰陽之分，而陰皆統于陽，故十二律只曰六律，而五音參以二變，則清濁之音皆正矣。

〔一〕「邃」，文淵閣《四庫全書》本《李氏學樂録》卷一作「篴」。

律吕新書二卷

宋蔡元定撰。元定字季通，學者稱西山先生，建州建陽人。師事朱子，年四十，不就科舉。太常少卿尤袤、祕書少監楊萬里以律曆論薦于朝，召之，以疾辭。慶元中坐黨禁，流道州，卒後贈迪功郎。是書二卷，一爲《律吕本原》，凡十三篇，一爲《律吕經辨》，凡十篇。朱子序深美之，謂近世諸儒莫及也。所著又有《大衍詳説》《燕樂原辨》《皇極經世》

《太玄潛虚指要》《洪範解》《八陣圖説》《陰符經解》《運氣節略》《脈書》行世，詳杜範所作傳。

經典稽疑二卷

明陳耀文撰。耀文字晦伯，汝南人。取四書五經之疑義，依據前賢善説，條列件繫，大醒人目，於紫陽每多牴牾。中多訛字，無本可覆，余訂正十之七八焉。

四書釋地三册其二册皆續

國朝閻若璩撰。若璩字百詩，號潛丘，太原人。原止五十餘條，續者八十餘條，又續百六十二條，三續百二十二條。凡四書涉於地理者，前二篇最詳，二續下兼及人名，大都先得我心，中載《湛園未定稿》。孔子作《春秋》，書字者僅十二人，弟子無以字稱者，稱「閔子騫」是直述時人之辭，當時父母昆弟皆謂之者，而時人亦同稱之曰「孝哉閔子騫」，此所謂不間於父母昆弟之言也。《中庸》華、嶽二山名對下二水，《周禮》：豫州山鎮曰華，雍州山鎮曰嶽。《爾雅·釋山》：河南曰華，河西曰嶽。嶽山在《禹貢》名岍，在《國語》名西吴，《管子》書作西虞，在《前漢志》名吴山，《後漢志》名吴嶽山，實一山也。二説余向主之，而未及此之暢，特録之。案：華、嶽作一山者，如裴駰《史記集解序》云：「譬嘒星之繼朝陽，飛塵之集華嶽。」此書先從沈嵩門借觀，既而婺源方君體攜贈，遂得有之。

四書逸箋六卷

應城程大中撰。《語》《孟》各二卷，《學》《庸》一卷。所稱似稍僻，要皆先儒所吐棄者。如引韓非《説儲》，謂伯夷以將軍葬於首陽山之下，及夷齊採薇而食，擇葛而衣；引《晏子春秋》景公好馬，故多至千駟之類。每卷後有附録，附記數條。第六卷人物遺事，可資多識。至記夢之類，則全遊戲矣。

十三經注永懷堂本，不入《四庫》

明金蟠、葛鼒同校。蟠字千仞，改姓沈，名雲翔，鼒字靖調，並東吴人。刻於崇禎庚辰，前有崐山朱天麟序。金、葛姓名分署諸經，蓋各就所校之經書之。金有序，稱偕葛子爲之，似金爲主，而世但稱「葛板十三經」，則永懷固葛氏之堂歟？當時盛行，稱爲善本，自汲古注疏出，葛板驟衰，然實互有得失。其最可怪者，《孝經》注明用唐玄宗，而題曰「漢鄭氏注」；凡例并言「十三經章句一遵漢魏本來」，而自以《孝經》不附，實康成，止書「鄭氏」爲闕疑。將以欺世耶？抑實不知有石臺注而誤認爲鄭耶？説另詳《孝經跋》中。鄭注久佚，吾鄉陳君鱣集之成一卷。明崔鋭《洹詞》有《跋孝經古注》，云唐皇訓已簡明，但未見聖人之一爾，不明言何人所注，殆以明皇注爲古注耶？

北海經學七録一册不入《四庫》

曲阜孔廣林所録《鄭志》也。《鄭志》久佚，孔氏取五經中所引集爲一册，然《四庫書目》尚有三卷，未知原本歟？抑亦後人所輯歟？

七經孟子考文補遺三十二册二百卷《易》三册、《書》三册、《詩》六册、《春秋左傳》六册、《禮記》十册、《論語》《孝經》共二册、《孟子》二册

日本山井鼎、物觀等撰。山井複姓，亦單稱山鼎，字君彝，西條掌書記。觀字叔達，東

都講官。先是，彼國有足利學者舊藏宋板《五經正義》一通，又古博士傳寫本五經、《論語》《孝經》《孟子》。鼎與州人根遜志往探得之，三年罄其藏歸，西條侯令録上，其所校蓋據古本，以校有明諸刻經注之異同，凡三十二卷，名曰《考文》，享保十一年丙午物茂卿序之，其略如此。寫進後，至十五年庚戌，物觀、平直清及諸生又倣鼎目録逐條校補，名曰《補遺》，編成刊布之，分卷册如右。山鼎自作《凡例》云：世稱十三經，今曰七經者，據足利學所有也。學所藏經書古本，五經之外，《論語》《孝經》《孟子》耳，且《爾雅》《孟子》古不列于經，經之者自十三經始，輓近之詞也。今奉命録上校所同異，題曰「七經孟子考文」，亦尚古也。一、所録。有曰考異者，字句若有異而莫識其孰可者兩存，以廣異聞。但經文及注以古文爲主，疏以宋板爲主，以其多異同出入者爲主也。故初題古本或宋板以下統之，其餘諸本異同具記其本名下。足利寫本云是唐以前王、段、吉備諸氏所齎來存于此者。有曰補闕者，世流布本有缺字及句者，據所校補之。有曰補脱者，釋文所闕，據元文補之。有曰正誤者，字句無所脱，而誤寫灼然者也。有曰謹按者，似涉兩可，而實窺其不然者，斷以己意。有曰存舊者，篇題之文，卷數之分，後纂修十三經者，擅以己意更改，幾失古觀。如《禮記》，按

《唐・藝文志》《文獻通考》等，皆曰：鄭玄《注》二十卷、孔穎達《正義》七十卷，今校之古本、宋板，與《志》《考》相合，而今諸刻十三經本分六十三卷，永懷堂所刊注本隨其篇數分四十九卷之類，皆後世梓者胡亂改易，遂失其真。如此之類，各隨其處詳記之也。凡斯數者，各逐經文標目。其補缺者，存上下數字，使相接續，而中間圍其所補之字以別之。但其闕漏之處，諸本皆闕而崇禎本世所稱段古本。接續備具者，多係强補，甚難信用，故據宋板别摘其字，稱某作某，又别標補闕目，充其原所闕之字，以朱圍今係重圍。别之，一以見崇禎本妄改，一以爲補諸本闕漏之便爾。一、所校諸本。有曰宋板者，足利學所藏《五經正義》一通，字體平穩如錢大，款格寬廣，每行字數參差不齊，絶無明世諸刻輕佻務整齊之態。且凡遇宋帝諱，輒缺其點畫，如「殷」作「殷」、「弘」作「弘」、「胤」作「胤」、「敦」作「敦」、「眩」作「眩」、「徵」作「徵」、「敬」作「敬」、「讓」作「讓」、「慎」作「慎」之類，各避所諱。臣向得九成宫石刻《穀梁傳》殘本，高祖諱淵作「沭」，太宗諱世民作「廿巳」。又嘗閲唐玄宗八分書墨刻《孝經》，亦爾，唐宋避諱之例可見，以此驗爲宋板無疑。有曰古本者，亦足利學所藏寫本，《易》三通各三本，《略例》一通，《書》一通三本，《詩》二通各十本，《禮》一通十本，《論語》二通各二本，皇侃《義疏》一通十本，古文《孝經》一通，《孟子》一通七本，皆此方古博士所傳，其《禮記》書尾猶存永和年中清原良賢句讀、舊跋。又活字板《禮記》，其和訓用朱點，别有一法，世所謂於古止點。非復今時專用假名者比，皆古博士家所授受者，每卷末有落款可徵，蓋儼然古物也。而凡古本經文注文，與宋明板頗有異同，助字甚夥，而體例不一者間亦有之，殆轉展書寫者之所較歟？《論語集解》與《義疏》全同，如「適莫章」，今注疏本無注，而此有之。又《文獻通考》：石經《論語》「舉一隅」下有「而示之」三字，「三人行必有我師焉」上又有「我」字之類，今古本正同，亦足見其可據也。《孟子》有《題辭》注疏本或無之。及《章指》。古文《孝經》今梓行者多誤，而此本頗佳。有劉炫釋《尚書》孔安國《傳》，字體太奇，多古文，今别爲「古文考」。且如《晉書》杜預奏議引《書傳》云：「亮，信也。陰，默也。」宋明本皆無「亮，信也」三字，而此本有之。《易》王弼《注》與《略例》别行，此類皆唐以前所傳無疑。有曰足利本者，亦本學印行活字板也，乃後人隱括古本者，而五經、《論》《孟》，世或有之，學中所存今僅《禮記》一通耳，其《周易》《論》《孟》又别得之友人云。有曰正德本者，明正德刊《十三經注疏》，世稀有之。其曰嘉靖本、萬曆本、崇禎本，皆明刊《十三經注疏》，世流布本也，四本通稱今本。而此編所校以崇禎汲古閣本爲主，參以諸本，以崇禎本世所尚也。但《論》《孟》無疏可校，故止經文及注，而皇侃《義疏》別擬刊行焉。其校讎各本又有永懷堂板，即金蟠本。外此惟陳澔《集説》、蔡沈《書傳》、程頤《易傳》、朱《本義》、林堯叟《左傳直解》、朱子《四書集注》、陸德明《經典釋文》而已。其謂古本出唐以前，恐未可信，宋板避「敦」字，爲光宗嫌諱，則亦在南渡以後。所刊書目寥寥，其稱摯虞、崔駟二集〔一〕，即《漢魏百三家》中所有也。蓋亦邊方之善本有可存者，故説詳記之。至其文字異同，除《論語》備録皇《疏》本外，摘其尤異者在《過夏雜録》。

〔一〕「駟」，《叢書集成初編》本《七經孟子考文並補遺·凡例》作「駰」。

説文

漢許慎叔重記。此汲古翻宋本也，自云宋本字小，今改而大之，部敘皆在後。近揚州有刊本，以四聲分韻。案：古無四聲韻，鄭康成注經不曾有音切，惟王輔嗣注《易》始言某音某者二〔一〕，杜預注《左》亦但有音，自元魏胡僧神珙入中國，方有四聲反切，以之編次

《説文》，不知始何時。魏了翁《答遂寧李侍郎書》云：「巽巖先生初作《五音譜》，以許叔重部敘爲之。後在遂寧出示虞仲房，仲房改用徐楚金《韻譜》。老先生雖勉從之，終弗愜也。故其序及跋既云『要自別行』，又云『要須各行』。大抵始一終貫〔二〕，其形也；始東終法，其聲也。許氏原無反切，後人漸加附益，至徐鼎臣始以孫愐《唐韻》音切爲定。自音切行，人以爲便於檢閲，而不知字之本乎偏旁，故老先生謂：『偏旁一切都置，則字之有形無聲者豈不愈難檢閲？』蓋不以《韻譜》爲然也。聞《韻補》今已不存，或使府別刊元本《五音譜》賈端修所定。置之學中，亦是一事。」據此，則是宋人始以《説文》爲《韻譜》，繼遂以《韻譜》作《説文》矣。

〔一〕「二」，疑衍。

〔二〕「貫」，文淵閣《四庫全書》本《鶴山集》卷三十四《答遂宁李侍郎》作「亥」。

五經文字三卷新加九經字樣一卷石刻原搨足本

唐張參撰，《字樣》則開成間唐元度撰，二書見《新唐書·藝文志》《通志·藝文略》。

刻石久遠，非漫即肥，是本筆墨分明，其瘦勁絶類歐率更，《字樣》以補張氏之闕，必合觀乃可見。張、唐各有序。《國史補》云參爲國子司業，手寫九經，每謂讀書不如寫字，此止五經者，蓋奉敕所定也。其中間亦有誤，徐鍇《説文繫傳》曰：「張參作《文字》，『⿱巛冈』爲古『殺』字，而刊石作『殺』；『腦』字『匕』旁『𡿺』，轉寫者以『匕』在右，乃作『刲』，云『𡿺』字，不亦疏乎？」

干禄字書一卷宋本

唐顔元孫撰，顔真卿書。元孫爲師古姪孫，仕朝議大夫，滁、沂、亳三州刺史，贈祕書監，即杲卿之父，而真卿其第十三姪也。先是，師古於貞觀中訂正經籍字體，世稱《顔氏字樣》，後杜延業續修，名《羣書新定字樣》。傳至元孫時，漸多訛闕，爲參校同異，以平、上、去、入四聲爲次。其言俗、通、正三體：「所謂俗者，例皆淺近，唯籍帳、文案、券契、藥方，非涉雅言，用亦無爽。通者，相承久遠，可以施表奏、牋啓、尺牘、判狀，固免詆詞。正者，並有憑據，可以施著文章、對策、碑碣，將爲允當。」蓋以筮仕觀光者，必於此折衷用捨，故名《干禄》。注云：「進士考試心遵正體，明經對策貴合經注古文。」有自序，真卿書此于湖州刺史宅東廳院。蜀中中先有石刻〔一〕，甚完，此則宋寶祐丁巳衡陽陳蘭孫重刊之彬江精舍者。案《集古録》云真本訛缺不傳，宋時止楊漢公摹本，今此本亦多訛字。如序云「真卿伯祖，故祕書監，貞觀中刊正經籍」云云，考《魯公集》及家廟碑，真卿于師古爲四世從孫，不當稱伯祖，且序係元孫所撰，何由入真卿名？或真卿書此序時，不敢直斥叔父之名，夾注真卿叔諱，後人删却叔諱字，止留真卿字，故二字獨小而旁注也。然本集及石刻明作元孫，今當改正。元孫于師古正是祖行，《新唐書》稱真卿爲師古五世從孫亦誤，今據《唐書》以正序，何如據家廟碑也。

元劉壎《題干禄字書》云：「魯公之屋漏痕，即右軍之錐畫沙書皆第一。」不知所見何本。

〔一〕「中中」，疑衍一「中」字。

廣韻五卷

《廣韻》者，本唐天寶十載陳州司馬孫愐《唐韻》而增加焉者也。先是，唐世盛行陸法言《切韻》，其平聲以東、農非韻，以東、崇爲切；上聲董、勇非韻，以董、動爲切；去聲送、種非韻，以送、衆爲切；入聲屋、燭非韻，以屋、宿爲切。李涪《刊誤》所舉其乖誤非一，恤則以其注有差錯，文復漏遺，不無玉瑕珠纇，因參考《蒼雅》《字統》《字林》諸書補正之，名曰《唐韻》，總加四萬二千三百八十三字。《切韻》五卷，作於隋開皇初，長孫訥言爲之箋注，唐初學者轉有增加，至《唐韻》而益備，然猶不廢法言、訥言之序。及宋雍熙、景德間屢加討論，大中祥符元年賜名《廣韻》，中所引前代之書止言法言《切韻》，而前此李登《聲類》、吕静《韻集》、周顒《四聲切韻》、沈行《四聲》之類概不之及，又不著撰人，但録孫愐之序，而削法言、訥言二序，故晁無咎輒謂《廣韻》「法言所撰，孫愐加字」。其實《切韻》《唐韻》《廣韻》各爲一書，惟其義則相因耳。宋景祐中，宋祁、鄭戩等更爲《集韻》，列于學宫，《廣韻》遂微。然今《切韻》《唐韻》既亡，《集韻》亦不之傳，獨《廣韻》猶存，實隋唐舊迹也。蓋自平水劉淵併二百六韻爲一百七韻，名《壬子新刊禮部韻略》，黄公紹因之作《韻會舉要》，遂大行于世。後人尊用之，無復知有獨用、通用之别，輾轉傳訛，盡失本真，惟《廣韻》可見古法。吴郡顧寧人有藏足本，潁川陳上年祺公常欲借鈔，未得。此本乃關中李因篤天生于京師舊肆得明經廠本，康熙六年祺公與淮陰張弨力臣校刊之，前載恤序，據祺公序，稱此即係原本。予嘗見通志堂本，視此加詳，不知何者爲原本。明正德己卯，華亭顧文僖公清在禮部時，嘗取舊藏《廣韻》裝褾補綴，有書後一篇，在《清江集》中，據言此本甚古，今不知存否矣。

押韻釋疑五卷題曰「附釋文互注禮部韻略」，卷尾圖書「楝亭藏本，丙戌九月重刻于揚州使館」。方君體亦購得其本，今所謂丁度等《禮部韻略》即此也

宋歐陽德隆撰，郭守正重校。德隆，廬陵人；守正，號紫雲山人，世謂之「紫雲韻」。初，德隆病《禮部韻略》音釋未詳，與余合升夢得輯此書，字有釋，釋有義，悉本經史子集，參以省監程文，凡字同義異、義同字異皆印之古訓，斷以己意。紹定庚寅袁文焴序之。至景定甲子，守正因書肆板行數易，多所錯訛，取原本重訂，筆者千餘條，削亦如之，有《校正條例》甚詳，又載《淳熙重修文書式》，至理宗御名而止。每卷題篇曰「附釋文互註禮部韻略」，蓋就《韻略》增删之，非原本可知。且其中稱新制添入處甚多，如元祐初太學博士孫

謂所增，以及紹興以來監省續申增添之字，無不備載。或謂此即丁度等所撰《禮部韻略》，因而改換面目，如上平一東，「東，德紅切」領「凍」「蝀」二字，「通，他紅切」領「侗」「恫」「同」「童」等三十字，「通」上以圈隔之，「同，徒紅切」與「他紅」雖異切而同聲，故貫于「通」下，以其同紐也。其後「籠，盧紅切」則又加圈以隔之，以其異紐也。三鍾，「鍾」字「諸容切」，領「鍾」「蚣」「忪」等字，「舂，書容切」亦不加圈，與「通」之「同」同例。今則每遇換切既概頂格，則于雙聲疊韻之意乖矣。又如支韻「鐫」字，引《周禮·眡祲》「三曰鐫」，乃十煇之三也，今「三」字用硃寫，與凡韻下「釋」字、「亦」字、「又」字 例。又如二冬通鍾、五支通脂、十虞通模，舊皆附本韻連寫，不另標目，欲令舉子便於通用，今則各頂格另起。又九魚「苴」字注「編萑以苴之」，「萑」字係徽宗嫌諱，宋本當空，近人翻刻實以本字，而仍用墨圍其外，存舊式也。今亦改用硃寫，此類甚多。又除押韻釋疑之名，而後附《貢舉條式》一册，驟讀幾不可解，故詳記以便讀者。

魏了翁序吴彩鸞寫本《唐韻》云：「《韻略》之得名，以音韻各有畛略。『韻』字從音从員，『略』字从田从各，皆一形一聲，茲其大端。夫是書號《唐韻》，與今世所謂《韻略》皆不知而作者也。然其部敘于『一東』下注云：『德紅反，濁，滿口聲。』自此至三十四乏皆然。于二十八删、二十九山後繼以三十先、三十一仙，上聲、去聲亦然。則其聲音之道，區分之方，隱然見于述作之表矣。今之韻既不載聲音之清濁，而平聲輒分上下，以一先、二仙爲下平，不知『先』字自『真』字而來，學者由之隨聲附和，殊失古人造端立本之意。又是書别出『移』『臡』二字，注云：『陸與齊同，今别。』然則今韻從陸本，疑此書爲是。今韻列『亶』『談』于『侵』後〔一〕，升『蒸』『登』于『青』後，以古語『三』字叶『今』，『男』字叶『音』〔二〕，『黴』字叶『禎』，『仌』字从『兵』，疑今書爲是。「叶」下疑有脱誤，以明重刻《鶴山集》差謬甚多也。今書又升『藥』『鐸』于『麥』『陌』『昔』之前，置『職』『德』于『錫』『緝』之後，古語『白』爲『薄』，『宅』爲『度』，『舄』爲『鵲』，『石』爲『勺』，『錫』『緝』與『職』『德』聲爲最近。蓋創始者多闊疏，因仍者易周密，此皆學者所當知，而舉世莫之問也。余得此于巴州使君王清父，傳爲吴彩鸞書，雖無明據，而結字茂美〔三〕，編衺同葉子樣〔四〕，爲唐書無疑。若孫愐釋文較今本〔五〕，亦有增加處，要以此本爲正。」華父之言如此，據之則《韻略》亦得失忝半之書。而其聲類部域雖删去清濁之注，尚仍《唐韻》典型，不可没也。宋又有

《集韻》，今已無傳，明初劉三吾等《書傳會選》引之，稱丁度作，見《禹貢》「導黑水」注瀰渃江下云：「渃，音若。」此字但見丁度《集韻》，他韻並不收。

〔一〕「列亶」，《宋代序跋全編》卷四九《吴彩鸞唐韻後序》作「降覃」。
〔二〕「音」，原脱，今據《宋代序跋全編》卷四九《吴彩鸞唐韻後序》補。
〔三〕「結」，原誤作「紹」，今據《宋代序跋全編》卷四九《吴彩鸞唐韻後序》改。
〔四〕「同」，《宋代序跋全編》卷四九《吴彩鸞唐韻後序》作「用」。
〔五〕「釋」，《宋代序跋全編》卷四九《吴彩鸞唐韻後序》作「叔」。

古文四聲韻五卷

宋夏竦撰。竦字子喬，江州德安人，仕至樞密使，謚文莊，《宋史》有傳。是書集古文奇字，自《汗簡》至《鳳樓記》九十八種，準《唐韻》分爲四聲，前載慶曆四年表進序，列銜「開府儀同三司、行吏部尚書、知亳州軍事、上柱國、封英國公」。近時，歙人汪啓淑所刻，云係西陂宋氏所藏汲古影宋抄本，曲阜桂未谷馥得之，共相校正上板。案吾氏《學古編》

云：「前有序并全銜者好，别有僧翻本者不可用。」然則此固其好者歟？全謝山嘗從范氏天一閣借抄，前有晉陵許端夫序，紹興乙丑浮屠寶達重刊于齊安郡學，得非吾氏所稱不可用者歟？謝山謂以郭忠恕《汗簡》所引較之正同，蓋即取《汗簡》而分韻録之。《汗簡》部居本《説文》，而此則本《廣韻》，絶無異同增減，似亦非竟無用也。然熊朋來、杜從古輩皆嘗譏其舛謬，而英公鎮襄陽日，以誤解束帛爲胡大監旦所哂，則訓故之未明，何暇識文之今古？特以所引書今並無一存，故求奇字者以資考證，而《學古編·古文品》亦以之前列也。英公鎮襄陽日，詔賜致仕高年者束帛，乃以精縑十匹送胡，胡笑檢五匹還之，因取《韓詩外傳》及服虔、賈誼所解「束帛戔戔」示之。蓋束脩者，十脡之脯，實一束也。束帛，則卷其帛，屈爲二端，五匹遂見十端，表王者屈折於隱淪之道也。見《湘山野録》。謝山又云：《東觀餘論》有載雲林子曰：「政和六年冬，以夏英公《四聲集古韻》及宗室元繼所進本二書參寫，并益以三代鍾鼎器款識及周鼓秦碑古文、古印章、碑首，并諸字書所有合古者益之，比舊本差廣，以備遺忘。」《宋史·經籍志》《玉海》亦稱有宗室善繼《篆聲韻》，其視英公所集又不知何如？廣案：萬卷堂刊本《東觀餘論·跋古文韻後》作「元繼所廣本」，其後又云「作隸字書者多有譌舛，亦姑藏之以廣異同，觀者其自辨之」。據此，則元繼之本即增益英公本，而雲林所參寫别名《古文韻》，今之所傳，類多隸字寫本也。

增修互注禮部韻略五卷元版，宋本係抄補

宋毛晃及子居正撰。晃，衢州人，免解進士。居正字義甫，進士。晃以監本《禮部韻略》太簡，自元祐五年進士孫諤陳乞添收，僅得一二，至紹興十一年進士黄啓宗隨韻補輯，亦多闕遺，音切謬誤，圈注脱略，乃詳加考補，增入二千六百五十五字，校改舊本别體别音之字千六百九十一，正誤字四百八十五，其兩音、同音、互用、雙抑者悉爲詳注。紹興末，擬表進，不果。孝宗朝，居正奏御，又增益七千四百二字，然其元書所增字實不止此。魏了翁云毛氏《增韻》奏御之六十二年，居正應大司成校正經籍之聘，始克鋟于胄庠。人情趨簡厭繁，故較其始著尚多刊削，世之不遇者非特一《增韻》也。見《鶴山集》。此本疑是元刻，趙凡夫宧光藏本也。居正又有《六經正誤》，亦丁翁作序。

羣經音辨七卷宋本

宋賈昌朝撰。昌朝字子明，河南獲鹿人，天禧元年進士。治平中官至左僕射、觀文殿

大學士，封魏國公，謚文元。此書署直集賢院兼天章閣侍講，則成于神宗時也。以古字多假借，故一字之文音詁殊别者甚多，每講一經，隨録存橐中，久之編成七卷。分爲五門，一曰辨字同音異，二辨字音清濁，三辨彼此異音，四辨字音疑混，五辨字訓得失。自《易》《書》《詩》《禮》、《春秋》三傳暨《孝經》《論語》《爾雅》，凡字出諸經箋傳中者，及先儒義訓載在《釋文》者悉取焉，以《説文》爲字首，有自序。案王安石撰《魏公神道碑》作十卷，比此多三卷。

龍龕手鑑四卷抄本，杭州吴焯及弟城藏本

遼釋行均撰。行均俗姓于氏，字廣濟，山東人，遊燕晉間。釋氏舊有《香嚴》及《經音義》，行均以爲未精，乃寓金門搜輯之。凡新舊藏經所有，與夫流俗臆造之體，無不畢載，計六萬六千四百三十餘字，注十六萬三千一百七十餘字，以平、上、去、入爲次，每部復分四聲。名「手鑑」者，謂如鑑照形，妍醜畢露也。統和十九年丁酉書成，憫忠寺僧智光字法炬作序，稱其具辨宫商，細分脣齒，蓋其擅長專在于是。華嚴字母，固西方之學也，注間引

《爾雅》《廣雅》《説文》《玉篇》《字林》，餘如《寶燭》《隨函》《郭迻》《香嚴》之類，皆彼氏書，不可究詰者也。木部引《博物志》「舜造圍棋」，其部又引作「堯造圍棋」，知與儒書皆所不達。每字有數體者，分注古、今、正、俗、通與或作，往往倒置，無所據依，且多重出脱漏之字，存備參考則可，非字書正宗也。序又言行均撰《五音圖》附後，今本無。

古音駢字一册續編一册 抄本，無卷，今分爲六

明莊履豐、鼎鉉同輯。二莊毘陵人，以四聲，依今韻，集字之形異而音義相同者駢儷之，蓋小學之支流也，備檢亦佳。

六書故三十三卷

宋戴侗撰。侗字仲達，永嘉人。自謂精通六書，因許氏遺文訂其得失，所引經傳字體不取俗書，因增損點畫成之。崔銑《洹詞》常譏其「文互楷篆，形錯今古，失之億且鑿」，今觀其字，大抵用古隸，乃以《隸釋》證之，又不盡合。

四部寓眼録卷下

海寧周廣業耕厓

史部

竹書統箋十二卷

徐文靖撰。文靖字位山，當塗人，乾隆年以經學徵授翰林編修。《竹書》出於汲冢，今所傳止沈約附注本，位山以是書足證古事，倣鄭氏箋《詩》之例，并詳注之，訂誤、釋疑、補闕，年八十餘方成，乾隆庚午刊之。但此書軼見于裴駰《史記集解》及《水經注》諸書，多與今不同。宋時，黄長睿校東觀中祕本《師春》，已謂其與杜征南所序不同，而唐劉貺字惠卿謂《竹書紀年》序諸侯列會皆舉謚，是後人追修，非當時正史。如「齊人殲于遂」「鄭棄其師」，皆孔子新意。《師春》録卜筮事與《左傳》合，知按《春秋》經傳爲之，因著《外傳》。今

《外傳》無聞，乃其説則非無見，當與《東觀餘論》所載並爲此書精論，《餘論》見《雜録》。何箋家未之知也？余嘗欲取今本作《考異》一書，苦未得暇，閱《統箋》頗有見獵之喜。惜借閲他局，經昔即還，未能抄也。卷分十二，蓋循汲冢之舊目云。

史記一百三十卷殿本

漢司馬遷撰。合《集解》《索隱》《正義》刻之，每卷有考證，較凌本爲詳。

新唐書二百二十卷殿本

宋歐陽修、宋祁撰。是書争勝于劉者，惟恃文減事增。實則割翦不成句法，而事亦未見詳核。劉原父謂歐九不讀書，非過論也。

新唐書釋音二十五卷附《唐書》後

宋董衝撰。《通志·藝文略》作董氏，無名，題銜「將仕郎前權書學博士」。以音爲主，間及義訓，本附各卷後，故字多重見複出。以今本對之，頗有有音而無字者，知宋本與今本必有異。《玉海》「崇寧五年，董衡爲《釋音》二十五卷」，與今作「衕」者異。

通志二百卷殿本

宋鄭樵撰。樵字漁仲，莆陽人，仕右迪功郎。其《志》凡十八帝紀、一后妃傳，自廿一起，廿四爲年譜，廿五至七十七爲二十略，七十八以下皆傳也。總序詆子長爲不博雅，詆班氏爲剽竊，而自誇諸略云：「其禮、職官、選舉、刑法、食貨五略，漢唐諸儒所得而聞；氏族、六書、七音、天文、地理、都邑、謚器、服樂、藝文、校讎、圖譜、金石、災祥、昆蟲、草木十五略，漢唐諸儒所不得而聞。」《通考》已譏之。今觀其書，獨六書、氏族、藝文等略可節取耳，餘皆抄襲前人，雜以附會，紕繆不可勝舉。即以至淺易者言之，如兩漢帝紀，除馬、班、范氏原文外，每帝下取注中諱訓增入之，惠帝名盈之字曰滿，文帝名恒之字常，景帝名啓之字開，以至東漢靈、獻並然。夫盈爲滿、恒爲常，乃臣下諱避本字，取同義者相代，前人論之甚詳，而夾漈不知，誤認爲字，荒陋如此，他復何言！見者驚其文辭浩瀚，不復深究其失，余則謂節取數略，此外以供覆瓿可也。《晉·列傳》謝万「万」字，汲古本俱改爲「萬」，《世説新語》亦作「萬」。案：《干禄字書》去聲「万」「萬」，注云「並正」。《廣韻·願韻》「万」字注「無販切，十千」，「萬」字注「萬舞。《字林》『萬，虫名』，亦州名，又姓」，又「娩」字注「古『万』字」。謝散騎名万，而字万石，其必不取舞及蟲、州之名，可知此汲古之訛，今反改從汲古，是襲訛矣，從《通志》爲正。

北史一百卷殿本

唐李延壽撰。延壽，相州人，其父大師病南北朝所撰諸史各相詆斥，有乖名實，乃以宋、齊、梁、陳四朝爲《南史》八十卷，魏、齊、周、隋四朝爲《北史》百卷，未就而卒。延壽追紹先志，書成，以位望卑末，不爲人所重。後高宗見之稱善，别録以賜諸王，而藏本祕閣焉。唐人作前代史例皆避諱，自《晉書》以及北齊、後周、隋並然，相沿千載未有改者。如《北史》「景寅」「景子」之類，本皆「丙」也，避唐世祖諱，校者謂當改正爲「丙」，籤貼盈千累百。他若「淵」爲「海」爲「泉」，「虎」爲「獸」爲「武」之類，則又置之不問，殊可發噱。因戲占一絶云：「北朝舊史百篇森，丙景天干費檢尋。莫問侯深與彦海，可知隋將有韓禽。」蓋「侯淵」一避爲「深」，一稱字曰「彦海」，而「韓擒虎」則割去下一字也。

繹史一百六十卷

國朝馬驌撰。驌字驄御，一字宛斯，鄒平人，順治己亥進士，爲淮安推官，終靈璧縣令。書分五部，太古十篇，三代二十篇，春秋七十篇，戰國五十篇，外録一篇。每篇爲一卷，裒集經史子集傳記，以事爲經，條繫諸書，蓋紀事本末之體而稍變之，後附論斷，自天地帝王以及名物象數咸備焉。十年成書，康熙九年李清序之，板行于世。凡所採録，雖事止秦末，而文逮梁、陳。書惟四子不録，餘無不搜，雖無甚祕異，亦云富矣。宛斯博古著聞，人謂「馬三代」，顧亭林極推服之，尤精左氏，所著《事緯》余有之。

三遷志十二卷志孟子事

國朝孟衍泰重修。衍泰，鄒人，孟子六十五代孫也。先是，明嘉靖壬子蜀人史鼎山鶚創稿，取「三遷」之名，以誌孟母之教。至萬曆間，漢州胡繼先病其質略，乃與鄒人潘榛、周希孔潤飾之，改名「孟子志」。天啓間，吕濬及其子聖符重修，仍名「三遷」。康熙壬寅，衍泰復修，分爲十二卷。孔孟功在萬世，有志固宜，然陳鎬闕里，多所漏遺，而是志經數人之手，亦不免疏謬。如第一卷：祖德懿，子敬叔之後，既寂無聞，激公宜之爲名若字不可知，而直云孟激字公宜；仉氏見逸，《風俗通》云孟子之母姓仉氏，今亦不能據也。激公宜卒年無考，《韓詩》《列女傳》俱無孟子少孤之説，惟趙岐《題辭》言孟子夙喪之父耳，乃大書「生三歲，父孟激卒」，據内書「後喪踰前喪」，前後雖無定時，以士大夫三鼎五鼎推之，相隔必不甚久遠。《禮》曰：「喪從死者，祭從生者，祭以三鼎。」則孟子喪父在爲士之時，年已四十内外矣。如果三歲喪父，將士與三鼎皆襁褓間事，而臧倉且追述其數十年前，以爲毁鬲，大非情理矣。且《列女傳》載斷機事云：「織績而食，中道廢而不爲，寧能衣其夫子而長不乏食哉？」觀孟母此言，其非嫠恤顯然。且志名「三遷」，誌母教也。而卷十一題詠，《孟母贊》起于明，不知《左貴嬪贊》早在晉世，其詞曰：「鄒母善導，三徙成教。鄰止庠序，俎豆是效。斷機激子，廣以墳奥。聰達知禮，敷述聖道。」是志中第一古文也，何以不及？

大興縣志六卷

縣令張茂節輯。茂節，江南沭陽人，由拔貢康熙十二年任，以事去，至十九年復任。大興爲畿輔首邑，從未有志。茂節延順天孝廉李開泰等開纂，起康熙二十三年，訖二十四年。大抵循府志之例，而草創殊難，諸多闕漏，其至本省通志亦未及考，作者亦自以爲憾事也。

顔魯公石柱記五卷

唐顔真卿撰并書，歸安鄭餘慶莔畦箋釋。《石柱記》者，記湖州諸縣山水、陵墓、古蹟、寺觀，書而刻之石柱。莔畦得宋槧本，傳考史志爲之證辨，人皆服其該洽。余觀魯公宦迹，所至皆有紀述，如集中所載麻姑仙壇之類，而于吴興爲尤多。是《記》并及屏風竹扇，以爲物雖微，先代所留，不可泯没也。蓋自古忠孝之人性情未有不深厚者，故留連景物如此，否則一官傳舍，於日相接之賓友吏民尚膜不相關，況此邦古事哉！余舊嘗館五湖之濱二年，望沿庭如在對面，面湖流間之，去郡城六十里，又不得一遊，因賦二章識之。後閱《吴興掌故集》，不啻親詣其境。今復讀苕畦是編，益令人夢寐苕霅間矣。是《記》丁小疋進士所贈。

中吴紀聞六卷

宋龔明之撰。明之字希仲，崑山人，仕宣教郎。自序在熙寧九年，時年已九十二矣，命其子昱校録之。中吴者，宋蘇州府也。後唐時，蘇湖以南皆錢氏所有，因于此置中吴軍節度。希仲是書，取舊所聞于祖父者，自地志人物以及詼諧嘲謔皆載之，自謂倣范忠文《東齊紀事》及蘇文忠《志林》體，亦取其有戒于人耳。余觀朱勔等事，洵可爲戒，而獨盛稱丁晉公，謂章莊敏惇則是非頗謬矣。毛氏汲古閣重刊。

齊乘六卷

元于欽撰。欽字思容，益都人，仕兵部尚書。奉使山東，乃記齊地山川沿革、古蹟人物爲此書，號爲典核家。編修林汲先生所贈。

水經注十四册

休寧戴震校。《水經注》舊分四十卷，黄省曾、朱謀瑋本並然。先是，《水經》有郭璞、酈道元二家注，皆不言經爲何人所撰，故《隋書·經籍志》但云「《水經》三卷，郭璞注」「《水經》四十卷，酈善長注」而已，《新唐志》始以爲桑欽撰《水經》，而注僅存酈氏。考欽江南人，據《書傳會選》。在班固之前，《漢·地理志》多採其説，酈《注》亦往往引而駁辨之，則非欽撰甚明。戴氏序謂上不及漢，下不逮晉，爲魏人纂輯，似也。酈《注》詳于本經十數倍，原以補其闕略，傳寫既久，以注入經，勢所不免，宇文、歐陽每發其議，而未及是正。東原則云：「《崇文總目》『《水經注》亡者五卷』，今所傳即宋殘本，後人又加割裂，以足四十卷之數。如注文『江水又東逕巫縣故城』，注訛爲經，遂與前經『又東過巫縣南』割分異卷。《唐六典》云『《水經》列天下之水一百三十七』，今自河水至斤員水，止百二十三，應脱逸十四水，蓋在五卷中者也。王伯厚《通鑑地理通釋》引《水經》四事，唯魏興安陽一事是經，餘並酈《注》之訛爲經者。因爲審其義例，按之地望，參校各本，又以三十五之爲四十，合其所分，無復據證，遂以某水各自爲篇。」北方之水以河爲綱，南方之水以江爲綱，餘水以類差次，而以《禹貢》山川釋地及酈氏原序殿焉。曲阜孔繼涵曾助之搜訪，乃序而刊之，其用力可謂勤矣。但矯割裂之失，致盡變原書體製，既主張太過，其中亦似有援經入注者，惜未得别本參考。余從邱芷房師借觀，言葉先生佩蓀嘗有駁正數處，恨未及見，僅爲校正一二歸之。案：《續漢書·郡國志》魏郡鄴有故大河、故滏水，劉昭《補注》引《魏都賦》曰：「北臨漳、滏，則冬夏異沼。」注云：「《水經》鄴西北。滏水熱，故名滏口。」今「濁漳水」條下經無滏水、滏口之名，惟注云：「漳水又北，滏水入焉。水出鄴西北石鼓山南巖下，泉源奮湧，若釜之揚湯，其水冬温夏冷。」夫左思既漳、滏並稱，統復河、滏連舉，則滏亦名水矣，安知戴所云逸脱十有四水，滏不居其一乎？顧何以經亡而注獨存也？又《續志》遼西郡臨渝縣，《補注》云：「《山海經》曰：『碣石之山，繩水出焉〔一〕，其上有玉，其下多青碧。』《水經》曰：在縣南。」今經亦無繩水出臨渝縣南之文〔二〕，唯濡水注有云：「濡水又東南至絫縣碣石山。文穎曰：碣石在遼西絫縣。」由此觀之，經之逸缺而軼見他説者正復不少，東原乃未見及此，何也？善長涿人，即巨馬河注所云「東，酈亭溝水注之。水上承督亢溝水於遒縣東〔三〕，東南流，歷紫淵東〔四〕。六世祖樂浪府君，自涿之尊賢鄉爰宅其陰」者也〔五〕，爲人博覽，其所徵引足資考證者非少。《東觀餘論》稱漢碑刻與《水經注》不同者，如《王純碑》，道元注云「王紛碑」，又《州輔碑》注云「州苞」，《袁良碑》注云「袁梁」，又《屬國都尉王君碑》注云「姓王，字子雅」，若此之類，皆考古者所必究，雖引書間有謬誤，不爲害也。《元文類》有歐陽玄序金禮部郎中蔡正甫所撰《補正水經》三卷，略云：「唐杜佑作《通典》時，尚見郭、酈兩《注》，于郭言疎略，于酈無言，而撰人未考。《舊唐志》始云郭璞作。宋《崇文總目》但云酈《注》四十卷，亡其五。《新唐志》乃謂漢桑欽作《水經》，一云郭璞作，今言桑欽本此也。説者疑欽爲東漢順帝以後人，以㲋一此字有誤縣疑之也。今經言江水東逕永安宮南，永安宮爲昭烈託孤之地，得非蜀漢間人所爲乎？其言北縣名多曹氏置，南縣名多孫氏置，近代宇文氏以爲經傳相淆者，此説近之。必作經作傳之人定，而後可分也。《漢·儒林傳》桑欽，晁氏謂成帝時人，使古有兩桑欽則可，審爲成帝時欽，則是書不當見遺于《漢·藝文志》也。余觀《水經》述作，往往見于南北分裂之時，借曰《舊唐志》可據，則作者南人，注者北人，當時此疆彼界，焉知不限于聞見，意有志之士傷同風之無時，故寓深意于其間乎？正甫之意殆如此。翰林應奉蘇君伯修購得其書，將板行之，屬余序。」

〔一〕「繩」，原誤作「編」，今據《後漢書·郡國志五》改。
〔二〕「繩」，原誤作「編」，今據《後漢書·郡國志五》改。
〔三〕「亢」，原誤作「元」，今據文淵閣《四庫全書》本《水經注》卷十二「聖水、巨馬水」條改。
〔四〕「歷紫淵東」，原誤作「曆紫淵東」，今據文淵閣《四庫全書》本《水經注》卷十二「聖水、巨馬水」條改。
〔五〕「尊」，文淵閣《四庫全書》本《水經注》卷十二「聖水、巨馬水」條作「先」。

古今姓氏書辨證四十卷從《大典》抄

宋鄧名世撰。名世本名命世，武陽高棐爲更今名，字元亞，撫州臨川人，文昌先生孝甫之孫也。是書據李心傳《繫年録》、王應麟《玉海》，俱云紹興四年表上，授右迪功郎。今觀卷首有高棐序，在宣和六年，又名世子椿年序，謂有三本，宣政間所成者五卷，遺闕甚多。既于建炎初成十四卷，最後紹興辛酉由史局旋里始克全，而猶未成，椿年又取宋人文集、行狀、墓誌訂證之，續爲四十卷，乾道四年序。然則高所序直五卷本，紹興所上者十四卷本，故《宋會要》卷止十四，《中興書目》又止十二也。《文獻通考》《宋志》所載四十卷，則椿年續成本也。其書依韻編輯，以《元和姓纂》爲主而多所辨正，他所引自《風俗通》而下，如何承天《姓苑》、張始興《姓源韻補》、孔至《姓氏雜録》、傅餘頔《複姓録》〔一〕、頔，複姓傅餘。賈至《姓氏譜》、吴氏《千姓編》、邵氏《姓解》及《宋熙寧姓纂》，以至百官公卿家譜、選曹脚色，無不摭録而糾正之，然仍訛襲謬者亦復不少，朱子《或問》嘗引之。原書國姓居首，餘分四聲，今只依韻。椿年嘗作《畫繼》，却單名椿。

中有云：「肷，音橋。《廣韻》曰：『人姓也。』出《韻補》〔二〕。因知張始興公《姓源韻補》在《廣韻》之前。」

〔一〕「傅餘頔」，原誤作「傅餘顔」，小注同，今據《元和姓纂》卷七改。

〔二〕「補」，文淵閣《四庫全書》本《古今姓氏書辯證》卷三十七作「譜」。下同。

子部

東觀餘論二卷 原序十卷，今分上下

宋黄伯思撰。伯思字長睿，亦字長孺，自號雲林子，亦號霄賓，閩邵武人，政和年官至左朝奉郎、行祕書省祕書郎。長睿警敏，喜讀書，嘗官洛下，得名公卿家所藏古器，辨正款識，研究字畫，以淳化年所刻法帖王著緒正者多有錯午，著《法帖刊誤》十卷，即此書所首列者也。其在館閣校正册府藏書，凡著《古器説》四百六十二篇，並載《博古圖》。又著《地志》，載《九域圖志》。此書《刊誤》後俱論古器，下卷專跋古書畫，乃其子訒所集，以在東觀所著，故名《東觀餘論》。長睿卒于政和八年，年僅四十，觀文殿學士李綱爲之銘墓，文載《梁谿集》，此書亦附《梁谿集》甚多，曾急手一翻。墓在鎮江府丹徒縣。訒刻此于建安漕司，明萬曆甲申秀水項篤壽翻宋本。篤壽字子長，自號城南耕隱，世所傳項氏萬卷堂本也。長睿好古字，凡次第「第」字俱依《説文》作「弟」，卷帙「卷」字俱依《真誥》作「弓」，謂「弓」是「卷」之省文。小宋《大一宮詩》[一]：「瑞木千尋竦，仙圖幾弓開。」注云：「《真誥》以『一

卷』爲『一弓』，非也。陳景雲謂是『篇』字〔二〕，亦誤。」説已詳别録。新安方君體擕此書入都，甚珍惜之，旅貧，鬻某氏，而即墨張君鶴爲之介紹，余因得寓目，爲且喜且感云。

〔一〕「大」，《全宋文》卷三三六一《黄伯思六》作「太」。

〔二〕「雲」，文淵閣《四庫全書》本《東觀餘論》作「元」。

唐摭言十五卷

唐王定保撰。定保，瑯琊人，方慶八世從孫也，登光化三年進士。是書專紀進士應舉登科雜事，列爲一百五門，各爲論贊，有關一朝典故。案：進士科起于隋，盛于唐，得失之際，判若雲泥，争者既多，弊亦百出。就其所載，干請營求已極醜態，則皆「白衣公卿」「一品白衫」之號誤之，士習之壞未必不由于此。是書向于《稗海》見之，此爲德州盧氏所刊，雕印甚精，惜訛字甚多，未及校正耳。

草木子四卷

元葉子奇撰。子奇字世傑，處州龍泉人，仕巴陵簿，棄官去。洪武十一年春仲，有司祭城隍神，羣吏竊飲豬腦酒，縣學生發其事，連及子奇。在獄以瓦研墨，有得輒書。事釋，家居，續成之，得八篇，前四篇論天地民物之理，後四篇記元事及雜説。嘗自號草木子，因即以名書。後有正德丙子南海黄衷序，云「先生自序，有慕虞卿之爲。舊篇二十有二，今約爲八，凡四卷」，知原書不止此。是編爲嘉靖己丑漆濱廖自顯所刊，無自序。嘗見廖刊馬總《意林》，亦在是年，《意林》多所删汰，意此亦廖所删也。子奇又有《太玄本旨》《範通》《静齋集》等書。

文昌雜録六卷

宋龐元英撰。元英字懋賢，南安人，丞相籍之子。元豐年官主客郎中，在省四年，所記官制及朝章典故甚詳。以尚書爲文昌天府，故名《文昌雜録》。亦德州盧氏所刊，以上三書從肆中買得。

東京夢華録十卷舊借朱氏附録

宋孟元老撰。元老自號幽蘭居士，紹興丁卯年追記東京歲時風俗。

夷堅志二十卷

宋洪邁撰。邁字容齋，鄱陽人，所紀亦鄱事爲多。

學古編一册

元吾丘衍撰。衍字子行，號貞白居士，太末人，隱居錢唐。高潔自持，尤工籀篆。其説古體有三十五舉，又備述合用文籍品目，大抵爲印章而作，首有危素、夏溥二序。

子閒居録一册

前人撰。右二册皆吾民部渭璜所校刻，蓋貞白後裔也。貞白制行之高，游藝之妙，聞之稔矣。既獲讀二書，覺流風去人未遠，抑尚有疑焉者。戊子同年惟吾姓爲榜花，而貞白實係吾丘氏，危太素《學古録序》及貞白自序並然，獨是《録》陸友仁跋直曰吾子行，夏溥口先生姓本吾丘，其私印有「竹素書房」「吾氏子行」云云，知當時亦自謂吾氏。案：《通志·氏族略》吾氏，己姓，夏諸侯昆吾氏後，其地即濮陽，漢有吾扈，吴吾粲，晉吾彦，俱吴人，此以國爲氏者。吾丘氏即虞丘氏，晉大夫虞丘子著書，楚莊王相有虞丘子，此以邑爲氏者。單複之間，源流迥别。《漢書》吾丘壽王字子贛，趙人，武帝時以經術聞，《史記》作虞丘壽王，此虞、吾通用之證。當時貞白先世，夾漈音「吾」爲「魚」，展武人呼「魚」若「唔」，因亦呼「吾」若「唔」，則非昆吾之後甚明。貞白自宋初居太末，今衢州也，陸友仁跋稱魯郡吾子行，亦不可解。余觀貞白論私印、單名、二名、行字，不肯稍苟，于姓源必自有説，試還質之渭璜。

唐類函二百卷萬曆年刊

明俞安期撰。安期字羨期，東吴布衣，篤志好古。是書薈萃唐人《北堂書鈔》《藝文類聚》《初學記》、杜氏《通典》、《六帖》諸類書以成，或省併成文，或分删换目，所取皆唐人書，故名《唐類函》。《北堂書鈔》久闕，明陳禹謨補之，此書亦有取焉。時令又取《歲華紀麗》。

御定駢字類編二百四十卷

謹案：是書分十三門，曰天地，曰時令，曰山水，曰居處，曰珍寶，曰數目，曰方隅，曰采色，曰器物，曰草木，曰鳥獸，曰蟲魚，而人事門則補遺也。約二字爲目而詳注之，仍以首一字爲標，分繫經史傳集之文，類書之集大成者也。中引書亦有名《駢字憑霄》者，不知撰人。聖祖命儒臣纂輯，經宸衷裁定，雍正六年刊，御製序。

池北偶談二十六卷

王士禛撰。一至四談故，五至十談獻，十一以下談藝、談異。

千金備急三十卷

唐孫思邈撰。思邈精醫，小説載思邈常見小青蛇被傷，贖而救之，後見一白衣少年下馬拜謝，迎至城郭，若王者居，以輕綃、金珠贈之，不受，遂取龍宫藥方三十首與之，思邈著《備急》三十卷，每卷藏一方焉。余舊在小桃源朱氏見此書，其方有不宜於今者，亦有言房術者，但可供檢閱而已。至其議論之佳者，則不可廢也。

尚論篇四卷後篇四卷

明喻昌撰。昌字嘉言，江西新建人。嘉言本儒者，中副榜，後棄而逃禪，精于醫理，遊吴會，所著書甚見重于時。《尚論篇》乃較正漢張仲景《傷寒論》，就當日所有三百九十七法、一百二十三方，分各經所患，次第論列爲四卷，又於傷寒中摘出春温一症，别爲起例，及諸方脈症注釋爲四卷。其前四卷與《寓意草》《醫門法律》早刊行世，而後四卷闕焉。歲在丙戌，武原吴先生儀洛輯《傷寒分經》一書，以《尚論篇》爲本，而稍加節潤，攜稿就余商確，凡有一得之愚，無不採録，但恨不得後四卷。時季弟慎齋歸自江右，得陳氏新刊本，檢視亦未之有。先生乃周章補綴於春温後，别列夏熱脈法諸方、辛病秋燥數篇，共成十卷，其用意良苦，余固愛莫能助也。然每閲市，未嘗不留心搜訪。甲辰四月，於琉璃廠書店見有刻本，則乾隆己未靖安舒斯炅長明氏所續刊也，闕其第三卷，余遽買以歸。比較吴書春温諸方，信然矣。夏熱秋燥脈法則固無有繼。又得江西陳氏續刻《後篇》，則第三卷亦在。

惜吴先生已於卯秋下世，不得郵歸共證矣。舒本前有新吴甘汝來序，極言此書非僞本，以喻先無子，遺稿皆付其壻舒英，此稿出于外孫舒斯蔚故也。

醫門法律六卷

前人撰。此書專爲庸醫殺人者作，每症詳其治法，而反是者糾之以律。

寓意草

前人撰。右三書醫家所必當讀，即醫家不能讀，儒家則必當讀。上醫醫國，豈僅操刀圭課十全已哉？惟喻氏筆力太横，議論未免有過當處，此又存乎讀者之知所去取也。

集部

金華子雜編二卷從《大典》抄出

南唐劉崇遠撰。崇遠字□□，河南人，仕至大理司直。少慕赤松子兄弟，讀其書，思其人，恍遊金華之境，因自號焉。編述唐季事實，自承平迄于離亂，凡一百餘條。案：《通志·藝文略》三卷，注云：「記大中、咸通後事。」《紺珠集》所引凡七條，此僅有其六。蓋就《大典》所有録之，卷既不符，所闕亦不少矣。

金氏文集二卷從《大典》抄出

宋金君卿撰。君卿字文叔，饒州浮梁人，慶曆間進士，官至尚書度支郎中。其父温叟，范文正嘗誌其墓，稱君卿能以才自起於貧賤，慨然有任天下之志。文正又嘗榜其所作賦於郡庠，爲士子式，曾子固、王介甫、歐陽永叔皆有詩贈之。至和中，屢上封事，言極剴切。遺藁本十五卷，門人臨川江明仲所輯。《宋史》止十卷，久佚。此就《大典》所有編之，前有富臨序，今古詩流美，啓狀雜著俱清麗可誦。末有《傳易之家》一篇，序授受爲詳，而辨重卦始文王，尤明確云。

文説一卷

元陳繹曾撰。繹曾字□□，□□人，戴表元弟子也。首云：陳文靖公問爲文之法，繹曾以所聞於先人者對曰：「一養氣，二抱題，三明體，四分間，五立意，六用事，七造語，八下字。」中稱先尚書云：今世爲學不可不隨宜者，科舉之文是也。科舉之文，有不得不與朱子《語類》參者，如讀四書當謹守《章句》《集注》，參以《或問》《語録》及文公《人全集》；《尚書》主蔡氏，參朱子《語録》；詩主《集傳》；《易》先《啓蒙》，次《本義》《九圖》，次《五贊》，次《繫詞》《説卦》，乃可讀上下經、《彖》《象》《文言》《序卦》《雜卦》；《春秋》斷以胡氏，取朱子《語録》及張洽之説折衷之；《禮記》雖主古疏，然制度當訂以朱子《經傳通解》，義理當訂以朱子《語録》；他如古賦、詔、誥、章、表、策，皆科舉所用者。此元時取士之制，朱學偏重實始于此，相沿既久，古注疏束高閣矣。

性善堂稿十五卷從《大典》抄出

宋度正撰。正字伯周，一字周卿，四川遂寧人，早喪父，爲縣户掾。年二十四，以《周禮》舉于鄉，高宗朝進士，知華陽縣。罷歸，以趙運使薦，獻策時宰，除益昌訓導，累遷至重慶路監司。嘗走建安，奉其母蹇太宜人命，受業朱子之門，朱子深契之。其稿古今詩四卷，餘皆表狀、劄子、書序、記頌、銘跋也。詩清和，四六雋逸，文亦淵茂，粹然儒者之文，而不流于迂腐，於周、程、張、朱之言尤娓娓焉。

客亭類稿十四卷從《大典》抄出

宋楊冠卿撰。冠卿字夢錫，江陵人。多四六、劄啓，亦有詩。

陸士龍集十卷明刻本

晉陸雲撰。雲字士龍，雲間人，與兄機、弟耽齊名，時稱「三陸」。本傳稱雲著文章三百四十九篇，久散。是集明新安汪士賢校，吴人王元懋序，訛錯甚多。

王子安集十六卷明刻

唐王勃撰。勃字子安，太原祁人，淹之孫，福時之子，「初唐四傑」之一也。明末閩漳飛遁道人張燮紹和，既搜刻漢魏以來七十餘家文集，繼及初唐，將竣而歿。其序盛稱四傑有忠孝大節，不徒文藻，深不以裴行儉器識之言爲然，謂其病止于揚己護前，無所與讓，爲先輩所惡，視六朝傷化敗俗者相去萬里。因録王長公《藝苑卮言》一則于前，蓋亦千載知己也。賦詩計三卷，序、表、啓、書、論、頌、贊九卷，碑狀共三卷。駢儷之體，六朝争尚，子安仍之，典麗喬皇。所隸事皆唐以前書，近不傳者多矣，安得博雅者爲之詳注也。

紺珠集十三卷不見底本

宋人撰，或云朱勝非。前有王宗哲序，作於紹興丁巳，中云建陽詹公寺丞出鎮臨汀，出示茲集。其首則云《紺珠》之集不知起自何代，然如歐文忠《歸田録》、沈存中《夢溪筆談》之類，所採北宋人書非一，豈得云不知所起乎？今計雜採之書凡一百三十餘種，翦削過當，又字句顛錯不可讀，余爲訂正者幾千字，始稍可上口。按《螢雪雜説》云：「前輩節書並用，首尾該貫，第一節其緊要，第二節其好句，第三節其故實，繁辭盡削，所以便于燈窗場屋之用爾。」讀此書，知俞氏之言爲信。

杼山集十卷汲古本

唐釋皎然撰。皎然姓謝氏，康樂十世孫，長城人，初名皎然，字清晝，晚名晝，字皎然。時人語云「苕之晝，能清秀」，因又號清晝焉。始居湖州興國寺，晚居杼山東溪草堂。能詩，妙悟禪理，與武林僧清江齊名，時稱「二清」。嘗謁蘇州刺史韋應物，效其體作古詩十數篇，韋了不喜，乃獻舊製，大加獎嘆，因曰：「師幾失聲名，何不但以所事見投而妄希老夫之意？人各有所得，非猝能辦。」晝大服。貞元間，于頔刺湖州，相與酬倡，後入集賢院，徵其文編次而爲之序。晝又與陸鴻漸莫逆，顔魯公作《韻海》，命贊其事。《高僧傳》云：「好爲五雜組，用意奇險。」今集所載殊少，且與諸人聯句，非盡皎然作也。爲僧好興冥齋飯鬼，多奇應。貞元年卒。《唐志》集十卷，此本五七言詩六卷，餘四卷歌詞及僧塔銘贊序之類。

陶山集十二卷《大典》録出，聚珍本

宋陸佃撰。佃字農師，山陰人，熙寧進士，徽宗朝官至尚書右丞，出知亳州卒。《通志》載集三十卷，早佚。茲所録詩三卷，劄子、狀、議、表五卷，餘爲經論策問之屬，末三卷誌銘。據魏了翁《師友雅言》，稱《陶山集》首辨「大裘」鄭康成謂「黑羔裘」者非云云，則原集以經論爲首矣。

心泉學詩稿六卷從《大典》抄出

宋蒲壽宬撰。壽宬，閩人，《通志》稱爲壽庚弟。首賦及古近詩，後附詩餘。讀其《示兒》《拙婦吟》等篇，似好學沖淡，未必類其兄之所爲。又古賦云：「念故園之燕麥，悲荆棘之銅駝。爾乃託延陵之厚俗，因夷獠之同波，苟聲教之可暨，豈古道之有他。」則曾寓居江南矣。

懷清堂集二十卷

國朝湯右曾撰。右曾號西厓，仁和人，官至吏部侍郎。少以能詩見賞王阮亭，與查夏重齊名。康熙癸巳赴熱河謝恩，於都憲揆公敘寓，賦瑞應寺並蒂文光果詩。聖祖聞而取閲，特賜和章，舉朝傳誦，羣公屬和，爲一時盛事。先是，使黔中，有《使黔中集》。生平詩稿萬餘，手選定者古今體千四百餘首。乾隆丁丑刊，有北平黄叔琳序。詩裁清麗，與敬業堂異曲同工。

莊靖先生集十卷抄本，揚州馬裕藏

元李俊民撰。俊民字用章，别號鶴鳴老人，山西澤州人。邃於經學，尤長於《禮》。金承安庚申，舉經義榜第一，入爲應奉翰林文字，年甫弱冠也。旋棄官，授經鄉里，逃名嵩山中。元初徵入，仍乞還山。主文盟四五十年，著述不下數萬篇，遭亂遺失。卒謚莊靖。歲在癸卯，郡侯殷正卿始集其文十卷刻之，皆晚年所作，門生劉漢臣、濟之、君祥、仲寬、姚子昂實左右之，號《鶴鳴集》，長平李仲坤、同郡劉瀛、門人史秉直等作序。越二百餘年正德戊辰，總漕都憲沁水李瀚重刻，從其謚曰《莊靖遺集》，及淮東葉贄序。首古賦，次古今詩，其卷三爲一字百題，皆五絶，而卷六襄陽詠史，皆七絶，又集唐宋人句六十餘首，卷七樂府，卷八府傳譔記，卷九碑贊青詞，卷十祭文疏表，清才雅韻，隨寓發舒，雖遊戲之詞，亦古雅絶倫。

東江家藏集四十二卷嘉靖九年刻

明顧清撰。清號東江，華亭人，弘治壬子解元，癸丑進士，歷官禮部尚書，謚文僖。其子天秩、孫應陽裒集其詩文刻之。

潛齋先生文集十一卷抄本，附《鐵牛翁集》一卷

宋何夢桂撰。夢桂字巖叟，初名應祁，字申甫，號潛齋，嚴州淳安人。咸淳丙寅進士，官至大理寺卿，以時事不可爲，引疾去。入元，徵辟不起。其文集刊行未久，失火。成化乙巳，八世孫淳爲湖廣憲副，重刊之，金谿徐瑗序其後，檇李岳元聲校定，宗孫之綸重梓。詩文和雅，雜文儷體亦多逸致。鐵牛翁者，潛齋族孫，名景福，字介夫，號鐵牛子，晚年避兵武林，後歸淳，詩酒自娱，此卷爲其從孫如晦所得，序而附之。

蘇平仲文集十六卷抄本

明蘇伯衡撰。伯衡字平仲，自號空同子。其先眉人，文定公長子待制遲知婺州，家

焉，遂爲婺之金華人。伯衡，其九世孫也，元鄉貢進士。明初，由國子學正擢翰林編修，以聵辭。宋文憲以翰林承旨致仕，薦之自代，以疾固辭。其文雄博，好擬古，首卷補《周書》《獻禾》《歸禾》《嘉禾》三篇，《范宣子復鄭子産輕幣書》以及鄭義門《師儉訓》、趙彦嘉《畏慎訓》皆擬經之文。末卷《空同子瞽説》二十八首，則依倣諸子爲之。他如制誥頌贊、説記傳序、碑文誌銘，各臻其妙，其于銘傳則善善從長，纖微必録，卷十五則詩也。宋濂、劉基爲序，蒙陰簿永嘉林與直編次，金華判官章貢黎諒重刻。

此山先生詩集十卷寫本

元周權撰。權字子衡，括蒼人。元初，肥遯丘園，詩裁清逸，趙子昂爲書「此山」二字，並贈詩云：「青青雲外山，炯炯松上月。念此山中人，風神照松月。」遂號此山。延祐間，四明袁文靖公桷薦領史職，旋歸，肆志詠吟。此集陳旅選定，號曰《此山先生集》，前有袁桷、歐陽原功、陳旅序，後有揭奚斯跋，皆在元統年。

孫明復小集一卷寫本

宋孫復撰。復字明復，晉州平陽人，舉進士不第，退居泰山，著《春秋尊王發微》十二篇。年四十未娶，時相李迪以姪女妻之。范仲淹、富弼薦爲國子直講，仕至殿中丞卒。《宋史》稱復既病，神宗命其門人祖無擇就其家抄得書十五萬言，今此《小集》文九首、詩三首，僅萬字而已。首爲《堯權論》，大旨謂堯不能舉元愷，誅四凶，非力不能也。舜起側陋，世德弗耀，堯將授位焉，懼岳牧未必盡臣，四海不盡戴，故特留此，使歸大功于舜，以爲是乃堯之權。此論大謬，「堯不能舉」云云，本季氏之讆言，即信有之，當時必自有說。若果抑賢養惡，以顯舜之功，則直後世權詭之霸術耳，堯豈有是事、有是心乎？孔孟之所謂權，亦豈有是事、有是心乎？韓非稱「堯欲傳天下于舜，鯀諫，不聽，殺之羽山，共工又諫，不聽，誅之幽都，于是天下莫敢言」，此戰國誣聖之言，今乃以誣岳牧，而且以權稱之。昔漢儒以反經合道爲權，程子非之，以爲「權只是經。自漢以下，無人識得『權』字」，若明復者亦不識「權」字者歟！宋儒說「權」字亦誤，《經典稽疑》論之甚詳。

貢文靖公雲林詩集六集寫本，曹倦圃家藏，有圖書

元貢奎撰。奎字仲章，自號雲林，宣城人，官集賢直學士，即尚書玩齋之父也。後追封廣陵郡侯，謚文靖。著有《聽雪齋紀》《青山謾吟》《倦遊集》《豫章稿》《上元新録》《南湖紀行》等書，永樂間以采書收入祕府，遂失其傳，惟《雲林集》藏于家，而亦未全。曾孫元體蒐補成六卷，弘治庚戌天台花吉識，前有三山陳嵦序，洪熙乙巳作，稱公三世孫蘭字斯馥所請云。

山海漫談五卷

明任環撰。環字應乾，號復菴，山西潞安人。嘉靖甲辰進士，知廣平等縣，遷蘇州同知。倭患起，竭力捍禦，以功擢按察簽事。益飭厲，大破倭兵，詔優獎蔭一子。年四十卒，贈光禄卿，蘇人祠事之。集中序、記、書各數篇，詩尤真率，四、五兩卷則附諸人所作傳碑序詩也。

麟原先生文集十二卷後集十二卷抄本

元王禮撰。禮字子讓，自號清和道人，廬陵人。因所居宣溪後有憩麟山，學者稱麟原先生。至正庚寅鄉舉，授安遠教官，陞興國主簿，親老告歸。參政全普菴辟置幕府，世事日非，隱居教授。明洪武聘爲福建廣西考官，丙寅年卒。嘗集元初以來朝野詩爲《長留天地間集》，計一千三百餘首，又《滄海遺珠集》五百餘首，其自著詩文前後若干卷。其諸孫謙被薦入京，乃介大理寺卿同節以示永新劉定之，因爲序，原有雲陽李祁序。麟原初字子尚，後改子讓，有《易字説》。

成都文類五十卷録一卷今無録

宋袁説友等輯。説友字□□，建安人。慶元間，由寶文閣學士出爲四川安撫節度原作「制度」，不知何故。使，兼知成都軍府事。以益爲古大都會，江山文物最爲雄盛，乃與僚佐扈仲榮、楊汝明、費士威、何悳固、宋德之、趙震、徐景望、程遇孫等，裒集漢魏以來迄于嘉熙之文若詩，分類編輯，得篇一千有奇，類爲十一目，釐爲五十卷。首有自序，其編集八人姓氏另列一頁，蓋扈仲榮等分編而袁總其成，故向皆稱爲袁書。今目録稱程遇孫等輯，寫本又題扈仲榮撰，未免偏枯，謹仍其舊書之。

余購此書積年，今喜得見其第三十三卷祠廟門有《靈應廟記》三篇，首爲周良翰《新繁縣靈應廟記》，已從《全蜀藝文志》輯入《文昌通紀》，至楊祖職、章森二記則創獲之，即命學子篝燈録出，以俟續刻，神之功德因之益烜赫矣。余有志喜詩云：「雷杼誰云化跡湮，淳熙功烈翠珉鐫。武擔山外開珠館，龜化城頭駐玉轤。韶郡圖經曾乞借，蜀都文獻足流傳。元明亦有如椽筆，祠録重搜井度編。」

草堂雅集十四卷抄本

元顧瑛編。瑛字仲瑛，號玉山，崑山人。所收詩類同時高隱之士素所還往者，黄縉、陳基、張雨、倪瓚、王褘等數十人，間附玉山和韻之作。新巧綺麗，元人能事，是詩題畫詩爲多，蓋玉山好藏古書畫，故物聚所好云。抄本無前後，疑非完書。

見素集二十八卷續集□卷奏議七卷

明林俊撰。俊字待用，號見素，晚號雲莊，福建莆田人。成化戊戌進士，官至刑部尚書、太子太保。憲宗朝，疏劾妖僧繼曉，杖謫。遇事敢言，數立軍功，嘉靖間致仕。文故作奥折，無甚深致。《續集》爲詩。

可齋雜藁三十四卷可齋續藁八卷後續藁十二卷抄本

宋李曾伯撰。曾伯字長孺，號可齋，荆州人，三與漕薦不第，晚賜奉常第。初參戎幕，歷鎮荆襄嶺蜀。表啓疏奏凡代人及自作俱清雅可誦，詩詞不多，亦有逸致。《續藁》刻于寶祐甲寅。

樊川文集二十二卷原二十卷，外集二卷

唐杜牧撰。牧字牧之，京兆人，世居杜樊鄉，《水經注》云實樊川也，集因以名。前有

裴延翰序，明南陵鄭郲輯而刻之，崇禎年也。詩、文略相當。

宋景文集六十二卷《大典》抄出，聚珍板

宋宋祁撰。

午亭文編五十卷

澤州陳廷敬撰。廷敬官至大學士。卷一至二十皆詩，廿一至廿四雜著，廿五以下經解、奏疏、史評、墓誌等。

謙齋文録四卷

明徐溥撰。溥字□□，常州宜興人。景泰甲戌進士，孝宗朝入相，謚文靖。方憲宗時，以刑部主事劾妖僧繼曉，杖遣。嘉靖議禮，亦以直聲聞。有門生朱希周序。

東里集九十七卷別集□□□

明楊士奇撰。士奇名寓，以字行，號東里，江西泰和人。由明經入翰林，官至大學士，謚文貞。文廿五卷，詩三卷，續集、別集、附録若干卷，康熙年刊。

顔魯公集十六卷補遺一卷年譜附録各一卷刊本

唐顔真卿撰。真卿字清臣，小名羨門子，別號應方，京兆長安人。開元進士，仕至太子少保，封魯國公，事詳《唐書·忠義傳》。著有《興觀》《廬陵》《臨川》等集，俱早佚。宋時，宋次道集其詩文詞于金華，成十五卷。嘉定間，留元剛字茂潛，丞相留正之子。守永嘉，得其殘本十一卷，乃別爲補遺，又次爲年譜，後人復分元剛本爲十五卷以足之。明萬曆中，真卿裔孫胤祚有重刊本。此本爲錫山安國所刊，有宋劉敞序，稱吴興沈侲輯，詩、賦、銘、記若干篇，爲十五卷，首奏議、表，卷四以下碑、誌，十一書帖、題名，今又補家廟等碑爲補遺卷十六，年譜、行狀、神道別爲三卷。

龜巢稿十七卷抄本

元謝應芳撰。應芳字子蘭，常州武進人。至正丙申避亂甫里，依舊識劉翁築室一區，取「千歲之龜，巢于蓮葉」之義，名曰「龜巢」，因號龜巢老人。著有《辨惑論》《思賢》《懷古》等録，俱先後刊行。明洪武十年，病中自爲墓誌，口授友人江陰張端書之。後年，九十餘卒。其稿首賦，次詩、啓、序、疏、詞、誌、銘、箴等，十六、七兩卷又爲詩，前無序録，似非足本。中記元人事跡，足資考證。吉學士今陞冏卿渭厓先生方纂《丹陽聞見録》，見其間有涉丹陽事，借閲一宿，録出見還，前輩留意故鄉文獻如此。

二薇亭詩集一卷抄本，知不足齋藏本

宋徐璣撰。璣字文淵，號靈淵，晉江人，徙永嘉，官建安主簿，終長泰令。與徐靈暉照、翁靈舒卷、趙靈秀師秀議復唐詩，時號「四靈」。璣與照同姓同里，同調同時，故又稱「二徐」，然非兄弟也。是集五七言清逸，有中晚唐風味，方虚谷《瀛奎律髓》謂四靈詩徐在丁位。《題翁靈舒詩集後》云：「五字極難精，知君合有名。磨礱雙鬢改，收拾一編成。」泉落秋岩潔，花開野逕清。漸多來學者，體法似元英。」觀此，四靈詩致概可想見。苕溪米伯仁字器之。有《水邊聞雁集四靈句》云：「蘆花新有雁，徐靈暉。四面水連天。靈淵。清浄非人世，靈秀。吾詩詠不全。靈舒。」當時愛且傳四靈詩亦可想見。璣又有《泉山集》，見《東甌詩集》，不知即此集否。

石洞文集十八卷 刻本，本十九，缺其一

明葉春及撰。春及字化甫，號絅齋，惠州歸善人。居石洞，學者稱石洞先生。隆慶二年以舉人中會試副榜，授閩清教諭，應詔上書言時政數十萬言。後秩滿，遷惠安令，所至有善績。今集所載卷一、二爲《應詔書》，卷三至七爲《惠安政書》，八、九爲公牘，十、十一爲順德、永安、博羅三縣志、《肇慶府志》論敘，十二至十六爲序、記、碑等，十七、八爲詩，十九爲《崇文擢書》，有録無書。其人蓋有志經世者，持論皆本經術而實見諸施行，惜不展其用。康熙年刊。

文集載公牘、志書，似非體制。

黄文節公詩集十一卷續集十一卷別集一卷

宋黄庭堅撰。

鮚埼亭集四十九卷抄本

全祖望撰。祖望先世，宋時戚畹，代有顯者。祖望博覽力學，歸田後著書甚夥，尤留意桑梓耆舊，於忠孝節烈諸人尤極力表章。心極細，筆極雄，足爲一方文獻。余從張孝廉鶴借觀，一至五卷詩賦，六至二十八誌銘、狀、傳，二十九以下論、記、序、議、簡帖、雜著、題跋，其三十九至四十九皆經史答問。以有刻本，不復抄。門人董秉純所輯，杭世駿序。

戴東原文集十卷

戴震撰。曲阜孔渶谷繼涵所刊，有孔及盧抱經文弨序。

詠史詩一卷

唐胡曾撰。曾有《安定集》十卷，皆奏表，見《唐志》。此卷皆七絶詠史詩，有注，始不周山，至汴水，不知何人所注。刻甚佳，意明初善本也，得之書肆。

周元公集八卷

宋周濂溪撰。濂溪字茂叔，道州營道人，仕終廣東轉運判官、知南康軍，賜謚元，封汝南伯，從祀孔廟，詳《宋史·道學傳》。集十卷，久佚，後人輯爲七卷，見《文獻通考》。陳振孫《書録》云：「遺文纔數篇，爲一卷，餘皆附録。」此本首《太極圖説》，《易通》《雜著》二卷，圖譜二卷，餘五卷皆諸儒議論及誌傳祭文，蓋後人所附益也。明嘉靖問漳浦王會序而刊之，本朝康熙初吴縣庠生裔孫沈珂重鐫。

水雲村稿二十卷 抄本，今止抄十五卷

元劉壎撰。壎字起濳，號水村，江西南豐人，咸淳庚午亞榜鄉魁。宋亡，隱居養母，

當道辟召皆不應，晚授延平教諭，年七十餘卒。所居淺村距城數十武，深巷無隣，有類村落，因名水雲村。自爲記，略言人間世無非水波雲氣而已，不但一家，即天下事亦一水雲也。自志墓云：「無位而思救時，無責而喜論事，無財而好施予。道不行，守道不易；學不用，嗜學不厭。人迂之，自亦迂之，終不改此。」可覘其學行矣。爲文不事邊幅，暢所欲言，儷體亦俊逸。首賦，次碑、記、傳、序、贊、跋，九卷以下啓、書、祭文、雜著、牋表，其卷十六曰樂語，十七曰疏語，十八上梁文，十九祝文法語，二十詞疏，皆不抄，文亦不見。前有明人張黼鑑序，稱其裔字二至者手是編相示，又明末吴峒曾、本朝康熙年吴甫生序。

杜清獻公文集十九卷

宋杜範撰。範字□□，號立齋，黄巖人。嘉定戊辰進士，理宗朝由臺諫薦擢至中書右丞相，兼樞密院使，贈太傅，謚清獻。範端平初以直諫聞，道德勳烈，詳具《宋史》。其集詩四卷，奏劄十卷，書劄、序記、跋、傳等五卷。前有明禮部尚書同邑黄綰序，略云：「方公之復位也，史嵩之深嫉之，欲致毒無由，知公嗜古書，嘗以舌涎濡指翻揭，乃匿鴆書葉，伺其所至，置幾案。公至，果如所料，遂遇毒而薨，在位僅八十日耳。理宗痛悼，欲厚葬之，命臺史于故里擇吉地，且爲公後嗣計。臺史閱杜村諸山，里人慮錫香火地或妨其私，競賄臺史，輒云不吉，乃葬黄杜嶺右麓。二子濬、淵，皆無嗣，以從祖祁公之孫後焉。明弘治間，壙爲居民鄭某所發，盡取寶器。會黄知縣謁選京師，感異夢，奏請復元季所建文獻書院以祀公，詔許于墓旁立祠。黄覲回，訪求墓所，里老又慮春秋供事之勞，給以不知，因即鄭某所居建兆域，立祠堂，而鄭之家亦廢。是書先祖文毅公在選部日借録，得若干卷。嘉靖二十六年序，同邑御史符驗梓行。」

魏鶴山文集一百九卷

宋魏了翁撰。了翁字華父，臨邛人。居鶴山，建鶴山書屋，人稱鶴山先生。其集首詩，次奏議、雜文，末爲經説。明嘉靖辛亥，邛州守貴溪吴鳳取舊本重校刊，内有缺卷，《周禮折衷》自職方以下並無之，編次者强分以足卷數，非完書也。

是書留局甚久，苦乏同志，不肯出以公好，臨繳急手一翻而已，益令人懷丁小疋、沈嵩門、盧匏廬、崔秋谷諸雅人也。鮑緑飲得一異書惟恐人不知，通假不但無吝色，且諄諄以精校爲囑。聞其遷居後，書籍頗散亡，又喪女及媳，身復多病，三千里外時夢寐見之。

兩宋名賢小集一百十卷抄本

宋陳思輯，元陳世隆補。思，錢唐人；世隆，其從孫也。紹定三年鶴山魏了翁原序云：「臨安鬻書人陳思，多爲予收攬散逸，扣其書顛末，輒對如響。一日，以所梓《兩宋羣賢小集》見寄，求一言。發睎之，珠玉粲然。嗚呼！賈人闠書于世而善其事者，此可爲士而不如乎？嘆息書而歸之。」秀水朱彝尊跋云：「思所編《羣賢小集》，當時藝流客多挾此以干謁時貴，稱《國寶新編》，又稱爲《江湖集》者是也。鐫本希覯，近藏書家間有鈔本，而現在著名之集率皆不録，故止六十餘家，假非陳思編輯，此六十餘家保無湮没勿傳者乎？宜一書賈而爲大儒所嘉嘆也。此外一百四十家，係其從孫世隆所編。又云是編刻于宋寶慶、紹定間，史彌遠柄國，疑《劉過集》中有謗己之言，牽連逮捕，思亦不免，詩板遂燬。世隆當元至正之末，復合兩宋名人之詩選梓之。甫完，家復遭兵燹，其稿本流傳日以散逸，吾鄉曹倦圃先生僅得十之二三，率皆糜壞。乃補綴成編，復汰其近日盛行諸集，留得一百餘家。選宋詩者，當以此中求之。」廣案：今所傳《江湖集》係錢唐人陳起所選，起字宗之，寧宗時鄉薦第一，時稱陳解元。事母至孝，開書肆于臨安，鬻書以奉母，因取江湖間名人小集數十家，選爲《江湖集》，彙刻以售，人盛稱之。史彌遠當國，起有詩曰：「秋雨梧桐皇子府，春風楊柳相公橋。」哀濟邸而譏彌遠也。寶慶初，爲李知孝所劾，獲罪者六人，起坐流配，乃禁士大夫作詩。後彌遠死，禁始解。有《芸居乙藁》一卷，與菊潭吴惟信、漁溪俞桂詩文相往復。今觀竹垞之跋，則《名賢小集》即《江湖集》，而陳思、陳起雖同錢唐人，名却不同。陳起或又作陳造，且鶴山序但言書賈，不言解元，殊屬可疑，豈思與起同時開肆，同事選刊歟？是所當考也。《江湖集》未見，吉渭厓學士抄有丹陽葛起耕詩，與《名賢集》正同，然則實一書也。俞桂《寄陳芸居》云：「生長京華地，衣冠東晉人。書中塵不到，筆下句通神。江海知名日，池塘幾夢春。精神長似舊，芸藁愈清新。」桂字希郄，錢唐人，紹興初進士，有《漁溪詩藁》。

六家文選一百卷

梁昭明太子選，唐李善及吕延濟、劉良、張銑、李周翰、吕向註。案《唐書》：善，揚州江都人，顯慶中注《選》，表上之，諸生傳其業，號《文選》學。善所註，釋事而忘義，書成，問其子邕，邕不敢對，意欲有所更，善命補益之。邕附事見義，善以爲不可奪，故兩書並行。然則善于《選》既有初注、覆注、三注、四注，其外又别有李邕注矣，何世絶無傳？而李善注中並不附見邕名，何也？吕向字子向，病李注繁縟，與延濟等更爲注解，號「五臣注」，亦見《唐書》。《文選》鏤版始蜀宰相毋昭裔，以裔貧時常借之不得，發憤誓板鏤之也。李注與五臣初皆單行，不知何時合爲六臣。余所見有五臣本，又有明初翻元刻本，止李善注。汲古本雖曰李善，中尚雜五臣數條，疑即從六臣摘出。余嘗取陳眉公手勘項氏萬卷堂本六臣注較之，益明項本出明萬曆間，中多空格，不可解。此本題明龍雞丁覲重刊，每卷並然。其三十卷末有云「明嘉靖壬寅四月立夏日，吴郡袁氏兩庚草堂善本雕」，四十卷末云「此蜀郡廣都縣裴氏善本，今重雕于沙郡袁氏之嘉趣堂，嘉靖丙午春日」，又云「國朝改廣都縣爲雙流縣，屬成都府」，前無序，後無跋，不能究言其何時，然視項氏本，似過之也。

自書四部寓眼録後〔一〕

右從事校讎所録，起甲辰仲夏，訖乙巳季冬，合官書及友人惠借共若干部，於四部僅百之一耳。嘗謂書之於人猶飲食然，一日不得飲食則飢，一日不得書則俗，甚者心放軼無所歸，否亦冥冥無所覺悟，其害蓋甚於飢。顧得書矣，而境遇有豐嗇之殊，姿賦有敏鈍之殊〔二〕。豐且敏者，縹囊緗帙，坐擁百城，浄几明窗，朗吟默會，日盡數寸也可，日記一事也可。既歷歷于心目，迨其出之，如就釀室，惟所斟酌，顧郇廚羅珍羞，咄嗟立辦，故其事逸而爲功多。若嗇與鈍則反是，羈旅犇走瘁其體，離索困乏擾其胸，幸獲書本，無擇恒奇，而刻寫動有紛歧〔三〕，閲繳限以時日，抹改手生胝，諷念口流涎，昕夕孜孜，掩卷盡失。譬猶使目短之人騾馬花叢〔四〕，祇覺白白朱朱，疲于應接，問以白者云何，朱者云何〔五〕，卒茫無以應〔六〕。非不欲審諦，力限之也。特視并此不得者，差免俗耳。古云愚夫千慮，必有一得，雖偶見瞥觀，每書大意不可不知，因撮録之，取蘇文忠詩中「寓眼」字名之，庶異日披覽，當屠門之嚼焉。丙午二月望日，周廣業耕厓甫識于聽雨樓之北小書室〔七〕。

〔一〕原文無題，民國二十九年（一九四〇）燕京大學圖書館排印本《蓬廬文鈔》卷四録此文，題曰《自書四部寓眼録後》，今以之爲題。以下所稱《蓬廬文鈔》皆爲此本。
〔二〕「殊」，《蓬廬文鈔》本作「異」。
〔三〕「寫」，《蓬廬文鈔》本作「繕」。
〔四〕「猶」，《蓬廬文鈔》本無此字。
〔五〕「白者云何，朱者云何」，《蓬廬文鈔》本作「朱者云何，白者云何」。
〔六〕「卒」，《蓬廬文鈔》本作「率」。
〔七〕「周廣業耕厓甫識于聽雨樓之北小書室」，《蓬廬文鈔》本無此十六字。

四部寓眼録補遺

自序

叢書者，叢雜之書也。自説經論史以及秘書小説，凡世所欲見而未見者，約卷帙多寡，彙爲一集。知不足齋主人事此有年，已得十八集，富矣，而猶未已也。余性嗜書，家無藏弆，客授所得俸，奉親贍家外〔一〕，視力所能有者悉以付書賈，其長編巨册則從戚友借觀。説部如《百川學海》、陶氏《説郛》、《漢魏叢書》、《唐宋叢書》、《稗海》之類，皆已流覽。間有所得，輒爲論列，亦有急手翻過者，條其目以備遺忘，所謂《目治偶鈔》也。鮑氏書紙貴一時，且各集先後踵出，非積年不能全。余既不能買，又艱於借，偶窺一斑而已。癸卯秋薦後，謁邱芷房師，謀所以報知己者，緑飲慨然見贈一部，凡十集，師得之甚喜，余實未嘗寓目也。丙午春，館北平查氏，乃從邱師借閲一過。去秋，攜懋兒應試武林，聞緑飲寓西湖沈莊，監梓《四庫書目録提要》，走訪之，將購全部，遺方伯周眉亭師，以方伯甚愛此書，久欲覓買也。十月印就，託吴君兔牀交來，故卷末有「兔床經眼」圖書。會歲晚不果赴皖，攜庋桐川書院。初鹿鹿未暇讀，歸時將納諸櫥，始抽閱數集，有月日可稽。今年夏孟下澣抵院，陰雨悶人，體常小不佳，六月初始通閱一過。十集以前如遇故人，自十一至十八集則新知居半，應接不暇，雖終日揮汗，不恤矣。甫終卷，適鶴村王君入皖，即緬寄方伯，蓋前後十四年，兩得異書而皆不能有。非忍割愛也，兩師所居，滇南燕北也，好尚同余，其欲得之也甚於余，持贈不亦得人乎？雖然，竊有感焉。譬之良友，其始聞聲思慕，恨相見晚，幸而晤對一室，樂矣。又心知其必不能久留，窮日夜，竭肺腑相告語，已竟別去，中惘惘若有所失，夢寐縈擾，無以自釋，因取其贈言，反復尋繹之，庶幾如見其人，古人所以謂「贈人以財，不若以言」也。兹之《叢書》，贈我多矣。爰信筆記録於紙，令甥孫陳鵬繕爲一册，題二十字云：「嗜古老成癖，知音報不遲。寶山曾入眼，空手亦何辭。」嘉慶元年丙辰七月初五立秋日，耕厓子識於復初書院。

〔一〕「瞻」，疑當作「贍」。

四部寓眼録補遺（《知不足齋叢書》提要）

海寧周廣業耕厓

古文孝經孔氏傳一卷

此贋書也。即一序，淺陋支蔓已甚。其傳「仲尼燕居」，首稱名有五品，敘入《左傳》之文，後言仲尼首上污似尼丘山，故名丘而字仲尼，似此鋪排，自可動輒萬言。下又云「仲尼之兄伯尼」，將謂伯尼亦首上污似尼丘乎？此海曲陋儒所造，斷非真本。又以「曾子辟席」爲跪，徧考聖賢師弟問答之禮，從未聞有跪者，彼蓋用夷禮釋耳。《叢書》㑹然用此冠首，得毋與《津逮秘書》用卜氏《詩傳》壓卷，同一嗜古之過歟？薛《五代史》載周恭帝初，高麗進《别序孝經》一卷〔一〕、趙王《孝經新義》一卷、《皇靈孝經》一卷、《孝經雌圖》三卷，時無好事，未有傳者，大率此本之類耳。

〔一〕「孝」，原誤作「考」，今據《舊五代史》卷一百二十《恭帝紀》改。

客杭日記一卷

元京口郭畀字天錫撰，乃天錫至大元年九、十月間寓杭記事也。時鎮江路隸江浙行省，天錫蓋爲謀幹改選而來，似元除某官，今請改選學録、教諭等職，故須得行省劄付，而允否則儒學提舉司主之。自九月二十三日到杭，即詣省中照磨所，見李叔義，改抹元文，次從張德輝閲卷中學録解由，又往儒司投呈，官吏未允所請，復寫狀。至廿八，德輝作學録諭擬劄。原誤作「倒」，合觀上下文，必是劄子。廿九，省中禮房爲立擬劄事。三十日，又改正擬劄，約來日省中計會選。本十月初二付文書與選房，以未照元除，又欲刁蹬。初五日，見馬從簡外郎，言乃事未允。十一，猶未慨然。十九，少見次第。至廿七，到省伺候文書，馬生改抹，但咨省而已，云非不用力，首領官不從，奈何？顧還原物。十一月初二，到省領文書，取回甘結，邀子長小酌，屬照元除事而返。計四旬之間，奔走省司，幾無虚日，宛轉浼囑，不遺餘力。且聞鄰樓尹子源得財賦府文書而喜，慮己事未就而憂，似亦役役於一官之得失者。然而勝遊訪古，所交知皆當代耆英，所鑒賞皆名賢字畫，未嘗稍因塵務而廢，則其人胸期之雅達可想矣。竊謂天錫此舉，必非孟浪，觀其首序「徐和父來録示新文」，知當時新有此例，故至省圖之。及與盛親家借鈔一笏，則家非素封，甚示以名士寒素，僅博末員，當事即一一允之，尚嫌不稱其德，況并此靳之乎？揣其情勢，必以賄賂不足之故，吏胥舞弄，致終敗耳。噫！此亦可見當日之吏治矣。又言謀之無計，且往長興，索俸則歸耳。又欲見唐仲文，爲長興欠俸，囑呈文催討，此不知爲何俸？據所謀爲學録、教諭，則當是書院山長之俸也。蓋年滿更替，故别除，俸必待索，欲改除，又不遂所請，寒士失職，古今同慨。厲樊榭先生序言本有四册，去其無關武林典要者録之。今觀其書，有應删不删者，如每日下書「客杭」或「寓杭」二字，殊屬贅疣。亦有不應删者，如子長逸其姓，而於馬從簡稱外郎，又稱公，又稱生，而以豬首爲亥首，雖節取《左傳》，寔滋笑端，皆當汰也。

碧溪詩話十卷

宋莆田黄徹常明撰。碧溪在興化，常明歸隱處也。其論詩多本少陵。

歸田詩話三卷

明瞿佑宗吉撰。宗吉，錢塘人。恐非足本。

麓堂詩話一卷

明長沙李東陽西崖字賓之撰。「麓」上當有「懷」字。

四朝聞見録五卷附《保母磚跋尾》

宋龍泉葉紹翁撰，朝野掌故略見於此。至《保母磚》，《洞天清録》以爲山陰僧僞作，韓侂胄以千緡市其石，殊無一點王太令氣象。又以東坡所作《子由保母墓志》證之，則當時已有定論矣。

金石史二卷

國朝武平郭宗昌嗣伯撰。所論列三代以下金石之文，大抵襲舊也。

補漢兵志一卷

宋錢文子撰，門人陳元粹注。余家有嘉興刻本。

農書三卷

宋紹興年西山隱居全真子陳旉撰。中卷《牛説》，言牧養役使之宜甚悉。大意言：「牛血氣與人均也，勿犯寒暑；性情與人均也，勿使大勞。其有困苦羸瘠者，以苟目前之急而不顧恤之也。稾秸不足以充其飢，水漿不足以禦其渴，天寒嚴凝而凍慄之，天時酷暑而曬暴之，因瘠羸劣，疫癘結瘴，以致斃踣，田畝不治，無足怪者。」余四月中旬由四安至桐川，道中見夫婦共事一牛者，其牛羸瘠已甚，夫操椶箒拂拾其項頷，妻以手抓搔其股脚間，許久無倦容，似護惜之不遺餘力矣，不知前此之苦飢渴而侵寒暑者多矣。時方插秧，急需其力，將驅策之，知羸瘠乃爾，恐不任勞，從而拂拭撫摩之，無論暫時之噢咻，無救於病，即使牛感主人之意，竭其垂斃之力以運犁起墢，終亦踣耳，彼夫婦豈不對之增愧乎？飯牛而肥，吾懷百里奚矣。

蠶書一卷

宋淮海秦觀撰。其書有與吴俗不同者，皆得自兗人也。此與《農書》皆高沙人所作，今高郵州也。書止數帙，明黃省曾又有《蠶經》，近表弟崔秋谷所輯《蠶書》有數十卷，洵大觀也。振常案：崔書名《蠶事統紀》二十卷，附録六卷，題海鹽崔應榴輯，海昌錢廣伯補，曾見沈氏玉雨堂鈔本。

責備餘談二卷

明崑山方鵬撰。鵬字時舉，嘉靖時南太常卿，其言多迂濶，不足爲定評。

蘭亭考十二卷

宋桑世昌澤卿集，第一張注「臨可序」，「可」當作「河」。

萬柳溪邊舊語一卷

元尤玘君玉撰，自號知非子，紀尤氏一家事。其先世嚴事靈佑帝，感異夢，卜居江南，已載《徵信編》。又有尤棟爲廣德刺史，郡志未載，余修《廣德志》，從尤悔庵祖德詩補入。棟號率齋，其事較詳於《舊話》，當時所補宋明守令幾百人，多此類也。

五國故事二卷

不著撰人。此書任太史芝田有刊本，在京時曾見之。

慶元黨禁一卷

淳祐年滄州樵川樵叟撰。記寧宗慶元初韓侂胄禁趙汝愚、留正等事。

鬼董五卷

不著撰人姓名，惟據元泰定間錢孚跋，知爲宋光寧時沈太學著。殘冬客寓，八九不如意，燈下展此撥悶，見第三卷載廬州歸宗寺張王借居閲《華嚴經》事，録之《祠山事要》後，以補其闕。内稱威濟侯李太尉，吾鄉里人，考《事要》，李侯名禄，長興縣童莊里人，宣和丁卯，年十八，没水成神，嘉定甲申封威濟侯，則太學爲長興人明矣。又第二卷稱「嘉定戊寅冬廣西諸司」云云，又「嘉定癸未秋，余在郡治」，合之威濟封年，是其人寧宗時尚存，錢跋以爲孝光時人，猶未盡也。乙卯十二月初四日。

佐治藥言一卷

蕭山汪輝祖撰。龍莊，余同年友也。自爲諸生及未謁選以前，無日不從事幕府。其言皆躬行心得者，良藥苦口利於病，信夫。

相臺書塾刊正九經三傳沿革例一卷

宋相臺岳珂依廖氏世綵堂舊本九經，益以三傳校刻之，而存其總條例如此。京師有單行刻本，余從翁覃溪先生借鈔得之，詳加考正，以示方茶山。茶山方試鄉闈，適策問石經板刻，即以此對之，竟得售。

百正集三卷

宋連文鳳撰。文鳳號應山，字百正，三山人，即月泉吟社之羅公福也。

籟記一卷

陳新蔡王叔齊撰。宣帝子，入隋病歿，沈志道志墓。此書大有騷人之遺。

潛虛一卷附《發微論》

宋司馬光撰，僞書也。

天水冰山録一卷附《鈐山堂書畫記》一卷

此籍没分宜嚴氏册也。近有周石林者，鈔得之，爲立此名而刻之。内男女衣服貂狐等裘止十七件，爲獨少，不可解。又應變價件，有女鞋一千八百隻，共估價銀五十四兩，女鞋要許多何用？乙卯嘉平三日燭下。

武林舊事十卷

四水潛夫輯，即弁陽翁周煇也。振常案：此書周密撰，作「煇」當是筆誤。附録姚士粦跋有云：「壽皇孝養思陵，而光宗惑於凶牝，至爲不朝不臨。此無異故，孝宗得非所望，故能竭孝展思，光宗謂所固有，遂致溺讒行忍。此繼立賢於身出，人態俗情悲隱地也。」廣業案：此庸夫愚婦之談，久爲有識者所嗤鄙，而乃援以律帝王乎？夫孝爲百行之本，未有本撥可稱完行者。聖王以孝治天下，豈謂天下之大，一寢門之視聽盡之哉？亦始於事親而已。賢后誼辟，必不負賊子之名；昏主闇君，豈復有順親之事？理勢然也。南宋中興，紹興、乾、淳最盛，至紹熙而朝政頓隳，則孝與不孝之效也。弁陽老人此書，雖舖張舊京盛事，而其意專歸美於兩宮色養，蓋謂此享有昇平者，寔皆聖孝所致，以歎繼世之無象賢也。故開卷「慶壽册寶」一條，首言壽皇聖孝，冠絶古今，第七卷專紀乾、淳奉親，自序云：「一時承顔養志之娱，燕閒文物之盛，使觀者錫類之心油然以生。」今其書所載慶賀大典，以至晨朝夜晏，所謂備儀備物者，實皆出於愛敬之至誠，欲稍不自竭盡而不得，真所謂純孝也。此時父子之間，豈復有絲毫繼立之見存哉？光宗初即位，亦嘗五日一朝重華，雖曰極盛難繼，亦豈竟忘所生者？特内受制於强后，外見抑於姦官，遂忍而出此耳。然當日德壽承歡，乃光宗所親見，而竟未能抑承不匱之思，謂使觀者油然，正弁陽翁之微詞也。若姚氏所説，則是孝宗承奉兩宫，專從享有帝位起見，而光宗之不朝不臨，乃應有之事，不惟小視孝宗之甚，而亦豈可以訓人子乎？不惟不可訓人子，亦使人難爲人父，全於著書之意相背矣。即以今之立繼言之，其人非乏親屬應繼者，而偏欲暗納旁匿，養異姓致興口舌，或且訐訟，其始或因有子之兄若弟，恃其分所應得，坐擁居奇，乃激之生變。而無子者，性多偏執，以爲螟蛉得非所望，他日孝養，必有賢於猶子者。不知棄親即疏，既於理不順，又事出倉猝，不能盡擇賢之道，驕佚成性，長必破家，余所見者屢矣。嗟乎！若而人者，雖與之終日正言，尚慮其迷不復悟也，聞姚氏之説，必拊掌而矜得計，以爲前人不我欺也。其助虐可勝言耶！斷宜急爲删去，勿留爲世道人心之蠹也。乙卯嘉平五日。

錢塘先賢傳贊《四庫》本

宋袁韶字彦純撰。慶元人，知臨安府，建先賢祠，各爲傳贊。中云：「唐荊州大都督許公史，逸其字，諱遠，新城人。」末注云：「今新城有忠烈侯廟。」廣業案：傳中不言謚及封號，此忠烈者，不知謚歟？號歟？《隋書》許善心，高陽北新城人，後從新城遷鹽官，公其後也，故公爲鹽官人。《新》《舊唐書》具載，不得言新城人。至謝絳，先世本河南緱氏人，繹之曾祖，懿文爲鹽官令，卒葬富陽，遂爲富陽人。生從禮，從禮生濤，繹則濤之子也。見范文正公所撰《謝濤神道碑》、王荊公《謝師宰墓誌》、歐陽文忠《謝繹墓誌》。俱見本集。《宋史·謝繹傳》乃云「夏陽人」，又云「祖懿文，鹽官令」，皆誤。此書稱繹富陽人，是也。又案：《武林舊事》卷五，湖山勝槩，西湖三塔路先賢堂，名仰高祠，許由以下共四十人，刻石作贊，具載事迹。中以寶慶初巴陵之事，謂潘閬有從秦王之嫌，遂去之，及節孝婦孫夫人以下五人，今止三十有九人焉。今此本正三十九人，而節孝婦孫、虞二夫人及馮孝女三人，又與所逸五人之數不符，此本以何節婦、盛孝婦補之，極是。又案：此祠《舊事》不詳何年所建，而此書後附袁韶《奏建先賢祠疏》，亦無年月。又王塈《旌德觀記》首云「皇帝嗣位之明年，改元寶曆，九月吉日，知臨安府袁公韶請刱祠宫，報可。既訖工，采摭郡志，旁搜史籍，得全節之士，自許箕公以下三十有一人，女婦之以孝烈著者五人，輯其大概，製贊刻石。又明年，請易其額，曰旌德，屬塈爲記」云云。據此，則是祠本止三十六人，何《舊事》云潘閬及孫夫人以下尚有三十九也？此不可考矣。嘉平月。

清波雜志十二卷

宋淮海周煇字昭禮撰。清波，武林城門名，紹興中煇寓此作書，因名。中載臨川吴哲字長吉，後徙建康，與秦丞相有硯席舊，晁公道舉其孝廉，謂兵火擾攘之際，供母膳無缺，雖在窮約，人或賙之，不受，雖鄉論素與，未免有所迎合。以禮津赴行在，舘於太學，未幾，託疾告歸，都無恩數，爾後八行孝廉之舉，寂無聞焉。余嘗因事入省，寓清波門内，因讀此，率賦云：「許武分財獲美譽，庾賢異行竟何如？一奇六舉懷種暠，寂寞江城處士廬。」

跋

此書乃自稿本傳鈔，原題爲《知不足齋叢書提要》，題下及書口均有「四部寓眼録」五字。案：此所記雖僅限鮑氏《叢書》，不及他種，然實其《寓眼録》中之一部，故易其位置，題爲《四部寓眼録補遺》，而注《叢書提要》之名於下。鮑氏《叢書》共三十集，周氏所見只十八集，蓋其時後十二集尚未刻也。周氏謂《叢書》以《孝經》孔《傳》冠首，今本則以《唐闕史》冠首，《孝經》退居第二，可見初印者首爲《孝經》，其後方改移也。羅振常記。

兩浙地志録

兩浙地志録

海寧周廣業耕厓

浙江通志七十二卷嘉靖三十九年辛酉告成，二十册

武進薛應旂仲常輯。應旂號方山，嘉靖十四年進士，歷浙江提學副使。先是，乙未、丙申間，華亭徐少傅階視學於浙，創爲志稿，方山時宰慈谿，嘗授簡焉。徐遷秩去，越歲辛亥，方山亦來視學，乃加蒐輯。未幾，左調歸吴。梅林胡公以禦倭功内阩，因與前巡浙金泉王公、南陽王公、學使松坡畢公遣官挈稿，屬方山成之，既而巡按際巖周公復遣官即方山所居校售之〔一〕，凡十年乃成，爲地里、建置、貢賦、祠祀、官師、人物、選舉、藝文、經武、都會十志，末爲雜志，析若干卷。浙江之有通志，自此始矣。首有徐階序，志中列十一郡，首杭州，次嘉、湖，次嚴州、金華、衢、處、紹興、寧波、台州、温州，與今稍異。書載《内閣書

目》，余從硤石吴氏借觀。

〔一〕「售」，疑當作「讐」。

浙江通志□□□卷康熙二十二年癸亥修

趙士麟□□修。

浙江通志二百八十卷首三卷雍正七年奉敕脩，乾隆元年表上，一百册

徐州李衛又玠奉敕修，無錫嵇曾筠松友續成。分五十四門，視趙《志》極詳，薛《志》無論矣。首三卷，恭載詔諭、聖製，分府繫事，其次杭、嘉、湖、寧、紹、台、金、衢、嚴、温、處，依巡道分爲四也。

乾道臨安志三卷

吴興周淙脩。淙字彦廣，乾道三年丁亥正月，以右朝議大夫、直龍圖閣、兩浙轉運副

使知臨安府。至五年，以職事脩舉，除祕閣脩撰。七月，除右文殿脩撰，再知臨安。明年三月，姚憲受代，其修志即在丁亥。見《咸淳志》所載林栗元《井記》，刊竣當在庚寅，故《志》言再任也。原十五卷，見《宋史・藝文志》，闕佚，止載其前三卷，沿革、軍營、坊巷等名可藉以攷見。乾道者，孝宗初改元年號也，前此有《祥符志》，久佚。此志抄本，乾隆己亥七月從蔣茂才師爚借觀于貢院東寓舍，後有厲鶚跋。

淳祐臨安志六卷五卷之十卷

本十卷，闕前四卷。不知撰人，據《萬曆府志》，稱施愕撰云。其紀事止於淳祐九年，第五卷首城府，次樓觀、軍營、古蹟、山川等，中多引舊《圖經》、《祥符經》〔一〕。明嘉靖時，薛方山作《浙江通志》，於藝文但載周淙、潛説友《志》，而無《淳祐雜志》。又言宋有《淳祐志》《咸淳志》，皆穢陋，去取無法，其寔方山未見《淳祐》，漫爲是言也。然《宋史》亦止載周淙《臨安志》，并《咸淳》亦遺之，則失傳久矣。余亦從蔣茂才借觀，惜未及抄。淳祐，理宗年號。

〔一〕「符」，原誤作「等」，今據復齋抄本改。

咸淳臨安志一百卷内闕七卷

縉雲潛説友脩。説友字君高，度宗咸淳四年，以朝散郎、直華文閣、兩浙轉運副除司農寺卿，兼知臨安府。至七年，積階户部尚書，故自署中奉大夫、權户部尚書兼知臨安府事、縉雲縣開國男潛説友脩。其紀御札止咸淳七年，紀守令題名止九年，蓋進呈在七年，刊行在九年也。自序云：「臣殿是邦，暇日視故府，閲郡乘，或病其漏且舛〔一〕，乃葺而正之，增而益之，凡爲圖、爲表、爲志總百卷，而冠以《行在所録》，尊王室也。既成，上之天府，以備攷數之萬一焉。」其書《行在所録》十五卷，首凡例及圖，次駐蹕，次第，次宫闕、郊廟、朝省、御史臺諫、六部諸寺、省院諸監，及院轄監當諸局、三衙、閤職、邸第、官寺、學校、貢院、宫觀、祠廟、苑囿、禁衛、攢宫、錧驛，而以賦詠終之。第十六卷以下爲志，首圖，次疆域，次山川，次詔令，次御製，次秩官，次官寺，次文事、武備、風土、貢賦、人物、祠祀、寺觀、園亭、古蹟、塚墓、恤民、祥異，而以紀異終焉，題曰《咸淳臨安志》。向於吴君騫案頭見抄補宋刻，心竊愛之，以其寶貴，未敢輕借，姑貽書訊之。吴君即慨然攜篋以來，雅誼可感，急發讀之，窮半月之力得一過。蓋刻者十之四，抄者凡八百葉，原有馬思贊圖書，知是花山藏本。吴君得之乾隆丙申，囑其友鮑君廷博借武林壽松當孫氏本影抄，中缺七卷，人物志闕唐五代及北宋，爲第六十四、五、六，計三卷，紀異志闕第九十卷，又闕第九十八、九、百，共三卷，則紀文及歷代碑刻目也。計咸淳九年去宋亡止五年耳，白鴈既飛，妖髡踵禍，故宫花草，蕩爲風煙，今越數百載，猶可仿佛當年行都故蹟者，寔賴此志，潛氏之功大矣。宋刻紙墨精良，字大類歐，率更小楷。

〔一〕「舛」，原誤作「外」，今據復齋抄本改。

成化杭州府志六十卷録一卷成化十一年乙未修

仁和夏時正輯。案：《嘉興府圖記》：「夏尚，字時正，以字行，更字季爵，本慈谿人，初補仁和縣學生員。宣德間，嘉善新置學，時正補之。領乙卯鄉薦，登正統十年乙丑進士，仕至南京大理寺卿。」或云字伯壽。自序《杭志》云：「郡有舊志，洪武中郡學教授徐一夔所修，永樂、景泰間竝有續志，但存民間，脱謬殊甚，官府無本可稽。時則錢唐劉英、仁和陸堦寔始終其事，自二月間開局於城北妙行寺，冬孟書成付梓。」又布政使寧良《序》稱是書據舊志及宋《咸淳志》云。卷一之四封畛，五之十二山川，十三之十六公署，十七之廿二風土，廿三之廿六學校，廿七之廿九水利，三十之三十五壇廟，三十六之三十八名宦，三十九之四十科貢，四十一之四十五人物，四十六墳墓，四十七之五十六寺觀，五十七書籍，五十八碑碣，五十九之六十三紀遺。今稱《杭志》，必以夏冏卿爲祖焉。

萬曆杭州府志

西湖志四十八卷雍正十二年脩

豐縣李衛重脩。衛字又玠，官太子太保，謚敏達。此書則總督浙江時所創也，繼成之者制府程公元章，字□□。首水利，次名勝，次山水、隄塘，次橋梁、園亭，次寺觀、祠宇，次古蹟，次名賢，次方外、物産、冢墓、碑碣、撰述、書畫，次藝文，次詩話、志餘、外紀，分門别類，援引詳悉，視田《志》爲富矣。

西湖遊覽志

杭州府志四十卷康熙二十五年脩，二十册

州守綏德馬如龍見五纂編。因康熙二十二年顧郡伯岱之本而重加蒐輯，較萬曆陳敬亭《志》加詳，郡前輩邵遠平、顧豹文序，俱極稱美之，當非虚譽也。

杭州府志□□卷乾隆四十四年脩，四函四十册

仁和縣志二十八卷康熙二十六年修，十四册

邑令遼陽趙世安維康主脩。先是，郡先輩沈朝宣創稿未刊。至是，邑令孟公卜延張右民參攷，而趙繼成其事焉。仁和之名始宋，較錢唐爲後起，是志宋以前并合鹽官、錢唐

之事，亦勢使然也。

海寧縣志十三卷康熙二十二年刊，十册

邑令安陽許三禮酉山主脩，邑人郭濬、范驤等輯，邑令曲阜黄承璉續脩，自辛亥迄癸亥始竣。寧志自宋紹興以來凡十數家，存者惟嘉靖蔡《志》、明季趙氏《備攷》、談氏《外志》及順治秦令不全本耳。許《志》初成，或有疑其去取未當者，由今觀之，寔此邦信史也。

海寧縣志十二卷乾隆三十年刊，十册

邑令夏縣金鰲柱峯倡脩，即墨黄簪世容菴梓成。

海寧州志□□卷乾隆

以上杭州府

至元嘉禾志三十二卷至元戊子修，抄本，六册

郡博士徐碩輯。前有郭晦、唐天麟〔一〕。其書列嘉興、華亭、海鹽、崇德四縣之事，自十六卷以下皆碑記、題詠也。時主脩者，郡幕單慶。余從武林潘氏借觀，中闕一册，詢其故，則燬書者誤入爐爐也〔二〕，惜哉！

〔一〕「麟」下，疑脱「序」字。

〔二〕「爐」，原誤作「爈」，今據復齋抄本改。

嘉興府圖記二十卷嘉靖二十七年修

慈谿趙文華編輯，郡守趙瀛校定。文華自少寓遊嘉興，後以參政憂居。瀛，其同年進士，屬秉筆焉。瀛字文海，號左山，三原人，序云：「甬江趙君慨諸兹舉，筆昉于丁未之夏，稿脱於戊申之秋，逾年始就。遺者補之，畧者詳之，繆訛者訂之，其精神心術之運用，亦既勞矣。」文華序云：「删正舊志，補其缺漏，爲方畫、邦制、物土、人文，凡四篇，附《叢記》，總

若干卷，名曰《圖記》。圖以攷世變，記以盡物軌也。」是書綜敘有法，文簡事明，寔不朽之作。世之稱述者，鄙文華之爲人，往往以瀛代之，又妄改爲《圖經》，非也。瀛，嘉靖二十四年蒞任，二十八年以遷去，代之者爲畢竟容，蓋刊竣在畢手云。《邦制篇》曰：「吴元年，改嘉興路爲府，領嘉興、海鹽、崇德，統浙江布政使司。」其松江府直隸六部，明年爲洪武二年，復海鹽、崇德州爲縣，初不知洪武十四年以前，嘉、湖二府俱屬直隸，疎矣。

嘉興府志三十二卷明萬曆庚子重修，十六册

郡守安成劉應鈳主脩，郡人沈堯中瀛壺編。馮夢禎《具區參志》載：「朱買臣墓相傳在嘉興縣東塔寺後，攷諸書，虹縣朱山、歸德府夏邑俱有墓。」又劉餗《隋唐佳話》：「東封之歲，洛陽平鄉路北市東南隅陷，得漢丞相朱買臣墓銘。」又俗傳有兩買臣，未知孰是。余按：朱買臣本有二，其一在六朝，事見《南史》。翁子在漢爲丞相長史，故《嘉興府圖記》引《嘉話》稱丞相長史，此直去丞相，非也。又薛方山《通志》載：「建德縣西四十里，幽徑山之東有朱池〔一〕，相傳漢會稽太守朱買臣避吴王濞之亂，寓此，築室讀書，鑿池滌硯，因名。

今有朱太守祠。」《萬曆嚴州府志》遂云有朱買臣墓，距池五里，當是其子山護喪來葬於此。且云富春在漢初隸會稽，而此則富春之地。桐廬縣東南十五里有朱家橋，橋畔有朱一郎廟，亦其遺蹟，則知買臣之墓半出附會，明矣。龐元英《談藪》云壽昌縣道旁有朱買臣廟，居人多朱姓，朱謙之賦詩云云。噫！富貴歸鄉，榮於晝錦，翁子未聞有德於鄉，而廟墓所在皆是，殆以此歟？《紹興府志》買臣守郡有破甌越、闢境土之功，故民廟祀之。今山陰有朱太守廟，又上虞亦有朱公洗硯池，相傳買臣遺跡，《紹興志》云是東漢朱儁。

〔一〕「徑」，原誤作「往」，今據復齋抄本改。

嘉興縣志九卷 康熙二十四年重脩，十二册

邑令姑臧何鋕子昭主脩，邑人徐發圃臣纂，而裁定於王公庭、錢公江。編敘有法，其《行誼傳》載：「支立之父茂，永樂間以貢丞樂安，有陰德，年五十始生立，嘗置膝上曰：『願汝爲學官。』人詰之，曰：『學官才可以及人，不及亦不大害人。』後立及立之子高、孫禄、曾孫大倫，四世俱爲司鐸。」可謂人之所欲，天必從之，然茂之言真乃至言也。立字中

夫，正統甲子鄉榜前列，人稱「江南支五經」。

嘉興府志二十册十六卷康熙五十九年重脩，二十册

郡守三韓吴永芳椒亭主脩，郡人錢以塏總裁，高孝本分纂。卷减於劉而文十倍之，搜採頗富，足補闕略。乃首敘建置沿革，於明吴元年乃仍《圖記》之誤，云改嘉興路爲府，海鹽崇德復爲縣，以華亭屬直隸，不知洪武十四年以前尚屬直隸，是説《曝書亭集》辨之甚詳，豈脩志者於鄉先達之書不一寓目乎？余閲嘉、湖兩府縣志甚多，無不犯此病，惟《海鹽續圖經》得之。

海鹽縣圖經十六卷天啟二年重脩，六册

邑令黄岡懋維城亢宗主脩，邑人胡震亨、袁孝轅、姚士粦叔祥同輯。

海鹽縣續經七卷乾隆十三年重脩，七册

邑令宛平王如珪主脩，邑人陳世倕、錢元昌等同輯。凡胡《志》已詳者俱不重載，體例

悉仍之，採彭氏、童氏、楊氏三家未鐫稿本而删增之。陳，故吾寧人也，故邑志附寧人爲多。

石門縣志十二卷康熙十五年重脩，二十二年增校，五册

邑令舜水酈世培晴嵐主脩，因前令螺陽杜森原稿而續補之，其增校則邑令黄山徐原遂菴也。首頁爲縣表，自越、秦迄唐，皆以禦兒爲縣，自唐僖宗迄後唐，皆以義和縣爲鎮。考禦兒，鄉名，其地秦漢屬由拳縣，吴屬禾興，後改嘉興，六代及唐因之，當以縣大書，而以鄉及鎮市注其下爲得，不宜以鄉市爲縣也。

以上嘉興府

吴興掌故集十七卷嘉靖庚申輯，六册

雲間徐獻忠伯臣輯。伯臣父□□墓在吴興，迨嘉靖丁亥遊其地，樂其風土，乃取正史稗子及舊録所遺佚者成一編，曰《掌故集》，分宦業、鄉賢、遊寓、著述、金石刻、文苑、名園、

古蹟、山墟、水利、風土、物産、雜攷一十三門。吴郡范惟一爲序，自爲引，云：「先子抔土在湖〔一〕，吾無以補助湖人，因輯是書，日取閲之。」噫！前輩用意厚如此。廣業先九世祖契蓮府君、七世本生祖南龍府君、五世祖孟純府君，俱葬仁和之南山，每歲時展省必有里言詳紀。自己卯迄今二十年許，所得幾五十首，猶長谷之志也。所慚固陋，不能詳備耳。

〔一〕「抔」，原誤作「坏」，今據民國三年（一九一四）吴興劉氏嘉業堂刻《吴興掌故集》卷首《吴興掌故集敘》改。

湖州府志十四卷萬曆初脩，八册

郡守夏津栗祁東巖主脩，推官金谿張應雷順齋監刊，郡人唐樞一菴輯，以土地、人民、政事爲綱而類繫之。誌成於栗，萬曆三年以陞去，張踵成之，而編次於唐公之手焉。烏程董份敘。所載簡嚴特甚，饒有史法。

烏程縣志十六卷乾隆十二年重脩，六册

縣令甘泉羅愫素心主修，仁和杭世駿大宗定，仁和張熷編，歸安張朝綱校，二張時皆副貢。其綜敘必根據原書，洵可徵信。採列亦富，而出鄭餘慶《湖録》者尤多。竊謂文獻同功，如果確有見聞，即宜博訪以存之，不必專事攷文。蓋志家之弊，非濫即畧，然與失之濫，毋寧略也。

歸安縣志書十卷康熙十二年重脩，四册

邑令江寧何國祥明符主脩，學諭寧海王啟允、邑人嚴經世等輯。

長興縣志十二卷乾隆十四年重脩，十三册

縣令新會譚肇基岐峯主脩，歸安孝廉吴芬編。譚以進士四聘爲粤西同考〔一〕，歷知龍泉、遂昌。蒞長五年，念舊志不脩已八十載，乃特從事於此。不另設局，不立分纂，扃吴君於内廨，使創稿而親爲論定，蓋以杜請托、絶紛岐也，用意甚遠。其書取舊志、新郡志者居多，此又不能博訪之病。

〔一〕「考」，原誤作「孝」，今據復齋抄本改。

德清縣志十卷康熙十二年、二十年補付梓，四册

邑令杞縣侯元棐兔園主脩，邑人陳後方、蔡啟份等輯。侯令治行具載志中，清廉勤敏，不愧循良。其志《序》云：「清邑所資，惟桑及魚與菱，而機絲之直日絀，攫奪之訟繁興，是在牧茲土者之斟酌愛養矣。倘可省一分之誅求，不即養一分之元氣乎？」可謂藹如之言。清志鼻祖于宋章鎰之，餘不志，明嘉靖間有方日乾《志》，天啟有敖榮《志》，此則綜三志而成一編，雖未詳盡，亦不至脱漏。凡例於每卷下注明字數若干，以杜賄匠改竄之弊，有異同者依律治罪，此亦懲奸濫之一法也。

安武康縣志八卷乾隆十二年重脩，六册

邑令寧河劉守成畊村主脩，邑人高植等纂輯。

安吉州志

孝豐縣志十卷康熙十二年重脩，五册

邑令南充羅爲賡西溪主脩。孝豐舊隸安吉，明弘治元年，知湖州府事王珣以安吉上九鄉崎嶇險遠，民艱輸役，奏分安吉爲州，即故鄣爲孝豐縣，從鄉名也。其山之最勝者曰天目，道家所稱三十六洞天也。上有兩峰，峰頂各一池，若左右目，故名。其水有苕水，亦著名。其人物，晉有郭巨，嘗埋兒，得金人，謂孝感，即縣所由得名也。吾浙之縣七十有七，以孝得名者三，慈谿、義烏及孝豐是也。慈以董黯，烏以顔烏，皆秦漢時人，迄今數千百年而名稱不衰，詩言「孝思永錫」，信矣。

以上湖州府

寧波府志

郡守曹□□祖主脩。

慈谿縣志十六卷天啟甲子重脩，六册

邑令雲間李逢中若鶴氏主脩，邑人太常少卿姚宗文纂。邑故漢句章地，開元年始析鄮縣置慈溪，以漢孝子董黯得名。黯母嗜句章溪水，因築室其旁，汲水爲養，故稱慈溪。永樂十六年，令有失印者，請於朝，詔更鑄，恐失印復出，致滋奸利，因更印文從谷，而名慈谿。舊有諫議周旋半齋《志》，經倭亂殘缺。宗文重脩本，三年始成，而李令節俸梓之，可謂賢矣。

奉化縣志十四卷康熙癸亥重脩，二十五年續

邑令遼東張起貴重脩。二十五年，令無錫施鼒曾省園續成。

象山縣志十六卷康熙三十七年脩

邑令三韓吴祚遠衮菴主脩，教諭姚廷傑澄齋輯。

以上寧波府

會稽志二十卷嘉泰年脩

長興施宿武子撰。宿父元之，字德初，嘗與吴郡顧景蕃共注《蘇詩》四十二卷，宿爲《年譜》，陸放翁序，見《掌故集》。其《會稽志》則爲會稽通判時所輯，亦放翁序。放翁名游，山陰人，寔與參訂焉。盧抱經先生抄本，倣乾道、淳祐例，題曰「嘉泰會稽志」。

紹興府志二十六卷康熙五十八年重脩，十册

郡守滇南俞卿主脩，會稽諸生周徐彩編纂。凡志皆有圖，然第卷首數頁而已，是書疆域、城池〔二〕、署廨、山川、水利、學校、祠祀、武備等志竝附以圖，大得古人左圖右史之意。開帙披圖，瞭若指紋，爲他志所不及。乃人物、列女、職官、選舉等門俱削而不録，何也？豈鑒於煩蕪之失，而故爲是矯枉歟？因噎廢食，亦一病也。其志宋攢宫諸陵俱在寶山，今名攢宫山。至元中，楊璉真珈發之，唐珏潛瘞之山陰天章寺前，六陵各爲一函。明洪武三年，浙江進宋諸陵圖，唯孝、理二陵獻殿三間，餘僅存封樹。九年，令五百步内禁樵採，設

陵户二人，有司督人看守，三年一傳制，致祭孝、理二陵，登極則遣官祭告，内外禁山三千七百三十五畝、田三十八畝九分，后爲居民所侵。正統間，割禁山之半，佃爲民業，其半亦入租，然樵採之禁、守衛之夫寖疎矣。注載洪武、洪熙、宣德、正統、景泰、天順及萬曆各登極祭文。又志冬青穴在府城西南三十里天章寺前，宋唐、林二義士埋宋陵骸骨處，六陵各爲穴，上植冬青樹六根。注載羅靈鄉各傳記，其末稱《會稽志》張元忭曰：「唐、林二人本協謀，而傳者失寔。又王脩竹嘗延致景熙，要亦與聞其謀者。」此説與余六陵事合，故録之。

〔一〕「池」上，原脱「城」字，今據《（康熙）紹興府志》目録補。

會稽縣志二十八卷康熙二十二年重脩，八册

邑令崑山王元臣恒齋主脩，邑人董欽德、金烔等纂。會稽名郡始於秦，名縣始於隋，歷千餘年。至萬曆間，楊侯節、楊侯維新先後爲令，史元忭得其抄本，以屬徐渭成之，然卒未刊行。至嘉靖間，孝廉馬堯相始與金階創稿，後張太乃用徐渭本編輯成書。康熙十二

年，岡州吕化龍復有纂脩之役，越十年而恒齋始梓以傳，編纂則欽德之力居多焉。然志會稽，而于宋施學博、陸渭南所定之書竟未及見，則亦難辭寡陋之譏矣。

餘姚縣志二十四卷 萬曆癸卯年新脩，十二册

邑令金壇史樹德主脩，邑人工部侍郎沈應文總裁，給事中楊文焕、孝廉邵圭、葉憲祖等纂輯。沈有《序》云：「前此壬寅之志，歷八年，更數令，於田賦一書猶缺，而表章賢哲君子，不免遺議焉。今歲紀一週，鉅典更新，因取丙戌年孫公月峯所定郡志，爲邑綱維，固彬彬備矣。」余觀其書，綜敘有法，考覈必精，有對山《武功》之遺矩焉，可寶也。餘姚，秦縣，周處《風土記》云餘姚爲舜支庶所封〔一〕，從舜姓，故稱姚。郭璞云邑南有句餘山，因稱餘，或以夏少康封子無餘于會稽，而姚乃其屬邑，故曰餘姚，此説似較得也。又有姚丘山，爲舜所生地，歷山、舜井、象田皆其遺蹟。王十朋以爲即非舜所生地，必其所遊，或有然也。其地與吾寧對峙，元行省都事高明《築城記》云：「餘姚州襟江枕海〔二〕，南連嶀嵊，北距錢唐，其東山、蘭風諸鄉與浙江右海寧澉浦相直。天清日朗，北望諸聚落，雲樹可指。自海

寧澉浦，遇順風，拏舟南邁，半潮汐即達餘姚境，寔爲吴越要衝是也。」

〔一〕「支」，原誤作「友」，今據《太平寰宇記》卷九十六「江南東道八越州餘姚縣」改。

〔二〕「枕」，原誤作「沈」，今據復齋抄本改。

新昌縣志十八卷康熙十年辛亥脩

邑令永新劉作樑木生主脩。

以上紹興府

台州府志

臨海縣志十五卷康熙二十二年癸亥重脩

邑人洪若臯虞隣纂。其例最詳審可觀，分輯諸人標諸每卷之首，例有云：「脩志務公耳。目同好惡，誌其名，不忘所始，且示一邑之是非，非一人敢獨操也。」其言足爲脩志者法，故録之。

黄巖縣志八卷康熙己卯脩

邑令虞城劉寬榮野號恕菴主脩，教諭山陰平遇樵風纂。先是，康熙壬戌，前令遼陽張思齊、學博宣平潘文韜創稿未成，恕菴爲校補之，中所載有永樂舊志，又多引《赤城志》、舊圖經，故所載頗詳核。黄巖在漢爲回浦、章安，唐爲永寧，武后天授元年改黄巖，因山得名。其山上有石驛，三面壁立，俗傳仙人王方平居焉，號王公客堂。余案：《貢玩齋集》有隱士施應元思菴，汜州人，鄭静思《谷叟莊記》皆未載。

天台縣志十五卷康熙二十二年重脩

邑令李德燿、黄執中同輯。德燿本台州府同知，兼攝縣事，黄則踵成之也。

太平縣志八卷康熙二十二年脩

邑令曹文珽主脩，林槐、雯漢等纂。縣於成化五年割黄巖置，以鄉有太平岩，故名。成化十二年，又析温州之樂清、下山凡六郡都益之。其有志書，始自謝文肅公鐸，但有抄本。至嘉靖庚子，邑令曾才漢、鄉先輩葉良佩脩輯成編，曹令乃補綴百四十年之事以成書焉。

以上台州府

金華府志三十卷康熙二十二年重脩，十二册

郡守三韓張藎敬菴氏主脩，金華縣訓導沈麟趾及郡人葉芳、趙忠藻等仝輯〔一〕。金華，宋爲婺州，洪遵嘗作《東陽志》十卷，元世瞻思有《東陽續志》，明成化有周宗智《金華府志》，萬曆有王懋德《志》，至是重脩〔二〕，益加詳備矣。金華之名始于梁武帝，《玉臺新詠序》云「金星與婺女争華」，故曰「金華」。

〔一〕「及」上，原衍「趾」字，今據復齋抄本删。

〔二〕「志至」，原誤作「至志」，今據復齋抄本改。

金華縣志十卷康熙三十四年重脩，五册

邑令膠州趙泰甡鹿友氏主脩，教諭臨安張翀愼菴氏、訓導山陰朱凛延永祺氏、邑人張士紘等纂。先是，嘉靖間有戚侍御雄創爲邑志，萬曆戊戌胡紳容、順治乙未王世功俱續脩之。康熙癸亥，邑令王治國重脩未成，越十二年乙亥，趙侯始告成焉。

蘭谿縣志六卷康熙辛丑年重脩

邑令新安程□坤輿主脩。蘭谿舊志輯自章楓山，有序，見集中，其後歷有脩輯，然其體例尚仍章舊也。

武義縣志十卷康熙十二年重脩

邑令遼陽李經邦看菴主脩，司訓海寧徐孟湖分輯。武義，在漢爲烏傷，吴爲永康，唐

始析爲武義，其志明以前不可攷。正德間，邑丞林有年始脩之，歷嘉靖、萬曆，皆有編輯。順治初，臨汾張内有、鹿邑梁遂相繼重脩，至李令始彙而刊之，蓋經數賢令長之手而後成書，可謂戛戛乎難矣。載筆簡要，饒有武功、平凉之風。縣之主山曰壺山，聳出西境，以有潭水，故名。上有亭，萬曆間令張國裳有聯云：「錦綉萬花谷，乾坤一草亭。」李令建文昌閣其上，後又於其地創立書院。乾隆初，先君子嘗掌院教。邑多徐姓，相傳偃王之後云。

義烏縣志二十卷雍正五年重脩，十册

邑令高陽韓慧基□□主脩，浦江教諭沈裕、金華縣學生孔衍詡等參訂。義烏得名，因秦孝子顔烏感飛烏事也。代産偉人，唐有駱賓王，宋有宗澤，元有黄溍、王褘、龔泰諸賢。宋志昉于宋元豐年邑令鄭安平，至咸淳間黄應龢續之，應龢即溍之族曾祖也。溍取二書，令其門人王褘、朱廉釐爲七卷，時元至正十三年也。正統劉同重脩十四卷，皆早佚，所存止萬曆周令士英所脩二十卷耳。康熙三十一年，邑令宛平王廷曾□□重加纂輯，義例精明，考據詳核，其自序、凡例俱佳。韓侯重脩，一仍王舊，特增補之而已，傳筆稍冗，則近時通病也。義烏，方秦始皇置郡時名烏傷，漢初平三年分置長山，吴赤烏間分置永康。《志》敘建置云：孫權領會稽，據江東，國號吴，地屬焉。後漢帝禪延熙八年爲吴赤烏八年，分縣地置永康縣，其表亦然。以後漢爲正統，故爾直繫之吴，雖邑志而史法存焉矣，可謂卓識無兩。

永康縣志十六卷康熙三十七年戊寅重脩

邑令華亭沈藻琳峯主脩，吴郡朱謹雪鴻纂。縣置自吴赤烏年，號爲近古，作志始宋嘉泰間令陳昌年，元、明俱有續脩，惟正德間令胡楷所輯悉據宋、元志成之，是本據以續成，故斐然可觀。

浦江縣志十二卷康熙癸丑年重脩

邑令麻城毛文埜同書脩。宋末，吴潛嘗立月泉吟社于此，題曰「田園雜興」。《志》載詩七首，第一名羅公福，武林人；十四名何鳴鳳，分水人；十七名劉蒙正，崑山人；十五名黄景昌，本邑人；四十四名仇遠，杭人；五十名陳希聲，義烏人；五十四名陳文增，苕水人。

湯溪縣志八卷萬曆三十二年脩，計四册

邑令休寧汪文璧叔圖記主脩，學諭羅元齡等分纂。

湯溪縣續志一册康熙十二年脩，二十二年成付梓，與前志共五册

續者爲武寧張元會，成之者撫寧譚國樞，皆邑宰也。湯溪置自明成化七年，割金華、蘭谿、龍游、遂昌四邑之地，以縣治地名湯塘，因名湯溪，隸金華府。時宋令文博曾輯爲志，至汪令始加詳焉。然地本三郡四邑之邊隅，人物未稱茂美，《續志》亦屬草草，難言鉅觀也。

以上金華府

衢州府志十六卷嘉靖四十三年重脩，六册

郡守宜興楊準汝度、無錫鄭伯興南溟相繼編輯，少卿江山趙鏜作序。衢於春秋爲姑蔑，其後爲太末，爲新安、信安，至唐始名衢州云。志體簡核，有足取者，明正、嘉以前郡邑大率如此。

龍游縣志十二卷康熙十九年重脩，乾隆年續補

邑令海城盧燦惟菴邑翰撰，俞恂岫雲主脩，令城固許琯等協脩。

以上衢州府

嚴州府志萬曆甲寅續脩，順治己丑重刻，十四册

郡守溧陽吕昌期續修。前此三十年爲萬曆五年，郡守漳浦楊守仁嘉復嘗請郡人徐參政楚纂輯之，至是復爲補葺，而守仁之子一葵適副浙臬〔一〕，吕不敢攘美，第稱續修《嚴州

府志》云。國朝順治六年，婁東錢廣居守嚴州，以舊板散佚，重刊之，爲《補遺》一卷附後，而於原書絶無增損。其《序》云：「此書關一郡風教，昵於獨則慮難以測海，稽於衆則慮淆於築舍，嚴則遺珠是懼，寬則玉石不分，故與其新也寧舊之。」數言者，真可爲志家之科律矣。

〔一〕「臯」，原誤作「泉」，今據復齋抄本改。

淳安縣志二十卷康熙二十二年重脩，五册

邑令監利胡就臣甌廬主脩，學博仁和陳斐、會稽孟士模編輯。淳志始于宋方蛟峯先生，明世有成化汪《志》、嘉靖姚《志》、萬曆吴《志》，國朝順治十五年有張《志》，康熙十二年又有張《志》，至是爲第六編次矣。告成期促，因襲爲多，其分二十二門，亦本嘉靖舊例，然人物不濫登，文翰不泛録，猶有史氏遺軌焉。

淳安縣志十六卷乾隆二十年乙亥重脩

邑令新淦劉世寧幹齋主脩，學博鄞縣袁□□惺齋、景寧吴□□鶴谿同輯，邑人方棨如朴山鑒定。

桐廬縣志四卷康熙十二年脩

邑令三水馬象麟重脩，分風土、官政、人物、雜志四類，各爲一卷，以元、亨、利、貞分集。

壽昌縣志十二卷康熙二十二年重脩，四册

邑令廣東揭陽曾華蓋主脩，學諭張可元、訓導張熙、王芬先監脩，邑人洪如瑯等編輯。壽昌之名，昉於晉武帝太康元年，隸新安郡，唐武德初分桐廬爲嚴州，至明始以嚴州爲府，而桐廬屬焉。

分水縣志十二卷康熙十一年壬子重修

邑令全州胡必譽澹若主脩，學博石門沈璜等，生員陳泰今等纂脩。邑置自唐武德年，向未有志，明隆慶間令侯汝白創爲之，至萬曆初令方夢龍重脩，而其序乃不言有侯《志》，言者譏之。

以上嚴州府

温州府志三十二卷康熙二十年重脩，十册

郡守婺源汪爌施北氏主脩。先是，前郡守遼陽王國泰靖公氏主脩編定，同知柏鄉魏裔慤涵一氏參訂，而學博秀水李璋、金大起等分脩焉。案：温州，故漢東甌地，武帝置回浦縣，屬會稽郡，東漢章安，吴臨海郡，晉永嘉郡也。其名温州，始唐高宗上元二年，永嘉氏李行撫詣闕請置，詔可。其地自温嶠以西，民多火耕，雖冬月恒煖，因名。州治永嘉縣。

永嘉縣志十四卷康熙二十二年癸丑脩，三十年壬戌增脩

邑令馬介主脩，邑人林占春等輯。其增脩者，邑令鄭廷俊。

永嘉縣志二十六卷乾隆辛巳重脩

邑令遼陽崔錫主脩，天台齊召南息園、錢塘汪沆西顥纂。時郡守李琬，方聘二公脩《温州府志》，既成，踵以邑志，體例皆仍之。引據群書，皆標名於首，或一山一水枚舉數書，或一事一人泛引羣籍，題詠附見各門，論列加以案語，後之修志者多因之。間有未備，則三十年令施廷燦所補也。時余方閲《貢玩齋集》，内有《送黄季亨赴永嘉松山巡檢》詩，檢《志》，但載元有東塞巡檢白來，而無黄名，並其官亦逸之。又有《送趙禾仲東歸序》〔一〕，稱：「永嘉趙禾仲，故宋宗王諸孫，倜儻負義。從見山葉先生游最久。嘗以《易》《詩》教授荆揚間，或勸之仕，笑不應。未幾，河南釁起，王師徂征。禾仲皤然曰：『吾尚能坐視生民塗炭乎？』扣軍門，畫十餘策，主將奇之而不能用。禾仲裂策於地，急絶江還，所過諸將莫不迎謁，用其策，多奇勝。御史、部使者數論其有文武材，宜用如詔書。事上丞相府，趙

僉浙東宣慰副都元帥〔二〕，兼治縣慈溪。屬序以别。」據此，則趙禾仲尤當列於志，而亦不載，然則闕漏者亦豈少哉？

〔一〕「禾」，明嘉靖刻《玩齋集》卷六作「木」。

〔二〕「都」上，原衍「副」字，今據復齋抄本删。

瑞安縣志十卷乾隆十四年重脩，六册

邑令忠州陳永清寧人主脩，訓導兼教諭事於潛章昱程伯纂編。是志始脩于永樂，繼脩于嘉靖、萬曆及康熙丁卯。至是，章學博力任其事，經數年始成。瑞安爲地雖僅四十里，而焉生賢，後有小鄒魯之稱，故爲閩越王治。漢爲回浦縣，隸會稽郡；東漢爲章安，改永寧；吴爲羅陽，改安陽；晉改安固，分置横陽，皆隸臨海郡，改隸揚州，置永嘉郡統之；隋隸處州，改括州；唐高宗改置温州；昭宗天復二年，因獲雙白烏之瑞，改安固爲瑞安，至今仍之；明景泰三年，割義翔鄉五十六都至六十一都屬泰順焉。地有大羅山，唐劉沖隱此，自號羅隱秀才，因名秀才垟，與永嘉接壤。相傳沖係唐宗室，避亂改姓劉，兄鄴亦能詩，又俱以羅爲姓，唐詩中有羅鄴、羅隱名，志文如此，不知何所據也？

平陽縣志二十卷乾隆庚辰年脩

邑令婁東徐恕心如主脩，仁和杭世駿堇浦輯。

以上温州府

處州府志

青田縣志十二卷康熙二十五年丙寅脩，雍正六年戊申重脩

邑令長治張皇輔立菴主修，教諭餘杭錢善選澹名纂。其續者，邑令貴定萬里際雲也。

龍泉縣志□□卷乾隆四十年間脩

邑令蘇遇龍脩。

景寧縣志□□卷乾隆四十五年脩

邑令張九華主修。

附

甘泉縣志二十卷

知縣吴鸚峙原纂，知縣張宏運創修。是志分二十九門，其體例一遵朱竹垞《日下舊聞》，搜羅宏富，各詳所出，與新《荆州志》均可爲志家準的也。

江都縣志三十二卷

乾隆七年，縣令五格重修；八年，令黄溯修成。

如皋縣志三十二卷

乾隆十五年，邑令鄭見龍重脩。

丹徒縣志十卷

康熙癸亥，知縣鮑天鍾重脩。

荆州府志五十八卷

乾隆二十二年，分巡荆宜施道蕭山來謙鳴[一]、知府平江葉仰高脩。案：舊志竝佚，所存惟康熙中郡人胡參議在恪所脩。

〔二〕「來」，原誤作「朱」，今據《（乾隆）荆州府志》卷首改。

高郵州志十二卷

雍正二年，知州張德盛脩。

蒲圻縣志十五卷

乾隆三年重脩，知縣金川王雲翔脩。

涿州志□□卷

劉德弘脩。

湖廣通志

陳國相。

漳州府志

魏荔彤。

灤州志

周宇。

衡山縣志

王家賢。

眉州屬志

張漢。

許州志十六卷

乾隆己丑，知州甄汝舟修。

通城縣志九卷

明趙三台脩，盛治、丁克□續補，縣屬武昌府。

闕里誌二十四卷

明李東陽、陳鎬撰。本朝雍正初，衍聖公允植重脩，藝文居多。

水經注三十卷

漢桑欽君長撰《水經》，後魏酈道元善長注，後有黄省曾敘。案：桑氏所引天下之水一百三十有七，江河在焉，注引其枝流一千二百五十有二。《唐六典·水部》所掌以江河爲大川，故止一百三十五中川，其小川與酈《注》同。

補遺

補遺一

重刻文昌孝經跋

六籍言孝多矣，惟十八章爲尚，而七曲馳芬，亦示人蒸蒸承慕焉。瑯琊伯仲，妙齡純績，於是書最所服膺，重授梓人，淳慤可想。吾聞骨肉之親，神出於中而應於心，蓋無迫而自切，寧有感而不融，旌閭變里，將於是書券之。

跋崔星洲攤飯鳩譚

余以慈幃羸老，屏跡海上十年，循陔餘暇，賴有古人爾。我年來獨與秋谷郵筒最密，斐然之作，起予甚多。余以罪釁積深，遽丁艱棘，君數加慰問，近復遠寄《攤飯鳩譚》一書，將使鼎鼎餘生獲窺枕秘。其中是正經史，考訂儒仙，得失異同，如紋在掌，旁及山川郡邑、卉木禽魚，有辨必精，無疑不晰。蓋君雅尚汲古，覃思研詞，方將掞藻天廷，希踪揚馬，而此其吉光片羽也。來書謙抑，欲採蕘言，夫「蛩蛩之謀，期于善草。周周之計，利在銜翼」，君方襄余作《避名録》，其共保此意勿怠。庚寅嘉平立春日，耕厓子。

過夏雜録引

唐世解人不捷，退而肄業，謂之過夏，蓋暫爲息肩之計。至明初，則有寄監讀書，以俟後舉者矣。夫微名得失，時之利鈍爲之，亦藝之精牿爲之，必倖勝于一朝，或決去於窮日，其事誠過，顧如余之浪隨海送，塲席龍鍾，不急韜筆入山，而尚浮沉人海，將何爲乎？甲辰閏三月，會闈將撤，友人沈嵩門以余癖書，引司讎校，將藉是免就暑途。既而王秋部疎雨遣子從遊，一經援止，不能自脱，兩度蜂鵰，非本懷也。抑梁劉綏有言曰：「不須衣食，不用身後之譽，惟重目前知見。」以余僻處海隅，老鑽故紙，一旦竊天禄之餘光，窺石渠之秘籍，雖嘗止一臠，踰於鼎食矣。而且瞻仰雍宫，摩挱石鼓，城闕街衢之壯麗，人材物貨之美富，舉昔人研都練京所不能詳者，今悉得之目擊，其爲足重，孰過於斯？然則旅資不快，固宜爲含度所笑，而虚所知見，愧益甚焉。爰於胝沫餘暇，隨筆記録，久之，分爲六卷，仍初心，名曰《過夏雜録》。祇期無負目前而已，如云覆瓿，則固其所。丙午二月廿一日。

跋汪龍莊越女表微録

廣業讀《雙節堂贈言集録》，欽二母之賢；讀《越女表微録》，知龍莊之孝，非是母不能有是子，非是子亦烏能慰是母哉！夫以母之同心砥節，養老字孤，自甘荼蘖，其分也。當家難蠭起之際，皆以有躡財相煽惑，故逼勒震撼特甚。二母貞固不回，仍竭資産餍之，而躬忍饑凍，治針黹以活，終身無忿言愠色，論者已難之。及教子有成，名顯朝野，旌門頌德，駸駸日盛矣。人情痛定思痛，縱不自多，亦用自慰。而母乃獨愀然於族婦之向隅，欲然於食報之偏厚，曰若與吾等，何獨吾異？噫！此其宅心仁恕，用意深遠，何如哉？雖然，族婦則絀於力矣，即母言之，亦未能表闡之也。龍莊先意承志，采邑乘家牒及所睹聞二十三人，請於府縣，表宅祔祠未已也。遍訪同郡，得三百餘人，皆困乏鄉僻不能自達者，上之當事，標其閭。又詳述事蹟，彙輯斯録，使壽諸不朽之文，而其事實始於賢母之一言，則非純孝不能錫類如此矣。曩者，海寧節孝祠有唐、宋兩節婦，主旌於雍正年，子姓零落，後入者賄守祠户，撤而據之，急索，始得復。州北王氏有同堂守志之婦七人，王功山妾姚氏最著。姚年十九，主與嫡俱死，撫出腹子娶媳，又俱死，撫孫，孫長又死，撫嗣曾孫，未幾殤，又撫其弟，隻身撐拄，五十年卒，綿宗祀，他所行悉合旌格，而後人莫爲之請。余亟從族屬慫恿之，不應，因作《七節婦傳》，入之《寧志餘聞》中。嗟乎！人度量相去殊遠，貞操奇行爲庸碌子及黠奴所淹抑者何限，觀此録所載，脱不遇龍莊，亦俱長與草木同腐耳。越女既若干人，推之通省，推之天下，奚啻數十百倍，而表微如龍莊不多見。此不可謂非越女之幸，然使得是書以感發其仁孝之本心，而各以其所愛及所不愛，則亦天下之女之幸也。龍莊之言曰：「吾兩母先後棄養，更無可報，惟此力尚能致之。」於是孜孜搜訪，凡貞烈孝婦一例兼採，此其意豈僅以越女止哉？抑龍莊是舉，固專在慰母心也。竊計自今以往，遇春秋肹蠁，二母顧見族中諸窮嫠濟濟會食於祠，喜必甚。又是三百餘人者，時前後百數十年，地遠近數十百里，今一日同膺嘉獎，光賁重泉，羣聚而喜曰：「此汪孝子之所以善成其賢母之志者也。」因相率以賀二母，二母喜必滋甚，則龍莊之所以報其母者，不已奢乎？廣業少孤貧，老大無所就，念先慈教養深恩，涓埃未報，手是編，嘆慕愧恨，涕泗交頤，謹識數語於末，并連及唐、宋、王三人，俾得蠅附，當亦二母所許而龍莊所樂聞也。

沈寄巢照北遊壤擊跋

同郡沈君寄巢負才不得志，攜其愛子遊京師，爲賢士大夫所器重。既試鄉闈，幾入彀，復佹失，乃走河東，抵樂平，絶塞苦寒，不樂久居。今年夏還京省其仲兄嵩門，時余與嵩門同事讐校，一見如舊相識。頃之，君出《北遊壤擊》一編示余，皆紀行道所見聞及覽古懷人之作，思深微而詞清婉，于天倫骨肉間尤拳拳不置，知其至性有過人者。余既爲題長句，復申敍之如此。君昆弟四人，並擅才名，比之李氏黄括，嵩門與余友善，君其季也。甲辰冬十月中浣。

沈寄巢照秋吟偶存跋

聚不相謀之人於一室，當其舉座悄然，四無聲響，則烏知夫孰者餘於情歟？孰者不及情歟？迨觸物興懷，因寄所托，或且熟視若無睹，獨有人焉流連不忍，置爲長言，爲永歎，然後知其人之深於情，因以見其本性之所在。是説也，余於秋吟得之。君讀書，能文章，數遭困抑，居恒吶吶，如不出口，其慷慨激昂、鬱伊危苦之詞悉寓於詩。余本恨人，每讎校餘暇，展閲數篇，觀其婉轉附物，惆悵切情，輒怦怦心動，蓋積數月，始克竟讀焉。噫！是何餘於情也？然秋之言愁，不若春之言蠢，劉彦和曰：「詩者，持也。持人情性。」羈踪靡定，其聚也可樂，其散也又可悲，君慎所以爲持，則適然者聽之而已。乙巳六月朔。

跋陳目耕篆刻針度後

王麟原嘗言：「玩印刻可以得河洛縱横之意，可以見井田開方之法，可以存盤鼎鐘鬲之制，可以識專門名家之學，可以寫防奸杜僞之志，故篆刻能仿古者爲益甚多。」余於陳君是書亦云。丙午立夏前四日。

朱不爲紫薇軒存草跋

鄉前輩朱欠菴先生，文中之虎也。舊在聶許齋得見《爲可堂初集》，雄健峭鍊，時出奇論，抄本《爲可堂詩》數卷，亦工秀絶倫，惜匆匆未及竟讀。間訪其遺裔，人罕知者，而刻板之存亡無論也。竊謂先生氣誼之重，風節之高，早爲張西銘、吴梅村諸公所器重，固不徒以詩文顯者，度後必有聞人。今年客武林，與龍山祝君秉淵晨夕，出示其尊甫手録《紫薇軒存草》，則先生之令子太學不爲先生所著也。古今體詩計四百一十五首，附四六　篇，其工秀一如爲可。太學幼承家法，徙居梅里，與李秋錦、良年，字武曹。耕客、符，字分虎。周篔谷篔，字青士。諸名人相砥礪，以故詣益進。性豪邁，好徜徉山水。秋錦嘗以「狂朱」目之，而查宫詹聲山贈詩，亦有「狂朱懶蔡流傳久」之句。懶蔡，名燿，字遠士，與太學同舍友善，亦秋錦所目。觀此，可想見其爲人矣。集有《奠蘇州太守蒼巖高公》詩，備敍公聞欠菴先生訃，與王世顯設位而祭，并營葬及修輯遺集行世事。蒼巖名晫，維揚人，兄事欠菴先生廿年如一日，于其殁也，不惟妥其魄，兼欲壽其書，前輩之于友道如此。然非太學之詩，亦孰知是集成自高公哉？今是集流傳絶少，同爲寧人，且有終身不得見者，而余幸與寓目焉。兹復盡讀太學之詩，斯旅中一大快意事也。不爲先生名願爲，號求俟，貢入成均，未及仕而卒。紫薇，其寓齋名也。祝君尊甫則其彌甥也，遊州序，有聲。乾隆戊申九月初三日，周廣業書于綺石齋。

跋吾亦廬詩草

秋谷負雋才，好讀異書，作詩文，不苟隨時俗。向固數數見之，然實未讀其全集也。今春攜此册示余，胝沬之餘，展閱一二，匝月始竟。詩無論今古，文無論散整，皆有真氣勃勃，此非可以貌襲爲者，由其天分高而浸淫于卷帙者深也。秋谷嘗輯《横山記略》一書，甚有條理，今散見《歲時藻玉》者是也。余許爲作序，未屬稿，而其書爲友人借觀，不戒于火，惜哉！戊申七月。

跋楊忠愍公墨蹟後

余嘗從故家得《天啓丁卯順天鄉試序齒録》一册，内第一百十四名爲容城楊存忠。觀其三代名諱，則忠愍公曾孫，而廩生應箕之孫、庠生一新之長子也。慨然嘆忠烈後人英賢踵接，雖小録亦足不朽，因書其後藏之。夫以忠愍之勁節，浩氣慷慨，拜疏當日，惟知君耳國耳，身命之不顧，遑計子孫？今讀《獄中與鄭端簡書》，自言心坦然，略無懼懆意，是非忠愛發于血誠，舉凡禍福死生，無足動其心者，能之乎？此書吾友吴君兔牀得之端簡後人，自平泉先生而下題識累幅。余年友吾君漁璜數之，得二十四跋，其於致書顛末及鄭氏之奉爲墨寶，論之備矣。而盧學士復言公疏稿及家書尚在容城後裔所，然則非賢子孫必不能世守勿失，而非忠愍遺澤深厚，亦烏能食德如此其綿遠也。公書作於嘉靖癸丑，越二年乙卯，以兵解。存忠領薦爲天啟七年，歲亦在卯，凡七十有三年，其時公論已大申，忠奸判然，而天之報施，卒無或爽。今去天啟丁卯又百六十餘年，而忠愍手蹟猶新，與球圖並重，此豈偶然者哉？存忠字念子，其後歷官無考，有弟曰廣忠，二子：凝福、聰福。案：福堂遺筆應箕，係忠愍次子，則尚寶之後，必更有人。今藏疏藁者，未知於念子爲幾世孫。兔牀好蓄異書，試録應不在收弆之列，而博學多聞，當必有以知其詳矣，故舉以質之。乾隆五十四年己酉仲夏重五後五日，海寧後學周廣業謹題。

附録忠愍書并端簡跋

別後，一路日食，奏稿成。日夜奔趨至京師，十八日到任。日食次日，賫本至端門，聞拏内靈臺打一百，知題目不合，即趨出，連日怏怏。至十八日，故又有此奏二王事。本後原有一段，大意謂賊臣之得專權，皆原於皇上父子之不相見。後俱削去，止存此二句，猶有此禍。打後兩腿，出血膿約四五十碗，肉潰幾見骨。今幸將平復，逐日心亦坦然，略無懼慄意。南都之事，主張贊成，專望老先生，言不盡意，統惟鑒諒。初會湖翁，有欲老先生還朝之意，並報二月十八日，頓首具。

癸丑三月五日，應天府當該林居龍從京回，附此信至，得見椒山先生手書，始知天相正人無恙，喜甚。海上大笠生曉謹跋。

案二十四跋：平泉鄭履準，端簡長子也。鐘念之祖保，通家子也。彭君山宗礪，其孫彭宗孟，其彌甥也。王元壽，錢塘人。陳繼孺，華亭人。胡邇、姚士粦、鄭端允，皆鹽人。李之藻，仁和人。許令典、許僖海，寧人。朱廷瑋、祝華封、錢養庶、袁晉、杜蘅江、張蔚然、祝大文、董廷諫，以上二十一人，皆明人。本有陳梁跋，兔牀以其言剌謬，去之。本朝乾隆元年，有烏程陳焯等題名，合上二十一及陳梁、陳焯，并端簡爲二十四跋。其後有吾祖望、梁同書、陳焯、盧文弨四跋。兔牀得此在壬寅十月，梁以下皆兔牀所索題也，有自識。

跋桃溪客語

義興爲東南奥區，吾友吴君槎客寓遊其間，既著《國山碑考》，復著《桃溪客語》，搜剔溪山，爬疏人物，博而且精，洵不負此地矣。昔倪迂家于祇陀，屢遊荆溪，題咏甚多，余最愛其《題畫贈王光大》云：「荆南山色青如染，卜築正當溪水南。浪舞漁舟鷗泛泛，雪消沙渚柳毶毶。凉軒楓葉晴雲綴，秋浦荷花落日酣。舊宅不歸幽夢遠，吴松聊結小禪龕。」讀之，覺荆溪勝概宛在目中，光大蓋亦由吴移居此土者，故落句云爾。雲林又嘗於春暮過郯九成舟中，與劉德方郎官論詩烟渚，翼日快晴，移泊緑水岸側，仰睇南山，遥瞻飛雲，夾岸桃柳相廁，如散綺霞。九成因出片紙，索畫眼前景物，雲林爲題句有云：「復遇武陵守，共尋花滿川。」是荆南地故饒桃，其佳處正不減淵明所記，槎客方結廬國山之下，流連觴咏，于昔賢何多讓焉？

長短經跋

是書見於《北夢瑣言》，云：「趙蕤者，梓州鹽亭縣人也。博學韜鈐，長於經世。夫婦俱有節操，不應交辟。撰《長短經》十卷，王霸之道，見行於世。」又見《唐書·藝文志》雜家：「趙蕤《長短要術》十卷。蕤字太賓，梓州人。開元中，召之不赴。」晁氏《郡齋讀書志》亦載：「《長短經》十卷，唐趙蕤撰。論王霸機權正變長短之術，凡六十三篇。第九、十載兵權、陰謀。」向嘗購之，未得。今夏鮑君以文以拜經樓寫本見委是正，始快讀之。其指歸大率如孫、晁二公所云，乃其稱引繁富，核對非易，自揣固陋，久未敢下筆。既值歲餘，悉發齋中所有書，以次校勘，兩旬始畢，譌者改之，闕者補之，疑者證之，兩通者仍之，雖不能悉合，庶可上口矣。舊稱十卷六十三篇，今本蕤自序亦然，檢之實止九卷，而篇有六十四，初頗疑之。及觀《文獻通考》引晁氏説，則首據《瑣言》，後云「第十卷陰謀家本缺，今現存者六十四篇」，始知是書早無足本。今所有自序已不盡原文，而近刻《讀書志》大有脱誤也。但王阮亭嘗見宋刻，云是徐健菴過任城得之，其跋亦言十卷，總六十三篇，唐梓州郪縣長平山安昌巖草莽臣趙蕤譔，與今正同，則其誤自宋已然矣。《瑣言》蕤貫鹽亭，而言郪者，《四川總志》云蕤「鹽亭人，隱于郪縣長平山安昌巖」。博考六經諸家同異，著《長短經》，又注《關朗易傳》。明皇屢徵不起，李白嘗造廬以請」是也。案：《太白集》有《淮南卧病書懷寄蜀中趙徵君蕤》詩，《廣輿記》亦云蕤「篤學不仕，與白爲布衣交，著《長短經》」，《梓州志》稱其人傑，阮亭又引楊天惠《彰明逸事》曰：「潼江趙蕤，任俠有氣，善爲縱横學，著《長短經》。」此皆讀是書者所宜留意，故詳述之。至《總志》謂其文《申鑒》《論衡》之流，竊觀此書，命名取《國策》刺事，倣《吕覽》而雜採羣言，又絶似《鴻烈》也。乾隆辛丑暢月長至後九日。

新修廣德州志題辭

余以溝愚，薄遊桐汭，郡伯胡衡齋先生若有夙契，居月餘，屬修州志，且曰：「舍其舊而新是圖。」因取萬曆以來諸志閲之，信有當掃而更者。與同事考訂蒐輯，不辭勞瘁者歲餘，但期傳信以答賢守盛心而已，當否未敢知也。局設復初書院，復初本明鄒文莊公講學處，在院東數武，尊經閣尚其遺蹟，院久廢，故重建者仍其名於此。方文莊之修志也，自序謂與諸生從事復初之教，茶陵龍子以舊志弗稱，亟以見委，然則筆削之任即在講舍明矣。惜其書未竟，不獲與《武功》《平凉》並稱，而後之修輯者，卒亦無由步趨也。余與文莊奚啻駑駘之逐騏驥，雖狂奔盡氣不能及，况無三美即不能無四患，敢弗吮毫而滋懼乎？乃其地則俱在復初書院，且前李守修志在萬曆壬子，今歲亦在壬子，告成之月又在壬子朔日丙申，越七日癸卯爲長至節，於《易》道皆爲復，是雖若適然之數，當非盡適然之數也。特識之。至纂輯大凡，例言已詳。海寧周廣業書。

集蘭亭敍爲春禊詠引

禊事自古有之。蘭亭爲盛亭，在稽山之陰，其山水猶是也。林竹今已無有，然世每契仰樂言之者，不以其地以其人。雖以其人，亦以其文也。由永和癸丑以至於今歲，敍遷流不可盡述，其間臨文興感者不少，曾未有能集其言以作詠者。賢大夫世爲會稽人，生長大興，惠臨此地，歲有時和，人懷其化，當暮之春，又遇癸丑，大夫陳觴於亭，左竹山，右同水，與諸賢齊坐遊覽，俛視清湍，以爲娱樂。修禊既畢，述蘭亭故事，取其敘一録之，集爲此詠，情文相生，曲暢懷抱，同人羣然和之。會因事後期，未及與列，嘗覽大作，亦隨次和。次年此日，於會稧坐間觀向所集者，形迹與古《蘭亭敘》朗然暎合，察之無一絲不類，是又取其文集之者。異哉，斯詠也！信幽人之能事，文林之極品，將與天地同永其年，豈塹隨世爲趣舍者哉？雖昔人風詠，未足爲喻也。夫人寄迹宇内，俛仰一室，初不知世宙之大，萬類之化，至於遊騁所之，觀聽所及，放懷極目，快然有得。因悟峻者爲山，曲者爲水，茂者爲林，修者爲竹，或一覽已畢，目惓情遷，或相映於今古，未有盡期，雖世殊事異，欣感不同，其所以爲樂者自有在也。不然，永和事已古矣，後人當嗟悼，以爲虚誕不足信。然至今盡人猶能知當日人品之盛，觴咏之樂，豈不係於斯文哉？今之所作，由後人視之，亦若是矣。老年浪遊，妄長此山，癸丑之後一年春暮，又和《集蘭亭敘》諸詠，欣斯盛事，不可無敍，雖自知不文，固樂爲之引，亦將有所託以自况，或與老彭述作之致有當云。

趙文敏書祠山廣惠昭德宮疏跋甲寅

右《疏》爲字大小二百十有五，綾本，墨書。廣德舊志謂是趙文敏公筆，觀其腕力圓勁，神態秀逸，洵非文敏不辦，宜廟祝世守爲鎮山之寶也。謹案：《祠山事要》是宫在元世興脩於至元丁丑，復建於皇慶癸丑，而沈天祐重刻《事要》在延祐元年。其記有舊板厄於火之説，與《疏》言鼎剏歲久、示警劫灰者合。文敏於仁宗初應召爲翰林學士承旨，至延祐六年始告歸，觀末行署吴上卿銜，則是《疏》爲其暮年家居時所書甚明。所稱見蓋未畢之工，去沈之作記又數年矣。今月不著年號，殊不可解。蓋延祐七年正月，仁宗晏駕，十二月，英宗方改明年元日至治，或因是略其年而概之以今歟？於時，醮祠佛事，史不絶書。而至治元年三月有廷試進士宋本等，則行省試亦在是秋。《疏》中禮斗、求賢皆指當時實事，非虚爲祝頌也。至主盟之吴全節，則特進上卿、玄教大宗師張留孫之徒也。至治元年十二月，留孫卒，全節嗣。二年五月丙申，授官一如張，并總攝江淮荆襄等處道教。而文敏之卒亦在二年六月，然則吴之題銜識以押印，必文敏卒後，本宫道士奉疏入燕請之也。

印文模糊不可辨，當是玄教大宗師玉印，即仁宗所刻以賜留孫，後并授全節者也。又案：《事要》詳載至元間中書省咨請封號之文，及江東道宣慰使奏神陰相海運特降御香事，與《疏》言國漕轉輸、徽號、綸音亦無不合，特《事要》未言當日所加何號耳。若《泰定帝紀》書「元年正月癸未，加封廣德路祠山神張真君曰『普濟』」，則又在書《疏》之後，或係全節所請，未可知也。首題「祠山廣惠昭德宫」者，祠山本横山，在州西五里，真君禮斗成道處也。唐天寶間封爲祠山，「廣惠」係宋崇寧二年所賜額，「昭德」則南宋時最後所加封號也。廟祝取以名宫，至今不改。《疏》兼舉之者，明額號之並崇也。計延祐至今幾五百年，而墨瀋猶新，豈非神靈呵護而致然乎？先是辛亥秋，□□忝脩郡乘，閱舊志所載，心慕之。壬子春，乃偕鶴邨王君、其福。霽川吴君景濂。兩學博往觀之。越二年，志刻竣，王君感神之德，念卷軸敝損已甚，而祕藏名山，鮮獲瞻仰，將摩勒上石以傳，而重裝其舊本，□□因爲論次其時事如此。而是《疏》之爲文敏真蹟，不待問矣。若夫真君之功德靈應，則備載《事要》及新州志中。

書桐汭周氏家乘

譜學始於晉，盛於宋、齊。最上者，核究精悉，如珠之連次，亦姓族望房劃分同異。其敝也，則有胄子騫龔瑯琊改令狐者矣。甚且妄制名位，厚誣先世矣。余修志桐川，得寓目諸名家譜牒，而宗人錦如亦以譜相示。周，吾氏也，其源流不容不知。鄭樵《通志》曰「后稷之後爲周氏」，此探本之論，舉稷而諸周該之矣。而或者以爲平王之後，又以爲赧王之後。夫周任見於《魯論》《戴記》，魯哀公時有周豐，可云赧王後乎？《唐書·宰相世系表》載二望，曰汝南，曰永安，而允元、墀二相皆出決曹椽燕。《元和姓纂》《古今姓氏書》所列舊望八：汝南、安城、沛國、陳留、安陽、臨川、廬江、泰山，新望九：永安、河南、臨汝、華陰、河東、清河、長安、河南、濟北，内河南、濟北俱代北姓，長安本姓姬，安城、臨汝皆即汝南，是合新舊實止十三望耳。其序决曹椽，謂始漢汝墳侯仁，字子房，生十子，長曰球，四傳至燕。考《漢表》，周氏侯者七人，首絳侯勃，無所謂汝墳侯仁者。吾家宗譜輯自濂溪，南渡時從洛南擕至海寧，起自絳侯，迄今六十餘世，血脈相聯，其後有燕，亦無所謂仁，則知《唐表》《姓書》僅摭拾諸家譜狀者，均未足憑信矣。桐汭之周，宋末有官少府諱謙字遜之者，自鳳陽官此，因家焉。數傳至望雲翁，子姓始繁衍，家風醇謹，多長者。而于世系源流尤極審慎，故其譜上溯少府而止，以前此無考也。其序次并不始少府，而始望雲，以少府以下亦無可考也。合同望異房之例，無牽附私撰之失，而不知則闕，深得蘇氏譜法。惟《氏族考》錯舉宗英，自戰國周舍以及明之文襄，而以瑜爲建康的派，謨徙金壇；瑜實廬江舒人，謨實汝南安城人也。故述族望之説，以質諸錦如。壬子四月二十四日。

釋名疏證跋

右《釋名疏證》十卷。《釋名》，漢劉熙撰，《疏證》則今大司馬兩湖總制秋颿畢公所爲也。原書八卷，益以《補遺》及《續釋名》二卷，别有江艮亭光生篆書本，合爲四册。從太守胡衡齋先生借觀，是書俗刻多譌，公一一訂正之，甚詳且覈。《禮》云：「衣服在躬，而不知其名爲罔。」讀此書者，庶乎免矣。公既作《疏證》，又尚論其世，首據《吴志·韋曜傳》，謂是書吴末始流布，知熙去曜年代不遠。又言舊本題安南太守校者，以二漢無此郡，當是中平年所立之南安。又《釋州國》篇有司州，《釋天》等篇不避光武列宗諱，斷爲漢末及魏受禪後人，考核尤極精確。廣業因竊推論之，《隋書·經籍志》「《釋名》八卷」，注但云「劉熙撰」，其前《大戴禮記》十三卷，注云「梁有後漢安南太守劉熙注，亡」，舊本標題當出諸此，傳寫誤倒其字，事信有之。但《續漢志》有汝南郡，而《釋州國》篇于汝南獨舉汝陰縣名以配郡，頗疑熙嘗建麾於此，故特變其例，且「安」「汝」字形似易訛，或當作汝南，未可知也。《吴志》列傳：程秉，汝南南頓人，逮事鄭玄，後避亂交州，與劉熙考論大義，遂博通五經；薛綜，沛郡竹邑人，少依族人避地交州，從劉熙學。案：鄭與熙皆北海人，其所論大義，秉固非倍師者，熙之通經，即此可見。鄭卒于建安五年，年七十四，秉於鄭曰「逮事」，則年尚少可知，於熙曰「與」，則年即非相若，亦不過倍長可知，至綜直言從學，則年更少於秉又可知矣。熙出守之年無可考，其居交州當在劉辟等叛應袁紹之後，士燮爲交阯太守時。《燮傳》稱燮「謙虚下士，中國士人往依避亂以百數」，蓋熙謝事之後，即往依燮，因授徒講學于此。及燮舉郡歸附孫權，秉及綜皆被召入仕，事在黄武初年，《釋名》所由流布東吴，而韋曜得見之也。魏受禪後，交州終爲吴有，計熙必不復歸故里求仕魏氏。晉伏滔論青史士有才德者，後漢終于禰正平、劉成國，魏始於管幼安、邴根矩，其明徵也。司州雖置自魏，而本書所釋原欲通行方俗，《蜀志・陳震傳》：「建興七年，震以衛尉使吴，賀權踐阼。至武昌，與權盟約，交分天下，其司州之土以函谷關爲界。」《吴志・孫權傳》黄龍元年亦有此文。然則當時吴、蜀通稱司隸，所轄爲司州矣，不必身事僞朝也。光武列宗不諱，乃臨文之禮，篇中於「嵩」「操」「堅」「策」「權」等字俱不避，知熙雖終於吴，而亦不仕吴。此數者，皆可備論世之一證也。衡齋太守在公門下，最見知契，因書其後以質之。乙卯四月。

記唐宋二節婦復祀事書續刻坊祠編後

海寧有唐、宋二節婦者，旌於朝，祀於祠，有年數矣。一旦爲人所攘棄，私納他氏，余據先君子所藏《敕建節孝坊祠編》，争而復之。是編刻於雍正十年，載創建始末、橱主位次、俎豆什器，與大祠裔陪祭事宜，其贊襄著勞之人，及貧困無嗣如唐節婦者，一皆紀之。而鄉先輩少宰俞公兆岳之序則曰：「於以紀君恩，表母德，且以杜攙越壅蔽之弊。」蓋自雍正元年，奉有建祠致祭之旨，優詔重申，幽芳畢闡。凡直省郡縣之以節孝名者，雖窮閻單户，皆得以事上禮部。寧之與旌者，歲七八人，或十餘人，稱極盛祠。舊設三櫥，分上下二槅，坐且滿，後入者無所容，而又觀望不肯别製櫥，勢必滋弊。序云攙越壅蔽，甚之即有撤换者，特未忍究言耳。既而櫥增爲七，加小櫥四，而未與者尚多。祠故社學廢址，四面逼城池街屋，無可拓，議并樹碑隙地屋之，且高其櫥，爲三槅，費重，未即舉謀，占席者日益急。而寧舊例，遇春秋仲戊日，子姓雲集，先期推一人爲主，各投百錢，使治具，俟陪長吏祭後，列長筵，揭簾障，徧設杯箸酒飯，謂之私祭。祭畢，飲福，分遺糕餌以爲常。廣業以曾祖妣朱太孺人故，數從事焉。曾祖妣旌於雍正六年，位在三櫥，見旁側輒有增者，怪之，或曰牌下座舊皆長七八寸，今減削過半，由此也驗之信然。繼又見一附旌新主，反位中櫥舊主上，益怪之，然未有以發也。乙巳春，挾《坊祠編》以往，徧示祠裔曰：「昔人爲此，昭慎重也。今紊亂若此，非及早清釐，不可問矣。」先是，生存被旌者，主冒以櫝，時悉令啟櫝，按編遞檢，攙越者既十之五。至唐與宋則并牌無之，遍索大小櫥不得，以唐本無嗣，宋亦不見有後故也。余憤甚，嚴詰守祠户，初諉不知，執《編》反覆責之，乃微有所指。是日，在祠數十輩皆瞪目視余，意謂余多事，徒召怨也。余固不欲窮所主名，且度彼雖忍，志在自爲地，原牌必不遽毁，因曰：「但得牌即已。」祠户請緩之，余期以秋，仍囑其鄰近開譬之，督促之。迨秋祭，果報得之矣。在扁額中趣取下，則唐主也。更索其一，彼堅謂不可復得，余笑曰：「爾出其一，可匿其一乎？姑俟來春。」囑開譬督促如初。明春，竟又得宋主，由是二節婦先後得復祀。初，祠户頗嗛余，後乃悔服曰：「吾今始知昧心事不可爲也。」然使余非據是《編》，則牌位有無不可辨，即辨之，必不肯復出，二婦不惟餒，而苦節泯矣。又使無私祭之禮，有司奉故事，子孫間來陪祀，隨散處鄉村市鎮之裔，賢者祗歲時一謁，否或終身不至，先人之不暇顧，誰復問他主之出入哉？前輩用意深遠，立法周美，此其明效矣。越數年，有富室願新祠，納附旌，爲請于州重修之。如前議唐、宋二節婦，位次亦復其舊，而曾祖妣有同時受旌從娣董孺人，以無嗣，久未祀，余亦爲製牌奉焉。至是，衆始悟《坊祠編》之善，相與續刻之，即此册也。方唐主之未獲也，所易他氏牌無故自出，離其位數寸，似有陰驅之者。嗟乎！兩母不幸，後人無聞，而貞操苦志，天子嘉之，長吏拜之，何物么□敢奪其享？然此乃其子孫之不孝，而其母且受冥責，吁可畏哉！余故詳書於此，使後之讀是《編》者，知其關係甚大而寶藏之。今式附旌無入祠明文，已故方製牌位，今悉不然，以善善從長，故略不論云。乾隆己亥春三月。

書夾山董氏譜家乘辨訛後《辨訛》係董穀撰，《舊譜》即其所輯，明嘉靖間人

余讀《章楓山集》，得《竹居墓表》，嘗録其略入《寧志餘聞》中。稱董氏先世家大梁，宋建炎初有諱健者，以武功大夫扈蹕居杭，其子臨安司法信徙澉川，歷五世至君之高大父仲真，隱海寧之錢山。今觀是譜及兩湖之辨，則是司法諱已無考，稱信者非，其去仲真亦非五世也。但仲真遺墨，即《囑女文》。祇云曾祖文林，臨安府司法，以儒林顯而已。兩湖以意推之，謂其起家進士，以文林爲官階。及作《續澉水誌》，於仕籍直書「董文林，鎮之曾祖，由進士任臨安司法」，使不以譜證之，則文林爲官爲名莫能知也。至言舊譜藏樂靜家，坦菴父子借觀，遂遭回禄。後知還續成，以武功爲始祖，以信翁爲司法，余爲參考諸墓誌，似未盡然。夫鼻祖武功，《囑女文》固明言之矣，樂靜、坦菴既皆親見舊譜，則於本支世系平昔講之必詳，即不幸煨燼，寧遽數典而忘？何祝虚齋誌樂靜墓，已稱武功居杭，子中孚爲臨安司法也？坦菴名璧，即竹居之父，其墓碣又稱健贈武功大夫，孫信任臨安

司法，中孚蓋信之字，雖曰子曰孫不同，而以信爲司法，詎可謂始於知還耶？知還名謙，竹居之子，成化間以孝行旌，如果舊譜無存，闕疑可也，安有名爲孝子而忍誣其祖者？《辨》又引景泰三年如愚《墓誌》爲証，以其前於修譜四十餘年，舊譜未燬故也。夫樂静爲如愚之子，今如愚祖符，樂静祖健，是父子而異祖矣。且如愚《誌》既云司法爲其五世祖，又云司法之孫仲温生子鎮，鎮生治，治生泰，泰生瓊，瓊娶朱氏，如愚之考妣，据所序世次，司法實爲如愚之七世祖，亦前後不符。况坦菴卒於景泰辛未，勒銘在明年，亦景泰三年，獨非前於修譜四十餘年者乎？安見如愚之可信而坦菴之不可據也？兩湖修譜在嘉靖三十二年，其時仲真遺墨尚存，而坦菴、竹居、樂静諸君爲洪、永、正、景、成、弘間人，反不獲見。又山陰胡隆臣撰《董處侯仲真傳》云：「裔出河南自强。二世祖符，宣和間承信郎。曾祖文林，儒術起家，爲司法。建炎初，南渡，官於臨安。」是傳作於洪武己酉，又前於景泰數十年，《辨》中反不之及，此皆不可解者。或是或非，雖以博洽之兩湖爲之云，仍莫能定也。而余方鰓鰓焉，據楓山一家之言以補州志，不已陋乎？乾隆壬寅嘉平月下浣七日。

書鈔本鬼谷子後〔一〕題陶弘景注

緑飲鮑君購得《鬼谷子注》鈔本，屬余是正。注甚明白簡當，自非五季宋人所及〔二〕。乃其卷首題曰「東晉貞白先生丹陽陶弘景注」，則非也。陶係梁人，大同初賜謚貞白，東晉之誤，無待深辨。案：《鬼谷》録自《隋志》，有皇甫謐、樂壹注各三卷，《新》《舊唐志》無皇甫而增尹知章注三卷〔三〕，不聞陶也。陶《注》始見於晁氏《讀書志》，潛溪《諸子辨》繼之，卷如樂、尹，而亡《轉圓》《胠篋》二篇〔四〕，是本篇卷適與相符，當即宋氏所見者。其書不類古本，如以《捭闔》《反應》《内揵》《抵巇》列上〔五〕，《飛箝》《忤合》《揣》《摩》《權》《謀》《決事》《符言》并《亡篇》列中，《本經陰符七術》及《持樞》《中經》列下，與近刻無異。凡文之軼見於《史記》《意林》《太平御覽》諸書者，此皆無之。其篇名舊有作《反覆》《抵巇》《飛鉗涅闇》《午合》《揣情》《摩意》《量權》《謀慮》者〔六〕，今亦不然。至《盛神》《養志》諸篇，正柳子厚所譏「晚乃益出七術，怪謬不可考校」之言。梁世寧遽有此？縱有之，隱居抗志華陽，安用險詭之談而詮解之〔七〕？《梁史》及《邵陵王碑銘》亦絶不言其注《鬼谷》，而僞託焉可乎？《困學紀聞》載尹知章序《鬼谷子》，有云：「蘇秦、張儀事之，受《捭闔》之術十三年，復受《轉丸》《胠篋》二章[八]。」晁氏則但言敍謂此書即授儀、秦者[九]。雖詳略不同，可證其皆爲尹序。《序》出於尹，安見《注》不出尹？觀其《注》文，往往避唐諱，如以「民」爲「人」、「世」爲「代」、「治」爲「理」、「縲紲」爲「縲絏」之類，而筆法又絶類《管子注》，是爲尹注無疑。尹生中宗、睿宗之世，卒於開元六年，故於「隆」「基」字不復避也。其注《亡篇》云：「或有取莊周《胠篋》充次第者，以非此書之意，不取。」注《持樞》云：「恨太簡促，或簡篇脱爛，本不能全故也。」蓋自底柱淪没之後，五部散亡[一〇]，不能復覩文德舊本，故注家以爲憾事。若果係陶注，則同時劉勰作《文心雕龍》，明言「《轉丸》騁其巧辭，《飛鉗》伏其精彩」，此豈不見原文者，可遽云《轉丸》已亡乎？庾仲容亦梁人，其所鈔《子》今在《意林》，「人動我静」及「以德養民」二條，顯有完書可據，何是本獨以脱誤爲恨？此亦是尹非陶之明証矣[一一]。乃其訛尹爲陶，莫解其由，以意揣之，尹《注》在《舊史》雖云頗行于時，而《新志》却自注云尹知章不著録，意其本在宋初原無標識，而《持樞》篇注中嘗一稱「元亮曰」[一二]，元亮係陶淵明字，或錯認陶淵明爲陶通明，遂妄立主名，而讀者不察，致成久假耳。抑或諂道之徒，既詭《鬼谷子》爲王詡，强名爲元微子，以貞白寓情仙術，復矯託以注〔一三〕，未可知也。然是《注》世已罕傳，大可寶貴，似宜改題曰「唐國子博士尹知章注」，與趙蕤《長短經》合梓以行，其裨益人神智，正不少也。辛丑閏五月七日書〔一四〕。

〔一〕此跋收入清嘉慶十年（一八〇五）江都秦氏石研齋刻《鬼谷子》中，以下簡稱「秦本」。

〔二〕「所」，秦本作「可」。

〔三〕「甫」下，秦本有「謐」字。

〔四〕「圓」，秦本作「丸」。

〔五〕「上」下，秦本有「卷」字。

〔六〕「巇」，秦本作「巇」。

〔七〕「而詮解之」，秦本無此四字。

〔八〕「二」，秦本作「三」。

〔九〕「儀秦」，秦本作「秦儀」。

〔一〇〕「亡」下，秦本有「殘缺」二字。

〔一一〕「矣」，秦本作「也」。

〔一二〕「注」，秦本無此字。

〔一三〕「復」，秦本無此字。

〔一四〕「辛丑閏五月七日書」，秦本作「乾隆辛丑閏五月七日海寧周廣業書」。

書陳仲魚集孝經鄭注後

余嘗考論《孟子》古注，於劉熙、綦毋邃並有甄録，獨康成《注》不能舉一字，心殊慊然。竊謂此書録自《隋志》，而自序及史傳皆不載，疑與《孝經》注均非鄭所手著。今陳君所集《孝經注》凡百數十條，通德家法，宛然在目，洵可愛也。蓋是注曾列學官，肄習者衆，故其書今雖失傳，而文猶軼見於羣籍。然非陳君力爲搜採，亦安能尋墜緒而綿絶業哉？君嗜古窮經，所詣且日進，即其爲功於鄭氏如此，當必不忍使《孟注》七卷獨歸泯滅，余又安能無厚望耶？癸卯夏六月，書于吴山寓舍。

書貢尚書玩齋集後

癸卯夏五，寓居武林，巢飲朱君示余《玩齋集》二編。一爲宣城刊本，十卷，尚書裔孫起鳳所攜贈者；一寫本，一卷，則朱君舊藏也。二編互有闕佚，合之適完。旅次展覽，媿未能窺閫奧，而積數十年訪求未見之書，一旦得盡讀之，詎非厚幸歟？竊念尚書著述美富，桐川錢氏稱有數千百篇，世亂散失，十僅一二。是編乃明天順年沈士彝所輯，頗費網羅，猶謂殘編遺墨僅存，如魯靈光，其意蓋慊然也。案：《海寧縣志》「雙廟」下載尚書《論許公爲南新城人》一則甚核，余家譜有《過先始遷祖仲潢隱君草堂》詩一首，皆是集所無。又《蘭谿縣志》云：「至正十五年乙未五月，宣城貢公爲閩海廉訪使者，道經蘭谿，天盛暑，人多病暍。假溪上民家居之，各處名士咸來胥會。時吳濬仲以故人子日相往來，及公將別，留詩爲贈，諸公皆有酬和。」其詩未有考焉。今是集有《蘭溪胡仁中家喜雨》二首，殆即所謂民家，亦無留別濬仲詩。濬仲名況，師道子也。《柳待制集》又有《送貢泰甫歸覲》詩，在尚書胄監考滿之日，而是集絶無與柳酬唱之什，由此推之，散失洵不少矣。至建安李時言所書仰藥事，以《元史》及《紀年録》並不載，謂史氏及其賓客諱之，顧俠君已辨其不然。今觀其言曰「元命已革」，尚書卒於至正壬寅，去元亡尚數年，安得遽云革命？《紀年録》於至正壬申平江城陷之日，書公抱印求死不獲，作《幽懷賦》以自見，於是年但書殁於寓所。

其《傳》云：「夏五月，自閩歸海寧舊寓，命其里曰小桃源，方杖策優游，留情溪壑，而□腐作楚，卒以不起。」又云：「公病既篤，呼弟子謝肅、朱燧，語之曰：『余平生苦志勵行，期於無愧於心耳。非托諸文字，則當世立言君子無所取徵爾，尚摭其梗槩，以副吾志。』」然則啓手知免，治命諄諄，更何仰藥之有？亦並無景濂過飲之事。設有之，仰藥當諱，景濂之來豈亦當諱乎？王忠文公撰《宋太史傳》云：「至正中用大臣薦，由布衣入史館，爲太史氏，此儒者之特選，而景濂素不嗜仕進，固辭避不肯就。會世亂，益韜閟，不欲事表顯，乃入小龍門山著書。」夫景濂既嘗爲元臣，性又非汲汲仕進者，而於玉步未更之日，忽强聒人耳，使同事新主，則失其所以爲景濂。死不獲所，智者不爲，矧尊酒邀歡，故人勸駕，初未嘗有檄書敦迫也，何至絶之以死？不死於平江之陷，而死於友朋之畏，更失其所以爲玩齋，此皆理勢所必無者。况《紀年録》得之親炙，揭祕監與尚書仍世交好，其誌墓亦不之及，烏得因傳聞之訛而遂據爲實録耶？余向作《謁尚書墓》詩，竊論其誣，頃讀是集，不可以默，謹書其後，以質巢飲。若夫詩文之能事，楊鐵厓、王子充、謝元功諸公序之詳矣，余何敢贅。乾隆四十八年六月，書于蛳山寓舍。

書祝希哲書沈石田落花詩三十首後

唐人謂王右軍書《逍遥篇》跡遠趣高，《洛神賦》姿儀端麗，隨義結體，揮染特妙，今觀祝京兆書亦然。余家藏《夢遊泰山詩卷》，墨瀋淋漓，煙巒疊出。此《落花》詩乃妍秀絶倫，展之便如紅英飄雨，緑樹流雲，知爲最得意筆也。乙巳孟夏，練江查丈出示於北平寓舍，因書。

書孝經後金蟠等刊定，世稱永懷堂本

經注以出漢、魏、晉諸儒者爲古，獨《孝經》闕焉。在唐以前，有孔安國、鄭氏兩家同列學官。孔注《古文》晚出，係劉炫僞託，今雖存，無足貴。鄭注《今文》，或云康成，《宋史》雖列其名，其書已佚。於是治十三經者以唐明皇《注》足之，明知軟抵，勢使然也。癸卯六月，寓吴山，丁君小疋、陳君仲魚見過。陳君示余所輯《鄭氏孝經注》一册，凡陸氏《釋文》、邢氏《正義》及《文選注》等書所引，靡不甄録，余深嘉其用意之勤，爲跋其後。比來京師，借閲金蟠、葛鼒所刊《十三經全注》，其《孝經》卷首乃大書「古注」，旁題「漢鄭氏注」。方驚異，間讀所載宋成都府學主鄉貢傅注序，則固襲劉知幾十謬七惑之説以詆鄭，而盛稱明皇注釋爲允當，又依監本注疏分爲九卷。心頗疑之，急讀其注，與明皇實不差一字。重檢其總目，亦云「《孝經》，漢鄭氏注」，並引《隋·經籍志》證之。凡例章句條云「余于十三經分章尋句，一遵漢魏舊本」，闕疑條云「《禮》注間有逸跡，《孝經》注不敢附實康成」，則是竟以明皇爲鄭氏矣。但是本刊於明季，與汲古閣本先後行世，頗亦稱善。且既能勘校各經，即頭腦冬烘，何至不知有明皇《注》？如謂有意欺人，人豈盡無目者？殆亦慕古情殷，姑以塞望，如孔文舉之引虎賁爲典刑耳。然而名實混淆甚矣。夫鄭《注》之亡，實由于石臺之建，猶《晉書》有房喬，而十八家遂以澌滅。志古者，每不能無憾，而顧即奉之爲古注可乎？會行篋無此經，輙手録之，而不改其題，異日擕示陳君，益以見孳孳搜輯之功爲不細也。乙巳歲十月朔越六日立冬日，書於美相旅舍。

《後漢書》：鄭玄字康成，北海高密人。西入關，事扶風馬融。辭歸，融謂門人曰：「鄭生今去，吾道東矣。」會遭黨錮，隱修經業。靈帝末，黨禁解，大將軍何進辟之。幅巾入見，一宿逃去。大將軍袁紹舉茂才，表爲左中郎將，不就。公車徵爲大司農。建安五年卒，年七十四。玄所注《周易》《尚書》《毛詩》《儀禮》《禮記》《論語》《孝經》《尚書大傳》《中侯》《乾象曆》，又著《天文七政論》《魯禮禘祫義》《六藝論》《毛詩譜》《駁許慎五經異義》《答臨孝存周禮難》，凡百餘萬言。李賢注：案：謝承《書》載玄所注與此略同，不言注《孝經》，惟此書獨有也。

《隋書·經籍志》：「《孝經》一卷，鄭氏注。」又曰：孔子既敘六經，題目不同，指意差別，恐斯道離散，故作《孝經》，以總會之，明其枝流雖分，本萠於孝者也。遭秦焚書，爲河間人顔芝所藏。漢初，芝子貞出之，凡十八章，而長孫氏、博士江翁、少府后蒼、諫議大夫翼奉、安昌侯張禹，皆名其學。又有《古文孝經》，與《古文尚書》同出，而長孫有《閨門》一章，其餘經文，大較相似，篇簡缺解，又有衍出三章，並前合爲二十二章，孔安國爲之傳。至劉向典校經籍，以顔本比古文，除其繁惑，以十八章爲定。鄭衆、馬融並爲之注。又有鄭氏《注》，相傳或云鄭玄，其立義與玄所注餘書不同，故疑之。梁代，安國及鄭氏二家並立國學，而安國之本亡於梁亂。陳及周、齊，惟傳鄭氏。梁有馬融、鄭衆注《孝經》二卷，亡。至隋，秘書監王劭於京師訪得孔《傳》，送至河間劉炫。炫因序其得喪，述其議疏，講於人間，漸聞朝廷，後遂著令與鄭氏並立。儒者諠諠，皆云炫自作之，非孔舊本，而祕府又先無其書。《隋志》首「《古文孝經》一卷」，注：「孔安國傳。梁末亡逸，今疑非古本。」

《宋書·禮志》：晉太興初，議欲修立學校，唯《周易》王氏，《尚書》鄭氏，《古文》孔氏，《毛詩》《周官》《禮記》《論語》《孝經》鄭氏，《春秋左傳》杜氏、服氏，各置博士一人。

再書董氏譜後

是譜余從静芳借觀，疑兩湖之辨，書其後歸之。今年春，静芳求爲海嶠先生立傳，復攜以來，覆閲一過。其據小江譜考定，武功非汴人，仲真遺墨亦未致詳，昨非今是，理有訂正，不嫌專輙也。至以文林爲文林郎，司法進士出身，則終屬臆説。司法係仲真曾祖，雖不逮事，必非傳聞影響。如云書官，則郎與大夫正其階也，何遺墨於始祖？明書武功大夫，於曾祖偏去郎字而單書文林，宋、元世最重進士科，果由進士發跡，仲真又何所避忌而祇云以儒術顯耶？以余論之，文林當是司法之字，孫稱祖字，古人並然，後裔未能灼知其諱，即當以字行。今以字爲官，而名字俱失，致圖傳直曰諱闕，而前此後此之名字固皆歷歷，豈非進士誤之？此其得失相懸遠矣。静芳有志重修宗譜，故復書此以質之。乾隆庚戌三月二十五日，海寧周廣業識于山陰沉釀堰莫氏書樓。

書吴兔牀海寧經籍志備考後

辛亥夏五，歸自故鄣，友人吴君兔牀枉過，以《海寧經籍志備考》見示。梅霖方盛，雨窗竟讀，嘆其力勤而益博也。竊惟先賢著述，就州志所列，可汗牛馬，固陋所見，十不得三四，即家集亦散佚居多。曩著《寧志餘聞》，蒐討十數年，凡巨册短編，非甚村鄙，靡不補録。或見名不見書，則徵之諸家書目及名人文集譜傳，以待訪求。今以參校是編，互有詳略，隨爲附注。抑有請者，志例藝文另卷，新志嫌其繁蕪而去之，似也。然立言不朽，古人所重，亦有不容泯没者。嘗擬摭拾往哲詩文佚句，如顧道士《夷夏論》《言志詩》，朱隱士《性法自然論》，許睢陽四六之類，彙爲一書，庶使神龍鱗甲湧現全身，而鹿鹿未遑。君淵雅能文，而尊著又專主經籍，但略倣朱氏《經義考》之例，每書條其存佚，而附疏其名氏爵里，於稍晦者兼述其行事，蔚爲海邦文獻，不亦偉觀也乎？如以爲然，不佞當泚筆以從。

端午後十二日。

書天啟七年順天鄉試序齒録後

予從故家余氏借得前明《天啟丁卯順天鄉試序齒録》一本，前後爛缺，可辨者自張昌壬辰生起，至李元弘庚戌生止，皆以年紀爲序，此序齒所由名也。考小録始于宋，《石林燕語》曰：「進士小録具生月日時者，敍齒也。」雖有此稱，而今所存《紹興十八年同年小録》《寶祐四年登科録》，皆以名第爲先後，未嘗以齒。《仁和縣志》載邵虞集云：「試録次第，書字書行，書生年月日，有留餘，以紀將來歷官壽夭。正德癸酉浙榜發，陳德器輩鹿鳴晏後，醵金於湖山間，各陳姓氏生年，乃以齒爲敍，蓋新例也。」據此，則是序齒起自正德，前此固未嘗爾也。余謂登科記宜論甲乙，序齒録宜論年齒，此理之不可易者，故其例至今仍之。是《録》有與今小異者數端，如科舉有稱恩貢生者，施沾、丘士芳、張裔昌也，余正笏則辛酉副榜恩准貢生，此副榜准貢之始，天啟登極恩也。有稱選貢生者，徐潘、儲毓祥、張國士也。有稱廪例生或廪例監生者，黄元輔、劉禧、余懋儼、陳于泰、張大烈也。又有廪生、監生，獨無歲貢生。籍貫有稱官籍者，一百八名于之士，五名項堯睿，俱錦衣衛官籍；百十一名曲從直，遼東廣寧前屯衛人，官籍，百五十五名張國柱，遼東寧遠衛人，官籍，二人曾若祖皆官百户，曲之父拱基爲承差，張之父能爲典史；又李成性，興州右屯衛官籍，曾祖父皆不書官；朱國俊，興州後屯衛官籍；張雲翬，武驤右衛官籍；邊大順、邊基厚，俱河間府任丘官籍；匡延年，山東萊州府膠州官籍，蓋皆隨親在任應試者也。有稱衛籍者，閻兆震，保定府清苑人，衛籍；府學生余懋儼，山西大同府威遠衛籍。又有秘元會，通州軍籍；朱錫元，山陰竈籍；張元和，趙州匠籍；李人龍，滄州子來里三甲民籍，獨無商籍。閻兆震，父鳴泰，現任少師兼太子太保、兵部尚書，亦止書衛籍，知當時無官生也。一百十四名楊存忠，字念子，保定府容城縣人，乃忠愍公諱繼盛之曾孫，廪生應箕之孫，生員一新之子。而七十一名阜城祁爾道之弟爾謨，是年亦中副榜焉。經書稱治某經，間有稱習者。每名敍字行、庚甲，籍經外，只書三代名諱、官爵，旁及伯叔、兄弟、妻子而已。殿試稱廷試，是榜浙江中式可考者九人，秀水項堯睿第五，桐鄉顔俊彦、嘉興徐潘、山陰朱錫元、慈谿應明經、西安余正笏。五十一名張大烈，錢唐廩監，係山陰人，今《杭州府志》載之，誤也。三十四名余楙儀，字意行，行二，則海寧人寄籍威遠者也。四十七名湯裔昌，稱海鹽民籍，恩貢生，然其兄胤昌、子際震、姪玄纘，則俱海寧庠生。予以試録，無足重輕，而余氏子孫能世守之至百數十年。又中有楊存忠，忠義之後，全榜皆可藉以不朽，因摘出之，備掌故焉。

書吴兔牀孫氏爾雅正義抄

魏孫炎，晉世以與武帝名同，改稱其字，《魏志·王肅傳》「樂安孫叔然」是也。其所注《爾雅》，郭景純於「釋蟲」兩引其説而駁之，亦曰孫叔然。至酈道元注濕水，引《爾雅》「鸒斯，卑居也」〔一〕，孫炎曰：「卑居，楚烏也。」魏徵注《類禮》本之。孫炎時無所避，故直名之，俗間孫炎，如在唐會昌後，則炎亦廟諱，不應相犯。若謂武宗以前，則貞觀、顯慶、開成先後皆尚文之世，其書何以不見採録而《唐志》無名？然則五代時人無疑矣。郭氏「螳螂」注云：「孫叔然以《方言》説此，義亦不了。」《埤雅》「螳螂」一條，顯與相違，尤可見其非魏孫炎也。辛亥夏日。

〔一〕「卑」，原誤作「早」，今據《續博物誌疏證》卷二改，下同。

書陸游南唐書後

是書吴兔牀有周雪客注本，舊曾校閲一過，比因修《廣德州志》，復從王生借觀。廣德之名，僅見於公主封邑，《烈祖記》「昇元元年十月丙申，封女弟杞國君爲廣德長公主」是也。乃其所尚之人，則頗歧異，《王崇文傳》云吴大將綰之子，以門地選尚烈祖妹廣德公主；《李德誠傳》第四子建勳，義祖娶以女，所謂廣德長公主也。後建勳被劾罷相，廣德公主入謂烈祖曰「吾父無恙時，兄亦嘗求見爲李郎書，今何見負」云云。二傳前後文相次，似不應誤，然當時並無奪婚改適之事，一主豈容有兩婿也？馬令《書》于《崇文傳》書尚主于建勳，但云徐温妻娶吴，吴任臣《十國春秋》于建勳詳書公主事，而《崇文傳》但言以門第婿于義祖，二者又各不同，當以吴氏爲得。《南唐書》馬、吴、陸三家，世稱陸爲最優，如此一事，所失亦恐非細。甚哉，作史之難也！壬子正月十八日。

書後五日，兒子勳懋赴黄岡，復從兔牀借得注本。《王崇文傳》引昭陽李氏曰：「李建勳妻義祖女，封廣德主，必無兩廣德理，恐誤。」則固有先我而辨之者矣。再考《通鑑》，載昇元三年烈祖復姓李，爲考妣發哀，廣德長公主衰經入哭，盡禮，如父母之喪，而馬令《書》徐主在《女憲傳》，其事甚詳，不可誣也。

書松靄先生古文尚書集説後

《尚書》之有今、古文也，蝌蚪與漢隸之異，非截然兩書也。《史記·儒林傳》云伏生得二十九篇，教於齊魯之間，又云孔氏有古文，安國以今文讀之，因以起其家，逸《書》得十數篇。《漢書·藝文志》云安國得古文，「以考二十九篇，得多十六篇。獻之，遭巫蠱，未列於學官。劉向以中古文校歐陽、大小夏侯三家經文，字異者七百有餘，脱字數十」，師古注見中《古文易經》下。又《儒林傳》成帝時求古文，得張霸百兩篇，以中書校之，非是。師古亦謂天子所藏之書，言中以别於外，師古謂：「中者，天子之書也。」又《楚元王傳》劉向「領校中五經祕書」，注同。蓋即安國所獻，武帝所藏者。使果截然兩書，安國安能讀以今文，且以考二十九篇耶？其異字七百餘，大率如鄭注《儀禮》所云「闑」爲「槷」、「閾」爲「蹙」、

「格」爲「嘏」之類，別無牴牾。然則增多之篇，與伏《書》亦必大致相同，何以齊、梁間所出之古文平易，乃反過今文數倍？無怪宋元以來，疑之者日益衆也。然其最惑人者，無如孔《傳》，即序中「受詔爲五十九篇作傳」一語，其僞立見，天漢所獻，焉得五十九篇？既獻之，後即遭巫蠱，復以何時受詔？既奉詔作傳，何絶不見于世？蓋孔安國有二，一爲西漢人，一爲東晉人。東晉之孔安國，曾參用馬融、王肅本，作今文二十八篇《傳》，合僞《秦誓》爲三十九，其書不甚著，惟李顒《尚書注》、裴駰《史記解》嘗稱引之。至齊姚興方獲其本，誤認爲西漢孔安國，遂妄造古文《傳》足之，又僞爲《序傳》，詭稱得諸大舸頭。向著《讀經隨筆》，已詳言之，未暇就正有道。今秋歸自桐川，叔氏松靄先生惠示大著，首言「朱子所疑孔《傳》也，孔《書序》也」，真不刊之論，竊喜與鄙意符合。而諸家之過于抨擊，及西河訟寃，反証紫陽者，皆未允矣。事冗，久留案頭，未遑卒業。歲暮稍閑，細讀一過，輒附數行于卷末，望有以教之。甲寅十二月十三日，姪廣業謹跋。

書程復心孔子論語年譜孟子年譜後

《論》《孟》二書，皆其門弟子所記，非出一手，亦非同時，何從得其年而譜之？年之最著者，《論語》衹「十五志學」一章，《孟子》則在齊自言「四十不動心」，在梁惠王稱曰「叟」耳，欲舉全書櫛比而鱗次之，難矣。加以史傳紛糅，多所牴牾，襲舊恐失之誣，翻新又惡其鑿，故自漢以來，注家林立，鮮從事乎此者。吴君兔牀，有元儒程子見所著《孔子論語年譜》《孟子年譜》各一卷，以此書爲經，參互傳記以緯之，用意甚遠，陳義亦甚高。顧其間頗有難强合者，譜孔子，首言：「周靈王二十一年，魯襄公二十一年，歲己酉日，庚子，孔子生。」魯襄之年似從《公羊》《穀梁》，以周靈計之，又似從《史記》《家語》，蓋靈王二十一年乃魯襄之二十二年，歲庚戌而非己酉，己酉則周靈王二十年也。且自己酉推至魯哀公十六年壬戌，孔子卒當七十四歲，而《譜》終於七十三，與《史記》《家語》、杜預《左傳注》、《孔氏家譜》《祖庭》紀年正同，雖劉恕《外紀》有七十四之説，未嘗援以爲証矣。至日之庚子，張守節《史記正義》以《春秋長曆》推之，襄二十一、二兩年月皆有庚子，二十一年有閏子月甲寅朔、丑月甲申朔、寅月癸巳朔、卯月癸未朔、酉月庚辰朔、戌月己酉朔、亥月己卯朔，是庚子爲十月二十一日也。二十二年子月己酉朔、丑月戊寅朔、寅月戊申朔、卯月丁丑朔、辰月丁未朔、巳月丙子朔、午月丙午朔、未月乙亥朔、申月乙巳朔、酉月甲戌朔、戌月甲辰朔，亥月癸酉朔，是庚子爲十月二十七日也。近海陵陳厚耀據趙汸《春秋屬辭》補述《春秋長曆》，其二十一年，據杜氏《曆》閏在八月，故正月爲乙酉朔，二月甲寅朔，三月甲申朔，推至八月辛亥朔，閏八月辛巳朔，九月以下至二十二年月朔並與《正義》同。又云《大衍曆》、古曆二十一年俱閏二月，然則《公羊》書十一月庚子孔子生，誤既顯然。而黄梨洲《與陳士業書》又謂《公》《穀》皆錯記周靈之年爲魯襄之年，孔子之生實周靈王之二十一年、魯襄公之二十二年十月二十七日庚子，羅泌《路史》所説，確不可易也。卒年見于《左傳》，無可置疑。杜氏《注》謂四月十八日乙丑，無己丑，己丑五月十二日，曰月必有誤，宋景濂亦據《長曆》，云是年壬戌四月戊申朔有乙丑，無己丑，疑「己」與「乙」文相近而訛。《松窗寤言》等書本之，改己丑。予見之譜，何概略而不論也？譜孟子，首言：「兖鄒邑人也。孔子生魯昌平鄉陬邑，即叔梁紇所治地，爲故鄒城。孟子居去故鄒城五十里，孟子曰『近聖人之居，若此其甚也』。」《總論》又云：「以邑則孔、孟皆鄒人，以國則孔、孟皆魯人。」無論聖賢，宅里不容牽合，魯、邾擊柝相聞，不必同邑始近也。姑就「鄒」「郰」之字言之，《説文》：「鄒，魯縣，古邾國，帝顓頊之後所封，從邑，芻聲。郰，魯下邑，孔子之鄉，從邑，取聲。」形義迥別，《玉篇》《廣韻》亦然。「郰」從旁邑，不從阜，獨《史記》有此體，《論語》自作「鄹」也。「鄒」字見《孟子》者十，未嘗作「郰」及「陬」，創闢之論，實未知所據。竊謂生卒里居，爲事易辨而所繫甚大，子見爲元名儒，不應有此乖誤，滋惑後世。此書世無傳本，兔牀所有係抄帙，觀《孟子年譜·總論》，多與譚貞默《孟子編年》同，恐有假托。兔牀鑒別甚精，故敢竭一得之愚，望有以教之。

是時，與兔牀借得潘彦登《孟子生日考》及《亞聖孟子年譜》，并此爲三種。彦登，想係時人，其考祇據《留青日札》所載孟子生卒論之，僅六百八十一字。唯云孟子周安王十七年丙申生，赧王十三年卒，雖想當然，却大有理。《年譜》則題云「元浮梁吴迂佚本，朱餘陳敬璋補訂」，《譜》雖荒陋，亦不知何者爲原，何者爲補，想皆陳所僞撰，不足觀也，故皆略而不録。元有吴仲迂，字可翁，號可堂，番易人。此云吴迂，恐即是人，而脱「仲」字也。

書紺珠集後（一）

歲甲辰，客都門，分校續寫四庫書，中有《紺珠集》十三卷，原本字句錯誤不可讀，校正凡二千餘字〔二〕，重寫送館，另録爲四册藏之。王踈雨時爲吉士，見而借鈔，其前三册已歸，會其改刑曹，後一册久未鈔竟。丁未秋，余將南旋，屢趣未得。念此書流傳甚少〔三〕，不欲令棄前功，而行篋所有非足本，攜歸亦無用，乃以前三册併付之。其子慶嵩嘗從余遊〔四〕，囑鈔訖寄還。閲八載〔五〕，杳不聞問〔六〕，每一念及，未嘗不悵悵也。去夏，兔牀七兄出此見示，欣然如遇故人，前有「横河龔氏玉玲瓏閣珍藏」圖記，又有「龔稼村祕笈之印」，校者爲田居，爲江聲。兔牀云稼村、田居皆錢唐龔蘅圃翔麟自號〔七〕，玉玲瓏本宋花石綱故物，今尚在横河姚氏宅中〔八〕。江聲則金觀察志章別字，蘅圃友也。其本亦不免訛字，然視《四庫》原本則善矣。其異者，彼前有紹興丁巳王宗哲序，而此無之〔九〕，又多天順間賀、榮二後序耳。假歸踰年，事冗，今始竟讀一過。此書或云朱勝非撰。前在皖城周方伯署閲《陝西通志》，其書目《秦中歲時記》下引《文獻通考》《書録》，云「朱藏一《紺珠集》」云云。藏一，未知即勝非否？尚須詳考。至其汰繁摘要〔一〇〕，頗便檢閲〔一一〕，衰拙善忘，正苦無記事珠，回憶旅窗矻矻，樂此不疲，自度已不能復爾，而手校之本遂乃無可追索，惜哉！乾隆六十年乙卯七月十八日〔一二〕。

〔一〕此跋原件藏國家圖書館，著録爲：《紺珠集》十三卷，宋朱勝非撰，清抄本，清龔翔麟、金志章校，周廣業、唐翰題跋（索書號：13924）。以下簡稱「原跋」。

〔二〕「校」上，原跋有「爲」字。

〔三〕「此」，原跋作「是」。

〔四〕「子」，原跋作「郎」。

〔五〕「八」上，原跋有「今」字。

〔六〕「聞」，原跋作「通」。

〔七〕「翔」上，原跋有「先生」二字。

〔八〕「中」，原跋無此字。

〔九〕「有紹興丁巳王宗哲序，而此無之」，原跋作「題朱勝非撰，而此無明文」。

〔一〇〕「此書」至「至其」，原跋無此六十字。「汰繁摘要」上，原跋有「其書」二字。

〔一一〕「頗便」，原跋作「便於」。

〔一二〕「日」下，原跋有「耕厓周廣業書於省吾廬」十字。

書祝子遺書後

祝子遺書者，月隱先生殉節之十五年，其伯子鳳師所輯，而同學陳乾初先生所訂梓者也。自絶筆歸囑以及師説，文雖不多，先生心行概見於此。附録談孺木所撰傳，吴仲木所識遺事，其弟沇所作年譜，劉先生疏及别序與詩。乾初序稱：「丙戌夏，一病幾絶，懼不復生，亟起，爲開美傳略，盡其生平，而昔者澉湖吴仲木所述遺事已極詳，故不復道，因論其本心之學。」仲木遺事後自言後死，爲開美罪人，故自哭開美以來，嘗擬爲祭文，以寫其衷，凡四五成稿，而卒毁之。自知其言不足以明開美，而恐更累之也。二公之言，真可敦人倫而厚風俗。彼齷齪者，其言固不足表揚忠節，其心則不待宛轉枕席，先已澌滅矣。抑或自愧偷生，欲借哭友之文以救過，爲識者所譏笑，視二公何如哉？其陳副使、陳太僕、曹司李三疏，有目無文。去年春，余既與先生及俞公後人，奉五公栗主祀忠義祠，思集合其事爲一册，因從祝君子興借得是書，摘抄畢，敬識數語而歸之。五公惟俞以守城死，得通謚節愍，而名跡則先生與家青蘿公爲最著。節愍公有兄伯昭，同時被難，家鞠陵公則青蘿公胞弟也，其死尤烈云。嘉慶元年二月。

識蕉圃公遺詩後

貞靖先生，廣業之本生高大父也。能文，負幹略，明季棄諸生業，以唫咏自娱。没百數十年，遺集散亡。廣業舊嘗從可村叔祖處得《北窗詩餘》及《接濟志》各一册，又於書槅亂帙中檢得《哭綸遠叔曾祖》詩一頁，皆謹藏之。今年春，從姪勳凱館於族人某家，見是本有與陸冰脩、紫度諸先生唱和之作，知是先集，攜歸質問，讀之，果先生所手録詩，不勝忻喜。惜前後爛缺，存者尚一百五十六首，起順治丙戌，訖康熙丙辰，《哭三兒》二首，即綸遠叔曾祖也。叔曾祖名學裕，故《弔落梅》詩注云「哭裕兒也」。廣業曾大父魏子府君亦有《弔落梅》詩四絶句，蓋亦哭弟之作。是年秋孟，本生高大母沈太孺人卒，先生《和陸子安樂志堂賞桂詩序》詳言之，天倫之戚，腸斷神傷，非深於情者不能自言也。樂志，係西廳匾額，廣業幼年猶及見之。未幾，爲人所竊。至庚申，廳亦毁矣。内紫度所稱諸子，首曰行于，即先生長兄，廣業高大父也。當時兄弟友朋之樂，詩酒宴遊之盛，於此概可想見。爰加裝治，傳爲家寶焉。嘉慶元年，歲在丙辰三月二十三日，後五日爲立夏節，玄孫廣業盥手敬拜，識於滋德堂之北蓬廬。

補遺二

相臺五經附考證九十六卷　元岳浚輯　清乾隆四十八年（一七八三）武英殿刻本

周廣業校並跋　浙江圖書館藏（索書號：善000353）

丙午四月初三日校。

己酉夏五二十三日覆校於省吾廬。丙午春，館北平查秋部憺餘家，托同年金考功方雪印得此書，校讀一過，有《讀相臺五經隨筆》四卷。丁未下第，攜之南旋，以未綫裝付標工，爲之留肆中十閲月，今夏始釘就取歸先廬。梅天無事，再讀一徧，轉瞬三年，昨夢猶了然也。廣業。（以上《周易》卷一考證末，末鈐「廑圃」印）

丙午四月五日校。

己酉閏五月三日從門人王星羅借得汲古閣本覆校。（以上《尚書》卷一考證末）

丙午二月廿七日校竣。是日從翁覃溪先生借得《相臺書塾刊正九經三傳沿革例》一卷，□乾隆戊戌年秀水陳氏影宋重雕。（《詩經》卷二十考證末）

數日前從吉渭厓先生借得抄本薛氏《五代史》，今日從凌仲子借曲阜孔氏新刊趙注《孟子》，以此書未曾校畢，皆未及展閲，故窮日之力校得六卷。四月廿九日也。（《春秋》卷十六考證末）

丙午夏五三日校竟。杜注他本俱有違誤，惟永懷堂本與此適合，因知金、葛二子之功亦復不小。校書須静坐清心，方能精審，今之耳目心思既不免爲人役，時作時輟，又性貪盡卷，或日校數卷，何由得精？衹草草讀一過而已。（《春秋》卷三十考證末）

讀相臺五經隨筆四卷續筆一卷附宋石經記略一卷　清周廣業撰

周氏種松書塾鈔本　周廣業跋　浙江圖書館藏（索書號：善754）

宋岳鄴侯於嘉熙間取廖氏世綵堂本重校刊九經三傳，閲今六百年，五經具存，珍藏祕府。聖天子崇尚經術，特詔倣寫付鋟，頒布天下學官。其與諸本異同者，復命儒臣詳加考證，所以嘉惠藝林者至矣。臣廣業印得全部，莊讀一過，案頭獨有永懷堂本，用以參閲。卷中既各爲標識，間有管窺，隨筆之别紙，彙爲四卷。於經義無所發明，特以佔畢小儒，晚遊京輦，遂獲先覩竇書，斯寔快事存之，庶以志幸也。（書末）〔一〕

〔一〕摘録自張學謙《跋周廣業未刊稿〈讀相臺五經隨筆〉》，《版本目録學研究》第十二輯，國家圖書館出版社，二〇二〇年十二月，第二九八頁。

群經音辨七卷〔一〕

宋賈昌朝撰　清抄本　周廣業校並跋　寧波市天一閣博物館藏

乙巳三月二十日校。此影鈔宋本係北平黄氏萬卷樓藏本。廣業。（卷一末）

三月二十三日校。廣業。（卷二末）

乙巳三月望校。廣業。（卷三末）

□□□□□日也。廣業。（卷四末）

□□□□和庭槐布緑，去年三月有閏，點額後移寓□□□□二更矣。廣業。（卷五末）

四月初六日校，原書每卷首有「北平黄氏萬卷樓圖書」九字印。廣業。（卷六末）

□□□□□□□。廣業。（後續末）

聲成文謂之音，音不緣字起也，而字寔因音別。六書肇立，子□□□□合相諧翻切以出，故字訛則無由定音，音訛即難言□□□□□字之府也。而雜以楚夏，區以南北，辨不早□□□□□□□其大要詳於許氏《説文》、陸德明《釋文》□□□□□□□所宗主矣。自來京師，得舊搨張參□□□□□□□《□經字様》，古今體製如指掌。然近刻□□□□□□□□也，繼復見宋槧《羣經音辨》，分門列□□□□□□□□南，余愛之不忍釋手，因分授王□□□□□□□□□之碑，庶幾字與音兩擅其□□□□□□□□□□□命，然以力不能購半，出閲市借□□□□□□□□□入我□送，隨時展覽。是役也，所獲□□□□□□□□□□日手校竣書，耕厓周廣業。（末鈐「廣業」「畊厓」印）

□□□□□□□□□□宋真、仁、英三朝，天禧元年獻書於闕下，召試爲□□□□□□□□□□□思先朝承乏庠序是也。景祐初，爲置崇政殿□□□□□□□□處之，一二官前此未有，故王觀國後序特詳列之，紀□□□□□□□□□宣公尤重之，示以唐路隋、韋處厚傳，曰：「君異日以儒術作宰相□□此二人。」後□任果同。而子明居政府，曲事賈□□，交通宦寺，見譏於時，□者因嘆知人之難。《音辨》成於直集賢院時，雕造則在英宗慶曆三年，時任參知政事，觀前後書銜可見。自序、王序並七卷，《宋史·藝文志》亦□，王半山《誌墓》、王□作《傳》並云十卷。今其書首尾俱完，當以自序爲正。丙午十一月二十日同閱《東都事畧》，書此爲行不逮文者戒，或亦知人論世之資也。耕厓廣業。

（末鈐「周廣業印」「厪圃」印）

〔一〕原跋殘損，所闕文字以「□」代替。

漢書一百卷

漢班固撰　唐顔師古注　宋蔡琪家塾刻本　盧文弨、朱文藻、黄丕烈、錢泰吉、胥繩武、丁丙跋　鮑廷博、周廣業、陳焯、錢馥、邵志純、張燕昌題記　存十四卷（四十七、六十四至六十五、六十七至七十、八十三至八十六、八十九、九十二、九十七）　南京圖書館藏（索書號：112084）

雨中過兔牀所，快睹是書，因識歲月於後。乾隆五十八年正月二十四日，洛溪周廣業。（書尾内封）

南唐書十八卷音釋一卷　宋陸游撰　元戚光音釋　清周在浚箋注　清乾隆間吳氏拜經樓抄本　周廣業校注並跋　吳騫校並跋　朱允達、陳鱣校　國家圖書館藏（索書號：07427）

歲壬寅，從兔牀借觀是書於王氏藜照書屋，隨頁粘簽。十年以來，奔馳南北，忽忽幾忘之矣。壬子春，因纂脩《廣德州志》，意其注中事有涉廣德者，復借閱一過，重檢舊簽，竟無新得以益之。二壬之間，白髮頻添，依然故我，可嘆也。歲暮攜歸，輒附數言于末。十二月一日，海昌周廣業識。（末鈐「周廣業印」「畊厓」印）

吳興掌故集十七卷　明徐獻忠撰　清抄本　吳騫校　周廣業、唐翰題跋　上海圖書館藏（索書號：T04545-46）

舊曾見刊本，頃因輯《廣德志》，郡境與長興相接，復從吾友借閲是書，留數月始還。事冗善忘，如過眼寶山，依然空手也。壬子正月二十二日，耕厓周廣業。

（咸淳）臨安志一百卷

宋潛説友纂修　宋咸淳刻本　存九十五卷（一至六十三、六十五至八十九、九十一至九十七）（目録、卷一至二、五至十、十三至十九、三十二至五十、五十六至六十三、六十五至八十九、九十一至九十七配清鮑氏知不足齋抄本）　周廣業校并跋　沈焴校跋并題詩　丁丙跋　南京圖書館藏（索書號：112097）

癸卯三月十八日晌午，兔牀見過，攜借此書，喜出非望。别後啓篋，展讀盡卷。是夕雷雨大作。周廣業識。（卷二末）

長短經九卷

唐趙蕤撰　清吴氏拜經樓抄本存六卷（卷一至卷六）　周廣業校並跋　臺北「國立中央圖書館」藏

辛丑十一月初二日，海寧周廣業校訖。心忪間作，閲不盡四五葉輒止，蓋積五日，姑校畢一册也。（卷三末）

壬寅三月初六日，吴枚菴藏本校于虞山舟中，申科至吴門，微雨。（卷三末）

十一月初十日校訖。是册都摘録諸史成之，發書勘對，誠樂此不疲，此苦心摇摇如懸旌耳。耕厓廣業。（卷七末）

經史避名彙考四十六卷　清周廣業撰　清抄本　周廣業、周勳懋校並跋　周勳常校

國家圖書館藏（索書號：18072）

嘉慶二年丁巳閏六月朔日校。是考記纂積三十年許，癸丑以後手自編次爲四十六卷，去年始抄齊清本，復詳加校改，僱人謄之。前月杪，先校七、八二卷，即校此及第四卷，蓋其稿皆已五六易矣。尚有未安，又改定，命兒子勳常補綴重寫，忘揮汗之疲也。耕厓。（卷四末）

與前卷同日校。耕厓。（卷五末）

嘉慶丁巳又六月二日校訖。（卷六末）

六月二日午後校。（卷七末）

又六月二日校。（卷八末）

閏六月三日暑甚，多錯誤，窮日之力止校一卷，是日課生童計二十七人。耕厓。（卷九末）

嘉慶二年夏六月二十七有八日校起。耕厓。（卷十末）

六月二十九日校。午後大風雨雷電，時入伏已九日，山農已有望雨者。得此，良苗懷新矣。耕厓。（卷十一末）

七月五日校，此與卷十三皆潘生寫，酬以資，似未滿，因不復勞之矣。（卷十二末）

七月六日校。（卷十三末）

閏六月四日校，午後紫亭餽薰鷄糕餅。昨紫亭自皖回，攜有吾同年漁璜答書，并還在京時舊借銀五兩。紫亭氏馮，紹興人。（卷十四末）

閏六月初五日校。合中和九二觔十兩，得九百七十有三，舊名寸金丹，治風暑、卒中、瘧痢等症。丁未夏，以此方授定興張雅書，合以施人。戊申，余亦脩合以濟鄉里。今年暑濕侵人，易於受病，特就肆中依方製之，價直一緡，計亦可濟百數十人也。耕厓。（卷十五末）

閏六月六日校。聞昔賢有於是日曝腹中書者，戲成一絶：「三庚過半暑方煩，便腹何堪曬兩番。揮汗不辭朱墨異，好將筆硯着門藩。」耕厓。（卷十六末）

閏六月初七日校。愛蓮池方畝許，壬子春余脩郡志於此，植以白蓮，入夏，開數十朵，明年乃五百餘朵，州士大夫競來宴賞，余因召之曰：「愛蓮池去年物换事殊，而此花益盛開六百餘朵。去冬旋里，守院卒利其藕，橽水取盡，今年僅西南一隅尚有青蓋數張，今日始得一花。嗟乎！盛衰固物理之常，而人寔收之。蘇東坡詩云『醉翁行樂處，草木皆可敬』，余無六一之德，安敢妄希勿拜？然儇薄貪利之風，即是可見矣。」（卷十七末）

又六月初七晌午校訖，合前卷，據原抄計字二萬一千八百。《池荷有感》：「净質知無恙，孤標衹自憐。本根餘百一，世界閲三千。清白存吾素，艱難信俗緣。相期惟愛護，行樂媿前賢。」耕厓。（卷十八末）

七月六日校。（卷十九末）

七月六日與前卷同校訖。俗傳明日爲牛女會晤之期，遂書一絶云：「客裏扶羸賴藥甌，砌花林葉早驚秋。一編校罷天將晚，又向銀河問女牛。」耕厓。（卷二十末）

丁巳七月七日已刻校。王鶴村外翰以寒具見貽，俗稱巧菓，作牛女鵲橋狀，甚肖。壬子七夕，亦曾有此饋。今年麥賤，故復爲之，亦韻事也。（卷二十一末）

七月三日校。今夏雖無大雨，而天多陰，絺綌罕御，長吏冒雨祈雨，可謂無病呻吟。（卷二十二末）

七月四日校。（卷二十三末）

七月十六日校。暑不減三伏，俚語「秋老虎」，以暑猛於虎也。舊咏秋熱云：「甫脱湯火危，更落酷吏手。」奈之何哉？（卷二十四末）

七月十六日校。（卷二十五末）

七月十七日校，王外翰餉蘇菊餅□。（卷二十六末）

八月六日校於省吾廬。時借得抄本《元和郡縣圖志》，本四十卷、録一卷，今缺其圖，宋世已佚。淳熙三年張子顔幾仲刻於襄陽，有程大昌、洪邁跋，宗叔松靄所藏，舊採録未盡者補之。（卷二十七末）

八月六日校。將擇吉葬先人。先於硤石市得漆十觔，廿四辰良，當啟殯矣。殯屋一楹，己亥冬建在舍東。甲辰正月，《泰興暑中送立堂弟南歸》詩所云「松柏橋東宅」是也，已踰十八年矣。近數十年來，西湖南北攢墓密如蜂房，問之，皆富家所構以取賃直者，喪家得此，便積年月不復言葬。昔宋危稹《漳州義塚記》謂其俗僧寺廊廡類爲土室，其入如竇，黯然無光，皆誘愚俗來殯者，棘人始於苟簡，中則因循，久遂忘之，故一入僧廊，杳無葬期。湖濱之屋雖似爲貧人暫安之計，而實足以誤人，且歲收租直，非竊漳僧之故智乎？書此以誌吾過，兼爲久殯者儆焉。（卷二十八末）

八月七日校於省吾廬。（卷二十九末）

丁巳九月二十一日校。余於七月二十二日旋里，經理先人葬事，定期暢月發引，前此七日始□桐隨課諸生，昨批閱畢，乃校是書。（卷三十五末）

九月二十一日申刻校訖。昔人言杜詩無一字無來歷，家諱之避，衆説紛紜，非愛杜之深不至此。（卷三十六末）

九月廿二日校。齋中無菊，十九日，外翰王、吴二君遊同至，高氏染肆有六七十本頗佳。（卷三十七末）

九月廿四燈下校竟。是日王生文琴，州之翹楚也，昨夜杭上得詩三首。（卷三十八末）

九月廿五日校訖。此卷錯訛較多，此書者不甚諳文義也。（卷三十九末）

十月初七日校。作書與寧國教授凌仲子，并寄《孟子四考》。二十二日□於省吾廬□孫覆閱一過，天寒筆凍。（卷四十末）

十月七日校。二十二日覆校。（卷四十一末）

小春七日燈下校訖。（卷四十二末）

小春七日挑燈校訖。（卷四十三末）

意林五卷 唐馬總輯 清乾隆四十七年（一七八二）武英殿聚珍本 周廣業校並跋 臺北「國立中央圖書館」藏（索書號：07542）

甲辰春，余在京師，行篋攜手校《意林》三册，蓋自庚寅迄癸卯，閲十四年而始定者。

適聚珍館欲刊此書，王疏雨方爲吉士，董其事，中祕獨有天一閣本、廖氏刊本，錯謬殆不可讀。疏雨以屬沈嵩門，嵩門與余友善，遂借余本照改，數日而畢。既而余亦館於疏雨，意嫌未盡，更取余本去，并案語亦摘録之，間有數字用舊本者，仍注云藏本作某。疏雨告余曰：「方入板日，同人咸斷斷以爲不宜輒改舊本，且如《鶡冠子》之補入目録，《物理論》之列《太玄》前，大駭閲者之目。後以樣本進呈乙覽，皇上喜得足本，遂命卷首御題第四首詩不必載入，衆議始息。」但既刊之後，余屢向疏雨索其本，終不肯見予。去冬，余南旋，門人祝振兮熟知其始末，特以見貽，余始得見聚珍之本，雖與余定本尚稍參差，然亦無幾矣！戊申春三月廿一日，校畢第一本書，耕厓周廣業。（卷一末朱筆）

此書舊本錯誤最甚者，無如《傅子》《物理論》，二書俱亡逸，無可詳核，乃《中論》現存而竟雜入《物理》，猶《莊子》爲習見之書而割裂其半爲《王孫子》也。余逐條搜剔，幾於闢蠶叢而開鳥道，□疏雨得之，恨取之不盡也。但「遂没不言」十字直作《物理論》正文，「人云涉世」一條仍附《物理》末，則尚有未安。「遂没」十字自可無疑，「人之涉世」則并非《物理》文也。戊申三月廿二日校訖。廣業。（卷五末）

太平御覽一千卷目録十五卷　宋李昉等輯　明萬曆二年（一五七四）周堂銅活字印本

周廣業跋　浙江圖書館藏（索書號：014365）

乙卯春從拜經堂借閲，丙辰春還。耕厓周廣業識。（書末）